本系列教材是

上海市市属高校第三批应用型本科试点专业

"国际经济与贸易"专业建设成果

普通高等院校经济学
"十三五"规划重点教材

计量经济学 （第二版）

杨智峰／主编
余运江／副主编

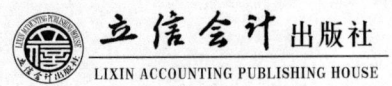
立信会计 出版社
LIXIN ACCOUNTING PUBLISHING HOUSE

图书在版编目(CIP)数据

计量经济学 / 杨智峰主编. —2 版. —上海：立
信会计出版社，2020.8（2025.6 重印）
ISBN 978 - 7 - 5429 - 6546 - 2

Ⅰ. ①计⋯ Ⅱ. ①杨⋯ Ⅲ. ①计量经济学–高等学校
–教材 Ⅳ. ①F224.0

中国版本图书馆 CIP 数据核字(2020)第 119235 号

策划编辑　　窦瀚修
责任编辑　　孙　勇
封面设计　　南房间

计量经济学（第二版）

Jiliang Jingjixue

出版发行	立信会计出版社	
地　　址	上海市中山西路 2230 号	邮政编码　200235
电　　话	(021)64411389	传　真　(021)64411325
网　　址	www.lixinaph.com	电子邮箱　lixinaph2019@126.com
网上书店	http://lixin.jd.com	http://lxkjcbs.tmall.com
经　　销	各地新华书店	
印　　刷	常熟市人民印刷有限公司	
开　　本	787 毫米×1092 毫米　　1/16	
印　　张	12.75	
字　　数	296 千字	
版　　次	2020 年 8 月第 2 版	
印　　次	2025 年 6 月第 4 次	
书　　号	ISBN 978 - 7 - 5429 - 6546 - 2/F	
定　　价	45.00 元	

如有印订差错，请与本社联系调换

　　经济学被称为"社会科学之皇后",研究内容包罗万象,涉及社会经济生活的方方面面。经过长期的积累与发展,经济学学科构建了一套系统的分析框架,从基本的假设出发,采用严密的逻辑,推导出清晰的结论,为理解社会经济运行现实、总结经济发展规律、指导经济政策实践提供支持,形成了一个分工细密、门类齐全的体系。

　　21世纪以来,随着人们对经济学研究的深入,经济学内容及架构不断丰富,并逐渐演变深化为日益细分的特定领域、具体学科和专业,体现在高校的经济学教育中,形成了经济类各相关专业的核心课程体系。本系列教材即为适应高等院校经济学本科专业教育不断发展的新要求,由上海立信会计金融学院国际经贸学院组织编写的"普通高等院校经济学'十三五'规划重点教材"。

　　上海立信会计金融学院是根据国家和上海经济社会发展战略、上海提升财经类高校整体发展实力的规划,为适应上海建设"四个中心"、具有全球影响力的科技创新中心和自由贸易试验区的迫切需要,形成与社会主义现代化国际大都市地位相匹配的财经教育影响力的迫切需要,经中共上海市委、上海市人民政府批准,于2016年3月由上海立信会计学院和上海金融学院合并组建而成的应用型财经大学。

　　经济学学科是学校建设和发展的主体学科之一。建校90周年来,学校已经为社会输送了大量专业人才,积累了丰富的学科专业建设和教育教学经验。为了更好地促进经济学本科各专业发展,提升专业学科建设水平,总结与提炼教学经验,为社会培养更多优秀应用型人才,为各高等院校经济类本科专业教学提供适用的优秀教材,上海立信会计金融学院成立了以经济类专业骨干教师为核心的教材编写委员会,结合教学实践与人才培养要求编写了本系列教材。

本系列教材是上海立信会计金融学院的特色教材,主要适用于高等院校本科经贸类相关专业的教学实践与参考,涵盖经贸类各专业的核心课程,目前主要包括《微观经济学》《宏观经济学》《计量经济学》《国际贸易学》《国际贸易实务》《国际商务》等。随着科研与教学工作的推进,本系列教材还将不断充实、完善。

　　本系列教材有以下主要特点。

　　(1) 一线教学、实践成果的总结。本系列教材的编写人员由上海立信会计金融学院国际经贸学院多年从事一线教学工作的教授、博士组成,实务类教材的编写人员都具有企业工作或实务工作经验,有丰富的教材写作经历和经验。在本系列教材的编写过程中,他们充分吸收最新教研成果,更加注重教材在实际教学中的使用效果。

　　(2) 最新前沿理论、成果的总结。本系列教材在保证基础理论知识完整性的前提下,不断更新内容,吸收各专业领域的最新内容、知识、方法,力求内容的新颖性。实务类教材则以应用性为导向,力求对接社会经济生活中的经贸实践需求与商业模式创新,为使用者提供最新的经贸实务技能学习资料。

　　感谢各位参编人员的辛苦付出,感谢立信会计出版社领导与编辑老师对本系列教材的支持。由于作者水平有限,本系列教材如有不妥和错误之处,敬请各位经济学同仁、学生和读者在使用中提出宝贵意见,我们将边用边改、不断完善。

唐海燕

2018 年 1 月

第二版
前言

《计量经济学》出版两年以来,受到了国内高校师生的广泛欢迎,销量很好,同时,我们收到了很多教师和学生对本教材的反馈意见和修改建议。这些取得的成绩和存在的问题促使我们尽快出版本教材的第二版。

本教材第二版第一章为导论,介绍了计量经济学的基本概念,以及与本教材相关的高等数学、数理统计和矩阵代数的基本知识;第二章为一元线性回归模型,以高等数学为工具,介绍了一元线性回归模型;第三章为多元线性回归模型,以矩阵代数为工具,介绍了多元线性回归模型;第四章至第八章依次为线性回归的定式偏差、异方差、自相关、多重共线性和工具变量法,介绍了处理违反多元线性回归模型基本假设的情况;第九章为非平稳时间序列,考察普通最小二乘法对时间序列数据的适用性问题;第十章为二值选择模型,考察离散被解释变量问题(二值选择模型)。

本教材第二版定位为初、中级的计量经济学教材,以单方程的经典计量经济学知识为中心,理论推导方法兼顾代数和矩阵方式,以普通最小二乘法为主线展开,以EViews软件进行实例演示,在结构和方法上与多数教材有所不同。在本教材第二版中,我们修订了第一版中的文字和符号,依据教学实践,精简了部分章节的内容,增加了部分章节的内容,更新和增加了 EViews 实例,更新了每章练习题。

经过本次修订,本教材第二版特点更为突出:①对计量理论的推导兼顾代数方式和矩阵方式,使学生能够由浅入深、循序渐进地学习和理解计量经济学理论知识。②将计量经济学理论知识和计量软件 EViews 实际操作相结合,并提供了丰富的计量建模和实际操作实例,有助于学生提高动手能力。③将学习计量经济学所需的准备知识完整且单独列入第一章,方便教师针对性地"教"和学生针对性地"学"。④每章都配有丰富实用的练习题,供学生练习和提高。

　　本教材第二版由杨智峰担任主编,余运江担任副主编,汤毅和董理参加了本教材第二版的编写工作。本教材第二版编写分工如下:杨智峰负责编写第一章、第二章和第三章,余运江负责编写第七章和第九章,汤毅负责编写第四章、第八章和第十章,董理负责编写第五章和第六章。本教材第二版由杨智峰负责结构设计、审校和统稿。

　　在本教材第二版的编写过程中,编者参考和借鉴了大量前辈、同行的教材、专著和论文等文献,并在教材中引用或改编了一些案例,在此无法一一列明,已列入教材后的参考文献中。编者在此表示衷心的感谢。

　　本教材第二版的编著出版得到了上海立信会计金融学院国际经贸学院的资助和陈霜华教授的大力支持,同时,立信会计出版社对本教材第二版的出版给予了大力支持,编辑在本教材第二版出版中付出了辛勤劳动。编者在此表示衷心的感谢!

　　囿于作者水平,本教材第二版中如有错误和疏漏之处,敬请读者不吝批评指正。

杨智峰

2020 年 8 月

前言

　　"计量经济学"是现代经济学和管理学教育必不可少的一部分,它与"宏观经济学"和"微观经济学"一起构成了中国高校经济学和管理学本科生必修的三门核心课程,是教育部规定的财经类专业的核心课程之一。计量经济学也是对经济问题进行实证研究的重要工具、理论联系实际的工具。

　　国内外相关的计量经济学教材数量众多,其中不乏经典和权威的教材,但概览这些教材,定位、逻辑思路和难度不符合中国经管类本科生的实际。本教材编者团队基于多年的计量经济学教学实践,尝试编写一本定位准确、结构合理、知识点融会贯通、易学好懂的计量经济学教材。

　　本教材定位为初、中级的计量经济学教材,以单方程的经典计量经济学知识为中心,理论推导方法兼顾代数和矩阵方式,以普通最小二乘法为主线进行展开,以EViews 软件进行实例演示,在结构和方法上与多数教材有所不同。本教材第一章为导论,介绍计量经济学的基本概念,以及与本教材相关的微积分、数理统计和矩阵代数的基本知识;第二章为一元线性回归模型,以高等数学为工具,介绍了一元线性回归模型;第三章为多元线性回归模型,以矩阵代数为工具,介绍了多元线性回归模型;第四章至第八章依次为线性回归的定式偏差、异方差、自相关、多重共线性和随机解释变量问题,介绍处理违反多元线性回归模型基本假设的情况;第九章为非平稳时间序列,研究普通最小二乘法对时间序列数据的适用性问题;第十章为二值选择模型,研究离散被解释变量问题(二值选择模型)。

　　在内容设计上,从便于教师"教"和学生"学"的角度考虑,本教材在每章开始之前列明本章的学习目标;章后对本章内容进行小结,并归纳出本章的关键术语,以强化本章的知识点,便于学生复习;章后还配有练习题(包括单选、多选和计算分析题等)以加深和提高学生对本章内容的理解和运用能力。

本教材的适用对象主要是经济类、管理类及其他相关专业的本科生,此外,本教材也可作为高职高专的教材和研究生、实践工作者的参考读物。

本教材由杨智峰担任主编,黄伟、吴艳、王延军和李雪参加了本书的编写工作。教材编写分工如下:杨智峰负责编写第一章、第二章、第三章和第九章,黄伟负责编写第四章和第八章,吴艳负责编写第五章,王延军负责编写第六章和第七章,李雪负责编写第十章。本教材由杨智峰负责书稿结构设计、审校和统稿。

在本教材的编写过程中,编者参考和借鉴了大量教材、专著和论文等文献,并在教材中引用或改编了一些案例,在此无法一一列明,已列入教材后的参考文献中。编者在此表示衷心的感谢。

本教材的编著出版得到了上海立信会计金融学院国际经贸学院的资助,同时,立信会计出版社对本书的出版给予了大力支持,编辑在本教材出版中付出了辛勤劳动。编者在此表示衷心的感谢!

囿于作者水平,本教材中如有错误和疏漏之处,敬请读者不吝批评指正。

杨智峰

2018 年 6 月

目　录

本章介绍计量经济学的定义,分析计量经济学和数学的区别,详细介绍学习计量经济学所需掌握的微积分、矩阵代数和数理统计等准备知识。

本章介绍一元线性回归模型的假设、OLS 估计量的求解、OLS 估计量的性质和决定系数。

本章介绍多元线性回归模型及假设、OLS 估计量的求解、OLS 估计量的性质、调整的决定系数与统计推断。

第四章 线性回归的定式偏差 ·········· 57

本章介绍变量关系非线性、异常值、规律性扰动、遗漏变量和参数改变等导致线性回归模型误差项 0 期望假设不成立的定式偏差问题。

第五章 异方差 ·········· 70

本章介绍异方差的概念、后果以及检验和处理的方法。

第 一 章

导 论

◎ **学习目的与要求**

（1）理解计量经济学基本概念。

（2）掌握微积分和矩阵代数准备知识。

（3）熟悉常用的统计分布。

◎ **重点**

熟悉常用的统计分布。

◎ **难点**

掌握矩阵代数准备知识。

微课：计量经济学有
什么用

导　读

　　计量经济学与微观经济学、宏观经济学一起成为现代经济学的三大支柱，"二战以后的经济学是计量经济学的时代"——Samuelson，"计量经济学的讲授已经成为经济学课程表中最有权威的一部分"——Klein。

　　那么，到底什么是计量经济学？计量经济学的研究内容是什么？计量经济学有什么用？本章就回答了这些问题。

　　学习计量经济学需要必要的准备知识，如微积分、矩阵代数和数理统计等，本章对这些准备知识也做了详细介绍。

第一节　什么是计量经济学

　　计量经济学（econometrics）是经济学的一个分支学科，是对经济问题进行定量实证研究的技术、方法和相关理论。不同于用经济理论对经济问题进行的定性分析，计量经济学是进行定量分析的，是要给出分析的具体数值的，计量经济学也是进行实证研究的，是理论和实证相结合的纽带。

　　计量经济学是进行定量实证研究的，应用计量经济学理论所建立的计量经济学模型是研究变量之间的相关关系的，如果要确定变量之间存在因果关系，需要经济理论和其他方面证据的进一步支持。那么，什么是不相关关系、相关关系和因果关系，它们之间有什么区别？下面我们来举例说明。

　　不相关关系：卡塔尔的发电量和中国的国内生产总值（gross domestic product，GDP）之间的关系。

　　相关关系：上海每户居民家庭每月支出的电费和水费之间的关系。

　　因果关系：上海每户居民家庭的每月收入和每月支出的电费之间的关系。

　　上海每户居民家庭每月支出的电费和水费之间的关系是相关关系。如果上海居民家庭一个月支出的电费比较多，则可以预期当月其水费也会比较多；如果上海居民家庭一个月支出的电费比较少，则可以预期当月其水费也会比较少。但是这两者却显然不是因果关系，不能说因为上海居民家庭一个月支出的电费比较多，所以当月其水费也会比较多。上海每户居民家庭的每月收入的高低和每月支出的电费多少之间是因果关系。

　　和数学类似，计量经济学也有较为复杂的公式和理论推导，但计量经济学和数学是不同的。从形式上来看，计量经济学模型和数学函数模型的区别在于其多了一个随机误差项的设定；从内容上来看，计量经济学和实践联系得更加紧密，在研究具体经济问题时,它是比数学更为有用和有力的一个工具。

例1-1　根据凯恩斯的绝对收入假说,个人消费(consumption)决定于个人可支配收入(income),我们建立如下模型:

$$consumption_i = \beta_0 + \beta_1 income_i \tag{1-1}$$

式(1-1)这个模型是一个数学函数模型,如果β_0、β_1已知,对于任何一个个人可支配收入的具体数值,我们都可以精确地根据数学函数计算出他的个人消费数值。然而,在实际生活中,除了个人可支配收入这个主要影响因素,还有其他许多因素(如消费惯性、天气、心情、与消费购物中心的距离等)会影响个人消费,这些因素大多是微小的、随机性的。也就是说,在实际生活中,并不是个人可支配收入是决定个人消费的唯一因素,还有许多微小的、随机的因素影响个人消费,使得式(1-1)并不严格成立。为了更好地描述实际生活中的消费规律,我们建立计量经济学模型。

例1-2　根据凯恩斯的绝对收入假说,个人消费主要决定于个人可支配收入,但也受其他因素的影响,我们建立如下模型:

$$consumption_i = \beta_0 + \beta_1 income_i + \varepsilon_i \tag{1-2}$$

式(1-2)是一个计量经济学模型,相比数学函数模型式(1-1),它多了一个随机扰动项ε_i。ε_i代表了其他微小的、随机的因素对个人消费的影响。正由于计量经济学模型式(1-2)多了一个的随机扰动项ε_i,一方面它使得计量经济学模型能更好描述和模拟现实世界中的规律;另一方面它也使得计量经济学的建模、理论、方法和技术自成一体,与数学有根本性的不同。实际上,随机扰动项ε_i就像一个"垃圾桶"或者"大杂烩",包括了所有除个人可支配收入以外对个人消费有影响的其他因素。

进一步,如果通过调查得到中国某一地区大学生的月可支配收入(元)和月消费(元)的数据样本,我们就可估计出β_0、β_1的估计值b_0、b_1。其中,b_0是该地区大学生的生存消费,b_1是该地区大学生的边际消费倾向,即个人可支配收入每月增加1元,则个人消费每月增加b_1元。对于中国大学生来讲,b_1的数值应该为0~1。

第二节　经济数据

计量经济学中所使用的经济数据按其性质一般分为三种基本类型:截面数据、时间序列数据和面板数据。计量经济学模型中的被解释变量和解释变量一般同属于某一种类型数据,下面我们分别举例说明这三种类型的经济数据。

一、截面数据

截面数据(cross-sectional data)是指在同一时点上,对不同观测单位观测得到的多个数据。截面数据可以看成是随机变量进行重复抽样得到的结果,如2014年中国各省(直辖市、自治区)的人均GDP和居民消费水平,这里的两个变量是用1998年不变价进行平减的(GDP用GDP指数进行计算,居民消费水平使用消费者价格指数进行平减),如表1-1所示。

表 1-1　2014 年中国各省(直辖市、自治区)的人均 GDP 和居民消费水平

表 1-1　2014 年中国各省(直辖市、自治区)的人均 GDP 和居民消费水平

省份(直辖市、自治区)	编号	年份	居民消费水平平减后(元)	1998 年价格计算的人均 GDP(元)	省份(直辖市、自治区)	编号	年份	居民消费水平平减后(元)	1998 年价格计算的人均 GDP(元)
北京	1	2014	23 729.89	56 628.24	湖北	17	2014	13 878.08	2 9891.14
天津	2	2014	20 984.66	74 762.86	湖南	18	2014	8 711.38	24 237.70
河北	3	2014	9 594.58	28 814.37	广东	19	2014	17 996.81	46 309.27
山西	4	2014	8 008.31	22 768.02	广西	20	2014	9 154.88	21 432.49
内蒙古	5	2014	11 167.56	45 523.54	海南	21	2014	9 775.06	25 218.76
辽宁	6	2014	17 238.28	48 069.91	重庆	22	2014	11 439.91	31 097.15
吉林	7	2014	11 907.67	33 061.35	四川	23	2014	9 058.67	24 507.63
黑龙江	8	2014	11 141.27	34 605.51	贵州	24	2014	6 324.87	12 521.38
上海	9	2014	31 289.87	82 472.06	云南	25	2014	8 305.88	18 910.29
江苏	10	2014	19 639.27	56 337.81	西藏	26	2014	6 571.69	18 425.24
浙江	11	2014	20 151.72	50 789.13	陕西	27	2014	6 862.18	24 840.48
安徽	12	2014	6 947.12	23 330.51	甘肃	28	2014	6 673.90	17 346.25
福建	13	2014	13 053.85	49 048.50	青海	29	2014	8 365.86	22 202.73
江西	14	2014	9 724.61	21 376.06	宁夏	30	2014	11 006.53	20 384.74
山东	15	2014	14 869.74	43 437.17	新疆	31	2014	8 766.93	23 174.74
河南	16	2014	8 669.58	24 439.68					

资料来源:表中数据根据中华人民共和国统计局网站相关内容,经计算整理得到,不包含中国港、澳、台地区相关数据。

二、时间序列数据

时间序列数据(time series data)是指对同一个观测单位,在一系列不同时点进行观测得到的多个观测值序列。时间序列数据的获得相对于截面数据来讲一般要容易一些,时间序列数据本质上是随机过程的实现,与可以看成是随机变量重复抽样得到的截面数据是存在区别的。时间序列数据的例子,如上海 1998—2014 年的人均 GDP 和居民消费水平,这里的两个变量同样是用 1998 年不变价进行平减的(GDP 用 GDP 指数进行计算,居民消费水平使用消费者价格指数进行平减),如表 1-2 所示。

表 1-2　上海 1998—2014 年的人均 GDP 和居民消费水平

省份(直辖市、自治区)	编号	年份	居民消费水平平减后(元)	1998 年价格计算的人均 GDP(元)	省份(直辖市、自治区)	编号	年份	居民消费水平平减后(元)	1998 年价格计算的人均 GDP(元)
上海	9	1998	8 769.76	24 513.20	上海	9	2002	12 085.75	35 255.91
上海	9	1999	9 839.67	26 567.41	上海	9	2003	13 258.07	37 593.38
上海	9	2000	10 557.97	28 958.47	上海	9	2004	14 729.71	42 176.01
上海	9	2001	11 149.22	31 802.19	上海	9	2005	16 158.49	45 971.85

（续 表）

省份（直辖市、自治区）	编号	年份	居民消费水平平减后（元）	1998年价格计算的人均GDP（元）	省份（直辖市、自治区）	编号	年份	居民消费水平平减后（元）	1998年价格计算的人均GDP（元）
上海	9	2006	17 758.19	50 477.10	上海	9	2011	25 638.84	69 310.89
上海	9	2007	19 569.52	56 433.39	上海	9	2012	27 177.17	73 261.61
上海	9	2008	20 724.12	59 311.50	上海	9	2013	29 161.11	77 803.83
上海	9	2009	21 905.40	62 039.83	上海	9	2014	31 289.87	82 472.06
上海	9	2010	24 074.03	66 010.37					

资料来源：表中数据根据中华人民共和国统计局网站相关内容，经计算整理得到。

三、面板数据

面板数据（panel data）是指对多个观测单位在一系列不同时点上进行观测得到的数据。面板数据有两个维度，一个是观测单位，一个是时间，是截面数据和时间序列数据综合，相比较于截面数据和时间序列数据，它可以提供更加丰富的信息。面板数据的例子，如1998—2014年中国各省（直辖市、自治区）的人均GDP和居民消费水平，这里的两个变量同样是用1998年不变价进行平减的（GDP用GDP指数进行计算，居民消费水平使用消费者价格指数进行平减），如表1-3所示。

表1-3 1998—2014年中国各省（直辖市、自治区）的人均GDP和居民消费水平

省份（直辖市、自治区）	编号	年份	居民消费水平平减后（元）	1998年价格计算的人均GDP（元）	省份（直辖市、自治区）	编号	年份	居民消费水平平减后（元）	1998年价格计算的人均GDP（元）
北京	1	1998	8 166.78	19 118.00	湖北	17	1998	2 724.57	5 287.03
天津	2	1998	5 269.50	14 242.52	湖南	18	1998	2 492.77	4 666.51
河北	3	1998	2 198.32	6 501.00	广东	19	1998	4 847.21	10 819.00
山西	4	1998	1 837.05	5 104.00	广西	20	1998	2 365.95	4 346.00
内蒙古	5	1998	2 265.89	5 406.31	海南	21	1998	2 560.90	5 911.50
辽宁	6	1998	3 854.24	9 415.00	重庆	22	1998	2 424.53	5 016.00
吉林	7	1998	3 081.12	5 983.19	四川	23	1998	2 183.98	4 294.30
黑龙江	8	1998	2 767.82	7 375.00	贵州	24	1998	1 685.39	2 364.00
上海	9	1998	8 769.76	24 513.20	云南	25	1998	2 057.38	4 446.16
江苏	10	1998	3 561.08	10 048.55	西藏	26	1998	1 495.10	3 666.00
浙江	11	1998	4 372.79	11 393.86	陕西	27	1998	1 726.76	4 070.00
安徽	12	1998	1 900.81	4 235.44	甘肃	28	1998	1 726.08	3 541.08
福建	13	1998	4 056.99	9 603.00	青海	29	1998	2 104.08	4 425.56
江西	14	1998	1 960.88	4 124.00	宁夏	30	1998	2 015.30	4 607.10
山东	15	1998	2 958.79	7 968.26	新疆	31	1998	2 568.03	6 174.00
河南	16	1998	1 901.75	4 643.00	北京	1	1999	9 122.29	21 068.04

（续　表）

省份（直辖市、自治区）	编号	年份	居民消费水平平减后（元）	1998年价格计算的人均GDP（元）	省份（直辖市、自治区）	编号	年份	居民消费水平平减后（元）	1998年价格计算的人均GDP（元）
河北	3	1999	2 301.64	7 047.08	天津	2	1999	5 617.29	15 524.35
山西	4	1999	1 835.21	5 420.45	天津	2	2014	20 984.66	74 762.86
内蒙古	5	1999	2 410.90	5 838.81	河北	3	2014	9 594.58	28 814.37
辽宁	6	1999	4 154.87	10 158.79	山西	4	2014	8 008.31	22 768.02
吉林	7	1999	3 201.28	6 475.01	内蒙古	5	2014	11 167.56	45 523.54
黑龙江	8	1999	2 897.91	7 883.88	辽宁	6	2014	17 238.28	48 069.91
上海	9	1999	9 839.67	26 567.41	吉林	7	2014	11 907.67	33 061.35
江苏	10	1999	3 657.22	11 012.21	黑龙江	8	2014	11 141.27	34 605.51
浙江	11	1999	4 477.74	12 474.00	上海	9	2014	31 289.87	82 472.06
安徽	12	1999	2 022.46	4 599.69	江苏	10	2014	19 639.27	56 337.81
福建	13	1999	4 194.92	10 498.96	浙江	11	2014	20 151.72	50 789.13
江西	14	1999	2 043.59	4 400.31	安徽	12	2014	6 947.12	23 330.51
山东	15	1999	3 260.59	8 744.37	福建	13	2014	13 053.85	49 048.50
河南	16	1999	1 943.59	4 981.01	江西	14	2014	9 724.61	21 376.06
湖北	17	1999	2 710.95	5 665.58	山东	15	2014	14 869.74	43 437.17
湖南	18	1999	2 617.41	5 030.03	河南	16	2014	8 669.58	24 439.68
广东	19	1999	4 924.77	11 592.56	湖北	17	2014	13 878.08	29 891.14
广西	20	1999	2 410.90	4 654.57	湖南	18	2014	8 711.38	24 237.70
海南	21	1999	2 727.35	6 332.40	广东	19	2014	17 996.81	46 309.27
重庆	22	1999	2 548.18	5 407.25	广西	20	2014	9 154.88	21 432.49
四川	23	1999	2 256.05	4 609.07	海南	21	2014	9 775.06	25 218.76
贵州	24	1999	1 720.78	2 535.39	重庆	22	2014	11 439.91	31 097.15
云南	25	1999	2 337.18	4 714.26	四川	23	2014	9 058.67	24 507.63
西藏	26	1999	1 646.10	4 050.93	贵州	24	2014	6 324.87	12 521.38
陕西	27	1999	1 756.11	4 460.72	云南	25	2014	8 305.88	18 910.29
甘肃	28	1999	1 765.78	3 824.01	西藏	26	2014	6 571.69	18 425.24
青海	29	1999	2 209.29	4 717.20	陕西	27	2014	6 862.18	24 840.48
宁夏	30	1999	2 083.82	4 957.70	甘肃	28	2014	6 673.90	17 346.25
新疆	31	1999	2 747.80	6 581.48	青海	29	2014	8 365.86	22 202.73
⋮	⋮	⋮	⋮	⋮	宁夏	30	2014	11 006.53	20 384.74
北京	1	2014	23 729.89	56 628.24	新疆	31	2014	8 766.93	23 174.74

资料来源：表中数据根据中华人民共和国统计局网站相关内容，经计算整理得到，不包含中国港、澳、台地区相关数据。

本教材使用 EViews 软件进行数据处理，我们将在以后的章节中逐步介绍 EViews 软件的使用。

第三节　微积分准备知识

本节将回顾学习计量经济学所必需的微积分准备知识,如果需要了解更多的微积分知识,请参考相关微积分教材。

一、导数和积分

1. 导数与偏导数

对于一元函数 $y = f(x)$,定义其一阶导数为 $f'(x)$ 或 $\dfrac{\mathrm{d}y}{\mathrm{d}x}$,其定义为:

$$f'(x) = \lim_{\Delta x \to 0} \frac{\Delta y}{\Delta x} = \lim_{\Delta x \to 0} \frac{f(x + \Delta x) - f(x)}{\Delta x} \tag{1-3}$$

一阶导数 $f'(x)$ 实际上就是函数 $y = f(x)$ 在点 x 处的切线斜率,它也是 x 的函数。

对于多元函数 $y = f(x_1, x_2, \cdots, x_k)$,定义 y 对 x_1 的偏导数为 $\dfrac{\partial y}{\partial x_1}$:

$$\begin{aligned}
\frac{\partial y}{\partial x_1} &= \frac{\partial f(x_1, x_2, \cdots, x_k)}{\partial x_1} \\
&= \lim_{\Delta x_1 \to 0} \frac{f(x_1 + \Delta x, x_2, \cdots, x_k) - f(x_1, x_2, \cdots, x_k)}{\Delta x_1}
\end{aligned} \tag{1-4}$$

由式(1-4)可知,y 对 x_1 的偏导数的计算实际上是在其他给定变量 $(x_2, \cdots, x_k)$ 不变的条件下进行的,同样我们可以类似地定义 y 对 $x_2, \cdots, x_k$ 的偏导数。

在任意一个点 $(x_1^0, x_2^0, \cdots, x_k^0)$ 处,多元函数 $y = f(x_1, x_2, \cdots, x_k)$ 的一阶泰勒级数近似为:

$$f(x_1, x_2, \cdots, x_k) = f(x_1^0, x_2^0, \cdots, x_k^0) + \sum_{i=1}^{k} \frac{\partial f(x_1, x_2, \cdots, x_k)}{\partial x_i}\bigg|_{(x_1^0, x_2^0, \cdots, x_k^0)} (x_i - x_i^0) \tag{1-5}$$

2. 积分

对于一元函数 $y = f(x)$,定义其在区间 $[a, b]$ 上的定积分为 $\displaystyle\int_a^b f(x)\mathrm{d}x$,定积分的实质是求函数 $y = f(x)$ 在区间 $[a, b]$ 上围成的面积,如图 1-1 所示。

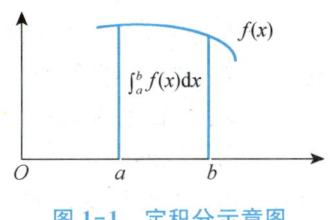

图 1-1　定积分示意图

二、最优化问题

1. 一元最优化

在计量经济学中,普通最小二乘法求解待估参数需要解决最优化问题,考虑如下的无约束一元最小化问题：

$$\min_x f(x) \tag{1-6}$$

如果函数 $f(x)$ 在 x^* 处取得最小值，则在 x^* 处，函数 $f(x)$ 的切线水平，即其切线的斜率为 0，这也是该最小化问题的一阶条件：

$$f'(x^*) = 0 \tag{1-7}$$

2. 多元最优化

考虑如下的无约束多元最小化问题：

$$\min_{(x_1, x_2, \cdots, x_k)} f(x) = f(x_1, x_2, \cdots, x_k) \tag{1-8}$$

如果函数 $f(x)$ 在 $(x_1^*, x_2^*, \cdots, x_k^*)$ 处取得最小值，则在 $(x_1^*, x_2^*, \cdots, x_k^*)$ 处，函数 $f(x)$ 的所有偏导数为 0，这也是该多元最小化问题的一阶条件：

$$\begin{cases} \dfrac{\partial f(x_1^*, x_2^*, \cdots, x_k^*)}{\partial x_1} = 0 \\[2mm] \dfrac{\partial f(x_1^*, x_2^*, \cdots, x_k^*)}{\partial x_2} = 0 \\[2mm] \qquad\qquad \vdots \\[2mm] \dfrac{\partial f(x_1^*, x_2^*, \cdots, x_k^*)}{\partial x_k} = 0 \end{cases} \tag{1-9}$$

在计量经济学中，我们一般假设最优化问题满足二阶条件。

第四节　矩阵代数准备知识

矩阵代数准备知识对于理解中、高级计量经济学的理论和方法非常重要，本节着重介绍相关的向量、矩阵和二次型准备知识。

一、向量

矩阵是由 $m \times n$ 个数组成的一个 m 行 n 列的矩形表格。特别地，一个 $m \times 1$ 矩阵也称为一个 m 维列向量；而一个 $1 \times n$ 矩阵，也称为一个 n 维行向量。从定义来看，向量是一种特殊的、简化的矩阵。

考察 k 维列向量 $a = (a_1, a_2, \cdots, a_k)'$ 与 $b = (b_1, b_2, \cdots, b_k)'$，符号 $'$ 表示转置，向量 a 和 b 的内积定义为：

$$a'b = (a_1, a_2, \cdots, a_k) \begin{pmatrix} b_1 \\ b_2 \\ \vdots \\ b_k \end{pmatrix} = a_1 b_1 + a_2 b_2 + \cdots + a_k b_k = \sum_{i=1}^{k} a_i b_i \tag{1-10}$$

如果 $a'b=0$,则称向量 a 和 b 正交,意味着两个向量在 k 维向量空间相互垂直。如果 c 为实数,向量 a 的数乘定义为:

$$ca = c\begin{pmatrix} a_1 \\ a_2 \\ \vdots \\ a_k \end{pmatrix} = \begin{pmatrix} ca_1 \\ ca_2 \\ \vdots \\ ca_k \end{pmatrix} \tag{1-11}$$

二、矩阵

将 $m\times n$ 个实数排列成如下矩状的阵型:

$$A = \begin{pmatrix} a_{11} & \cdots & a_{1n} \\ \vdots & \ddots & \vdots \\ a_{m1} & \cdots & a_{nn} \end{pmatrix} \tag{1-12}$$

式(1-12)中:A 为 $m\times n$ 矩阵;m 为矩阵 A 的行数;n 为矩阵 A 的列数;矩阵 A 中的元素 a_{ij} 表示矩阵 A 的第 i 行第 j 列元素。

如果 $m=n$,则称 A 为 n 阶方阵,此时,称 a_{11}, a_{22}, $\cdots$, a_{nn} 为主对角线的元素;如果方阵 A 中的元素满足 $a_{ij}=a_{ji}$(任意 i, $j=1$, $\cdots$, n),则称方阵 A 为对称矩阵;如果方阵 A 的非对角线元素全为 0,则称其为对角阵;如果对角阵的主对角线元素都为 1,则称其为 n 级单位矩阵,记为 I_n。

(一) 矩阵的转置

对于矩阵 A,构造另一个矩阵 A',使矩阵 A' 的第 k 行等于矩阵 A 的第 k 列,我们称矩阵 A' 为矩阵 A 的转置矩阵,如果矩阵 A 的维数是 $m\times n$,则其转置矩阵 A' 的维数为 $n\times m$。

如果矩阵 A 为对称矩阵,则:

$$A = A' \tag{1-13}$$

(二) 矩阵的加法

两个矩阵只有在维数相同时(行数与列数均相同)才可相加减,两个矩阵之和定义为两个矩阵的相应元素之和。矩阵 A 和 B 均为 $m\times n$ 矩阵,则有如下矩阵的加法规则:

$$A+0 = A \tag{1-14}$$

$$A+B = B+A \tag{1-15}$$

$$(A+B)+C = A+(B+C) \tag{1-16}$$

$$(A+B)' = A'+B' \tag{1-17}$$

(三) 矩阵的乘法

对于矩阵的数乘,如果矩阵 $A=(a_{ij})_{m\times n}$,c 为实数,矩阵 A 与实数 c 的数乘定义为矩阵 A 的每一个元素与实数 c 的乘积,即:

$$cA = c\left(a_{ij}\right)_{m\times n} = \left(ca_{ij}\right)_{m\times n} \tag{1-18}$$

如果矩阵 A 的列数与矩阵 B 的行数相同,则可以定义矩阵乘积 $A \times B$ 或 AB,设矩阵 $A = \left(a_{ij}\right)_{m\times n}$,矩阵 $B = \left(b_{ij}\right)_{n\times k}$,则矩阵乘积 AB 的 (i, j) 元素即为矩阵 A 第 i 行与矩阵 B 第 j 列的内积,即:

$$(AB)_{ij} = (a_{i1}, a_{i2}, \cdots, a_{in})\begin{pmatrix} b_{1j} \\ b_{2j} \\ \vdots \\ b_{nj} \end{pmatrix} = a_{i1}b_{1j} + a_{i2}b_{2j} + \cdots + a_{in}b_{nj} = \sum_{k=1}^{n} a_{ik}b_{kj}$$

$$\tag{1-19}$$

我们可以看出,矩阵乘法通常不满足交换律,即一般来讲 $AB \neq BA$。因此,矩阵乘法要区分左乘还是右乘,矩阵乘法有如下规则:

$$A0 = 0 \tag{1-20}$$

$$AI = IA = A \tag{1-21}$$

$$(AB)C = A(BC) \tag{1-22}$$

$$A(B + C) = AB + AC \tag{1-23}$$

$$(AB)' = B'A' \tag{1-24}$$

$$(ABC)' = C'B'A' \tag{1-25}$$

(四)逆矩阵

对于 n 级方阵 A,如果存在 n 级方阵 B,使得 $AB = BA = I_n$,则称方阵 A 为可逆矩阵,方阵 B 为方阵 A 的逆矩阵,即 $B = A^{-1}$。逆矩阵存在以下规则:

$$(A^{-1})' = (A')^{-1} \tag{1-26}$$

$$(AB)^{-1} = B^{-1}A^{-1} \tag{1-27}$$

$$(ABC)^{-1} = C^{-1}B^{-1}A^{-1} \tag{1-28}$$

(五)矩阵的秩

如果 k 个 n 维向量构成的向量组 $\{a_1, a_2, \cdots, a_k\}$,实数 $c_1, c_2, \cdots, c_k$ 使得:

$$c_1a_1 + c_2a_2 + \cdots + c_ka_k = 0 \tag{1-29}$$

式(1-29)的唯一解是:

$$c_1 = c_2 = \cdots = c_k = 0 \tag{1-30}$$

则称向量组 $\{a_1, a_2, \cdots, a_k\}$ 线性无关。一般地,任意一个向量组中的极大线性无关部分所包含的向量个数,称为该向量组的秩。

对于 $m \times n$ 矩阵 A,可将其 m 个行向量看成是一个向量组,称此行向量组的秩为矩阵 A 的行秩,如果行秩正好等于 m,称为行满秩;也可将矩阵 A 的 n 个列向量看成是一

个向量组,称此列向量组的秩为矩阵 A 的列秩,可以证明任何矩阵的行秩等于其列秩,且有:

$$秩(A) \leqslant \min(m, n) \tag{1-31}$$

(六) 线性方程组的矩阵表示

由矩阵的定义,我们可将线性方程组表示成矩阵形式,方便运算求解,如考虑以下 n 个未知数 $(x_1, x_2, \cdots, x_n)$,n 个方程构成的线性方程组为:

$$\begin{cases} a_{11}x_1 + a_{12}x_2 + \cdots + a_{1n}x_n = b_1 \\ a_{21}x_1 + a_{22}x_2 + \cdots + a_{2n}x_n = b_2 \\ \vdots \\ a_{n1}x_1 + a_{n2}x_2 + \cdots + a_{nn}x_n = b_n \end{cases} \tag{1-32}$$

根据矩阵乘法,可将(1-32)式用矩阵表示为:

$$\begin{pmatrix} a_{11} & a_{12} & \cdots & a_{1n} \\ a_{21} & a_{22} & \cdots & a_{2n} \\ \vdots & \vdots & \vdots & \vdots \\ a_{n1} & a_{n2} & \cdots & a_{nn} \end{pmatrix} \begin{pmatrix} x_1 \\ x_2 \\ \vdots \\ x_n \end{pmatrix} = \begin{pmatrix} b_1 \\ b_2 \\ \vdots \\ b_n \end{pmatrix} \tag{1-33}$$

记式(1-33)中的相应矩阵分别为 A,x 与 b,可得:

$$Ax = b \tag{1-34}$$

(七) 二次型

二次型就是一个二次齐次的多项式函数:

$$\begin{aligned} f(x_1, x_2, \cdots, x_n) = {} & a_{11}x_1^2 + 2a_{12}x_1x_2 + \cdots + 2a_{1n}x_1x_n \\ & + a_{22}x_2^2 + 2a_{23}x_2x_3 + \cdots + 2a_{2n}x_2x_n \\ & + \cdots \\ & + a_{nn}x_n^2 \end{aligned} \tag{1-35}$$

任意二次型式(1-35)都可以写成 $x'Ax$ 的形式,其中,A 为对称矩阵。针对二次型 $x'Ax$ 的取值确定性,引入以下定义:

(1) 对于任意非零列向量 x,都有 $x'Ax > 0$,则称对称矩阵 A 为正定矩阵。

(2) 对于任意非零列向量 x,都有 $x'Ax \geqslant 0$,则称对称矩阵 A 为半正定矩阵。

(3) 对于任意非零列向量 x,都有 $x'Ax < 0$,则称对称矩阵 A 为负定矩阵。

(4) 对于任意非零列向量 x,都有 $x'Ax \leqslant 0$,则称对称矩阵 A 为半负定矩阵。

如果 A 为对称矩阵,且 $AA = A$,则称 A 为对称等幂矩阵,且 A 为半正定矩阵。

(八) 矩阵求导

对于形如 Ax 的一组一次齐次多项式函数对 x 求偏导,可得:

$$\frac{\partial Ax}{\partial x} = A' \tag{1-36}$$

如：

$$
\begin{bmatrix} x_1 + 2x_2 \\ 3x_1 + 4x_2 \end{bmatrix} = \begin{bmatrix} 1 & 2 \\ 3 & 4 \end{bmatrix}\begin{bmatrix} x_1 \\ x_2 \end{bmatrix} = \boldsymbol{A}x \quad \frac{\partial \boldsymbol{A}x}{\partial x} = \begin{bmatrix} 1 & 3 \\ 2 & 4 \end{bmatrix} = \boldsymbol{A}' \tag{1-37}
$$

对于形如 $x'\boldsymbol{A}x$ 的一个二次齐次多项式函数对 x 求偏导（这里 $\boldsymbol{A}$ 为对称矩阵），可得：

$$
\frac{\partial x'\boldsymbol{A}x}{\partial x} = 2\boldsymbol{A}x \tag{1-38}
$$

如：

$$
x_1^2 + 4x_1x_2 + 4x_2^2 = (x_1 \quad x_2)\begin{bmatrix} 1 & 2 \\ 2 & 4 \end{bmatrix}\begin{bmatrix} x_1 \\ x_2 \end{bmatrix} = x'\boldsymbol{A}x \quad \frac{\partial x'\boldsymbol{A}x}{\partial x} = \begin{bmatrix} 2 & 4 \\ 4 & 8 \end{bmatrix}x = 2\boldsymbol{A}x
$$

$$
\tag{1-39}
$$

第五节　数理统计准备知识

数理统计准备知识，主要是关于随机变量的数字特征和常用的统计分布知识。

一、随机变量的数字特征

随机变量分为离散型随机变量和连续型随机变量。离散型随机变量的取值最多为可列多个，假设随机变量 X 的可能取值为 $\{x_1, x_2, \cdots, x_k\}$，其相对应的概率为 $\{p_1, p_2, \cdots, p_k\}$，则称 X 为离散型随机变量，其分布律可以写为：

$$
\begin{array}{llll} X & x_1, x_2, \cdots, x_k \\ P & p_1, p_2, \cdots, p_k \end{array} \tag{1-40}
$$

式(1-40)中：$p_i(i=1, \cdots, k) \geqslant 0$，$\sum_k p_i = 1$，常见的离散分布有二项分布等。离散型随机变量 X 的期望为：

$$
E(X) = \sum_{i=1}^{k} x_i p_i \tag{1-41}
$$

离散型随机变量 X 的方差为：

$$
\mathrm{Var}(X) = \sum_{i=1}^{k} \left[x_i - E(X) \right]^2 p_i \tag{1-42}
$$

连续型随机变量的取值充满整个数轴或某个区间，其概率密度函数 $f(x)$ 满足以下条件。

(1) $f(x) \geqslant 0 \ \forall x$。

(2) $\int_{-\infty}^{+\infty} f(x)\mathrm{d}x = 1$。

(3) X 落入实数轴上任一区间 $[a, b]$ 的概率 $P(X \in [a, b]) = \int_a^b f(x)\mathrm{d}x$。

连续型随机变量 X 的期望为：

$$E(X) = \int_{+\infty}^{-\infty} xf(x)\mathrm{d}x \tag{1-43}$$

连续型随机变量 X 的方差为：

$$\mathrm{Var}(X) = \int_{+\infty}^{-\infty} [x - E(X)]^2 f(x)\mathrm{d}x = E[X - E(X)]^2 \tag{1-44}$$

数学期望描述了随机变量的集中程度,方差描述了随机变量的分散程度。期望和方差的运算存在如下法则：

(1) 如果 a、b 为常数,则：$E(aX + b) = aE(X) + b$；$\mathrm{Var}(a + bX) = b^2 \mathrm{Var}(X)$。

(2) 如果 X、Y 为两个随机变量,则：$E(X + Y) = E(X) + E(Y)$。

(3) 如果 $g(X)$ 与 $f(X)$ 分别为 X 的两个函数,则：$E[g(X) + f(X)] = E[g(X)] + E[f(X)]$。

(4) 如果 X、Y 是两个独立的随机变量,a、b 为常数,则：$E(XY) = E(X)E(Y)$；$\mathrm{Var}(aX + bY) = a^2 \mathrm{Var}(X) + b^2 \mathrm{Var}(Y)$。

(5) $\mathrm{Var}(X) = E(X^2) - [E(X)]^2$。

对于随机向量 X,假设 $\boldsymbol{A}$ 为常数矩阵,则存在如下规则：

(1) $E(\boldsymbol{A}X) = \boldsymbol{A}E(X)$。

(2) $\mathrm{Var}(X) = E(XX') - E(X)[E(X)]'$。

(3) $\mathrm{Var}(\boldsymbol{A}X) = \boldsymbol{A}\mathrm{Var}(X)\boldsymbol{A}'$。

二、常用的统计分布

本章介绍计量经济学中四种常用的统计分布:正态分布、χ^2 分布、t 分布和 F 分布。

(一)正态分布

若连续型随机变量 X 的概率密度函数为：

$$f(x) = \frac{1}{\sqrt{2\pi}\sigma} \mathrm{e}^{-\frac{(x-\mu)^2}{2\sigma^2}} (\mu、\sigma \text{ 为常数},\sigma > 0) \tag{1-45}$$

则称 X 服从正态分布,简记为 $X \sim N(\mu, \sigma^2)$,这里,正态分布的期望 $EX = \mu$,方差 $\mathrm{Var}(X) = \sigma^2$；$\mu = 0$、$\sigma^2 = 1$ 的正态分布,称为标准正态分布,记作 $X \sim N(0, 1)$；如果 $X \sim N(\mu, \sigma^2)$,记 $\eta = \frac{\xi - \mu}{\sigma}$,那么 $\eta \sim N(0, 1)$,因此,任何一个正态分布的随机变量,可以标准化为标准正态分布的随机变量。

标准正态分布 $N(0, 1)$ 与正态分布 $N(0, 3)$,如图 1-2 所示。

正态分布有以下性质。

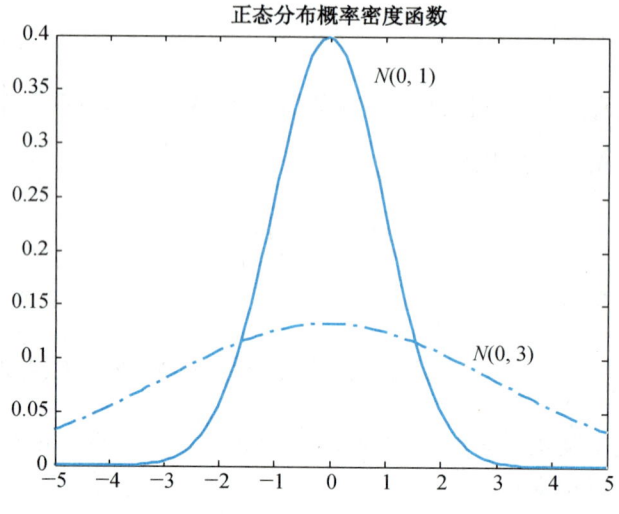

图 1-2 标准正态分布 $N(0, 1)$ 与正态分布 $N(0, 3)$

（1）独立同分布正态随机变量的任意线性组合仍服从正态分布。

（2）正态分布的偏度 $\{E[(X-\mu)/\sigma]^3\}$ 为 0，峰度 $\{E[(X-\mu)/\sigma]^4\}$ 为 3，在判断随机变量的概率分布方面有重要作用。

（二）χ^2 分布

令 Z_1，Z_2，$\cdots$，Z_k 为 k 个服从标准正态分布的随机变量，则它们的平方和服从自由度为 k 的 χ^2（卡方）分布，记为：

$$X = \sum_{i=1}^{k} Z_i^2 \sim \chi^2(k) \tag{1-46}$$

标准正态分布 $N(0,1)$ 与 $\chi^2(5)$、$\chi^2(10)$ 分布，如图 1-3 所示。

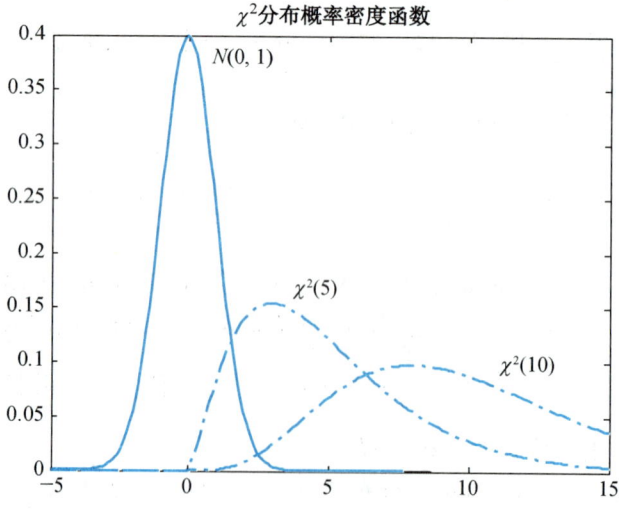

图 1-3 标准正态分布 $N(0, 1)$ 与 $\chi^2(5)$、$\chi^2(10)$ 分布

χ^2 分布有以下性质：

(1) 与正态分布不同，χ^2 分布只取正值，并且是偏斜分布，其偏度取决于自由度的大小，自由度越小越右偏，随自由度增大，χ^2 分布逐渐对称，接近正态分布。

(2) χ^2 分布的期望为自由度 k，方差为 $2k$。

（三）t 分布

设 $Z \sim N(0, 1)$，$X \sim \chi^2(k)$，且 Z 与 X 相互独立，则随机变量 $\dfrac{Z}{\sqrt{X/k}}$ 服从自由度为 k 的 t 分布，记为：

$$\frac{Z}{\sqrt{X/k}} \sim t(k) \tag{1-47}$$

标准正态分布 $N(0，1)$ 与 $t(5)$ 分布，如图 1-4 所示。

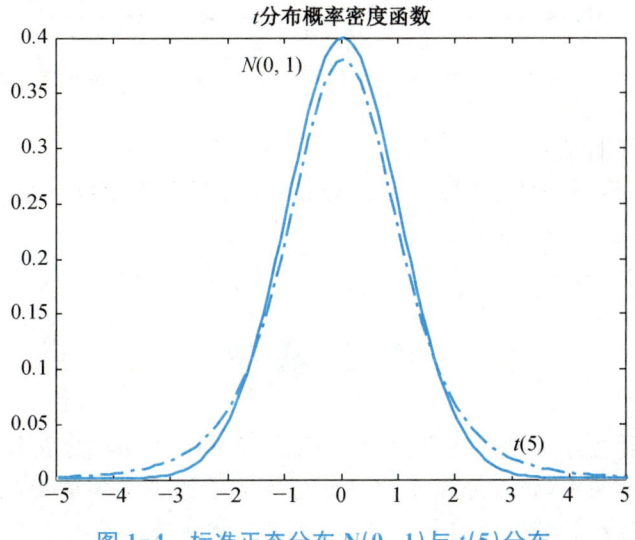

图 1-4　标准正态分布 $N(0, 1)$ 与 $t(5)$ 分布

t 分布有以下性质：

(1) t 分布是期望为 0 的对称分布，它的密度函数及图形类似标准正态分布。

(2) t 分布的方差为 $\dfrac{k}{k-2}$（当 $k > 2$ 时），因此，一般来讲，其分布比标准正态分布要平坦一些。

（四）F 分布

F 分布是 χ^2 分布的商，设 X_1 服从自由度为 k_1 的 χ^2 分布，X_2 服从自由度为 k_2 的 χ^2 分布，且 X_1 和 X_2 相互独立，则随机变量 $\dfrac{X_1/k_1}{X_2/k_2}$ 服从自由度为 k_1、k_2 的 F 分布，记为：

$$\frac{X_1/k_1}{X_2/k_2} \sim F(k_1, k_2) \tag{1-48}$$

标准正态分布 $N(0，1)$ 与 $F(5，10)$ 分布,如图 1-5 所示。

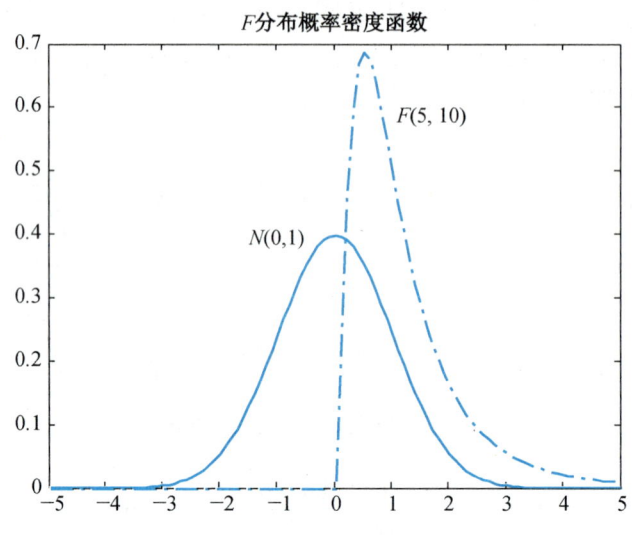

图 1-5　标准正态分布 $N(0，1)$ 与 $F(5，10)$ 分布

F 分布有以下性质:

(1) F 分布只取非负值,并且是偏斜分布,随着两个自由度的增大,F 分布逐渐对称,接近正态分布。

(2) $t_k^2 = F(1，k)$。

本章小结

本章介绍了计量经济学的定义,分析了计量经济学和数学的区别,给出了经济数据的三种基本类型及实例,详细介绍了学习计量经济学所需掌握的微积分和矩阵代数准备知识以及常用的统计分布及其性质特点,为以后的章节学习打下坚实的基础。

关键术语

计量经济学　截面数据　时间序列数据　面板数据　多元最优化的一阶条件　向量　矩阵　逆矩阵　矩阵求导　正态分布　χ^2 分布　t 分布　F 分布

练习题

一、名词解释

1. 计量经济学。

2. 面板数据。

3. 正态分布。

4. 半正定矩阵。

二、判断题

1. χ^2 分布是对称分布。 （　　）
2. t 分布是有偏斜的分布。 （　　）
3. F 分布是有偏斜的分布。 （　　）
4. 独立、同分布正态随机变量的任意线性组合仍服从正态分布。 （　　）
5. $t_k^2 = F(1, k)$。 （　　）

三、单选题

1. 令 $Z_1, Z_2, \cdots, Z_k$ 为 k 个相互独立的服从标准正态分布的随机变量,则它们的平方和服从自由度为 k 的（　　）分布。
   A. 正态　　　　　B. t　　　　　C. χ^2　　　　　D. F

2. 下列各项中,（　　）是对称分布。
   A. 正态分布和 χ^2 分布　　　　B. 正态分布和 F 分布
   C. 正态分布和 t 分布　　　　　　D. χ^2 分布和 F 分布

3. 下列各项中,（　　）是有偏斜的分布。
   A. 正态分布和 χ^2 分布　　　　B. 正态分布和 F 分布
   C. 正态分布和 t 分布　　　　　　D. χ^2 分布和 F 分布

4. 二次型 $x'Ax \leqslant 0$,则称对称矩阵 $\boldsymbol{A}$ 为（　　）。
   A. 负定　　　　　　　　　　　　B. 半负定
   C. 正定　　　　　　　　　　　　D. 半正定

5. F 分布可以看作是（　　）相除。
   A. 正态分布和 χ^2 分布　　　　B. 正态分布和 F 分布
   C. χ^2 分布和 χ^2 分布　　　　D. t 分布和 χ^2 分布

6. t 分布可以看作是（　　）相除。
   A. 正态分布和 χ^2 分布　　　　B. 正态分布和 F 分布
   C. χ^2 分布和 χ^2 分布　　　　D. 标准正态分布和 χ^2 分布

7. 令 $Z_1, Z_2, \cdots, Z_k$ 为 k 个相互独立的服从同一正态分布的随机变量,则它们的任意线性组合服从（　　）分布。
   A. 正态　　　　　B. t　　　　　C. χ^2　　　　　D. F

8. 自由度为 $k > 2$ 的 t 分布的方差是（　　）。
   A. k　　　B. $2k$　　　C. $k/(k-2)$　　　D. $k/(k-1)$

9. 自由度为 $k > 2$ 的 t 分布的数学期望是（　　）。
   A. k　　　B. $2k$　　　C. 1　　　D. 0

10. 自由度为 $k > 2$ 的 χ^2 分布的方差是（　　）。
    A. k　　　B. $2k$　　　C. $k/(k-2)$　　　D. $k/(k-1)$

四、计算分析题

1. 随机变量 x 服从自由度为 20 的 t 分布，那么 $y=x^2$ 服从什么分布？

2. 对一个二次齐次多项式函数 $(x_1\ x_2)\begin{bmatrix} 6 & 3 \\ 3 & 5 \end{bmatrix}\begin{bmatrix} x_1 \\ x_2 \end{bmatrix}=x'Ax$ 求偏导数 $\partial x'Ax/\partial x$。

第 二 章

一元线性回归模型

◎ **学习目的与要求**

（1）理解一元线性回归模型的假设。

（2）熟悉一元线性回归模型的普通最小二乘法（ordinary least squares, OLS）估计量。

（3）掌握一元线性回归模型 OLS 估计量的性质和决定系数。

（4）理解 EViews 软件一元线性回归模型的 OLS 估计结果。

◎ **重点**

掌握一元线性回归模型 OLS 估计量的性质和决定系数。

◎ **难点**

掌握一元线性回归模型 OLS 估计量的性质和决定系数。

微课：为什么要学习
一元线性回归模型

导 读

一元线性回归模型是最简单的计量经济学模型,对其 OLS 估计量的求解和性质的讨论可以基于代数的方法来进行。本章介绍一元线性回归模型的假设、OLS 估计量的求解、OLS 估计量的性质和决定系数,并用 EViews 软件给出具体的例子。

第一节 一元线性回归模型及假设

在经济问题中,精确的因果关系实际上是不存在的,由于人类经济行为本身的随机性等原因,数学模型通常只是抓了主要矛盾,而忽略了其他众多因素的影响。正确的一元线性回归模型是随机模型,如:

$$y = \beta_0 + \beta_1 x + \varepsilon \qquad (2-1)$$

式(2-1)中:ε 为随机扰动项,代表影响 y 的各种较小因素的综合;线性函数 $y = \beta_0 + \beta_1 x$ 也称为"趋势部分",是研究的主要目标和对象。线性回归分析的对象是随机线性函数关系,这点很重要。因为变量关系不是严格的函数关系,所以这种关系生成的数据多数不会落在同一条直线上。

正如物理学等自然学科中的假设一样,一元线性回归模型的建立、参数估计和估计量性质的讨论等是基于一定假设基础的,一元线性回归模型存在如下假设:

(1) 假设总体模型为一元的线性随机函数关系:$y_i = \beta_0 + \beta_1 x_i + \varepsilon_i (i = 1, \cdots, n)$,$y_i$ 为被解释变量,x_i 为解释变量,ε_i 为随机误差项,β_0、β_1 为总体参数,$(x_i, y_i)(i = 1, \cdots, n)$ 为在总体中随机抽取的容量为 n 的样本,解释变量 x_i 存在变化。

(2) $E(\varepsilon_i) = 0 (i = 1, \cdots, n)$。

(3) $\mathrm{Var}(\varepsilon_i) = \sigma^2 (i = 1, \cdots, n)$。

(4) $\mathrm{Cov}(\varepsilon_i, \varepsilon_j) = 0 (i, j = 1, \cdots, n \text{ 且 } i \neq j)$。

(5) 解释变量 x_i 为确定性变量。

假设(3)和(4)的含义是指随机误差项 ε_i 满足同方差和无自相关,是球形扰动;假设(5)的含义是指解释变量 x_i 确定的,而随机误差项 ε_i 是随机变量,因此解释变量 x_i 和随机误差项 ε_i 是不相关的;如果用条件期望来表示,假设(2) 和(5) 相当于 $E(\varepsilon_i \mid x_i) = 0 (i = 1, \cdots, n)$。

第二节 求解 OLS 估计量

在一元线性回归模型中，总体参数 β_0、β_1 是永远未知的，因此总体回归直线 $y_i = \beta_0 + \beta_1 x_i$ 也是永远未知的，我们只是从总体中抽取了一个容量为 n 的样本 $(x_i, y_i)(i = 1, \cdots, n)$ 去估计它，而且，我们希望找到一条（样本回归）直线，使得此直线离所有的样本点（观测值）的距离最近，如图 2-1 所示。假设我们找到了一条样本回归直线 $\hat{y}_i = b_0 + b_1 x_i$，可以计算基于横坐标 x_i，每一个点的观测值 y_i 到这条样本回归直线的距离 $e_i (e_i = y_i - b_0 - b_1 x_i)$，称为残差（residual）。

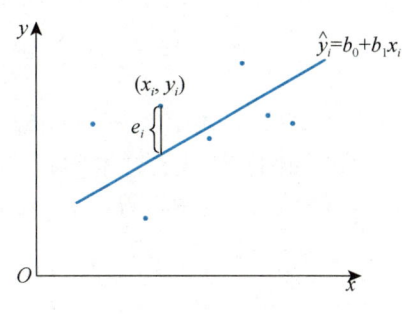

图 2-1　残差示意图

如何衡量样本回归直线到所有样本点的距离？如果直接将残差 e_i 相加，因为残差 e_i 有正有负，会出现正负相抵的现象。可以考虑使用残差的绝对值 $|e_i|$，但绝对值无法微分，不易运算，故考虑残差的平方 e_i^2，使用残差的平方和 $\sum_{i=1}^{n} e_i^2$ 来衡量样本回归直线离所有样本点的距离，使得样本回归直线离所有样本点（观测值）的距离最近，这意味着最小化残差的平方和，即：

$$\min_{b_0, b_1} \sum_{i=1}^{n} e_i^2 = \sum_{i=1}^{n} (y_i - b_0 - b_1 x_i)^2 \tag{2-2}$$

最小化残差的平方和就是最小二乘原理，普通最小二乘法就是选择 b_0、b_1，最小化残差平方和 $\sum_{i=1}^{n} e_i^2$。

对于式（2-2），由微积分准备知识，其一阶条件为：

$$\begin{cases} \partial \sum_{i=1}^{n} e_i^2 / \partial b_0 = -2 \sum_{i=1}^{n} (y_i - b_0 - b_1 x_i) = 0 \\ \partial \sum_{i=1}^{n} e_i^2 / \partial b_1 = -2 \sum_{i=1}^{n} (y_i - b_0 - b_1 x_i) x_i = 0 \end{cases} \tag{2-3}$$

整理可得：

$$\begin{cases} \sum_{i=1}^{n} (y_i - b_0 - b_1 x_i) = 0 \\ \sum_{i=1}^{n} (y_i - b_0 - b_1 x_i) x_i = 0 \end{cases} \tag{2-4}$$

式（2-4）即为"正规方程组"，将式（2-4）的第一个方程进一步整理可得：

$$b_0 = \bar{y} - b_1 \bar{x} \tag{2-5}$$

式(2-5)中：$\bar{y} = \dfrac{1}{n}\sum\limits_{i=1}^{n} y_i$；$\bar{x} = \dfrac{1}{n}\sum\limits_{i=1}^{n} x_i$；$\bar{y}$ 和 $\bar{x}$ 分别为 y 和 x 的样本均值。将式(2-5)代入式(2-4)的第二个方程，整理可求得关键参数 b_1 的表达式：

$$b_1 = \frac{\sum\limits_i x_i y_i - n\bar{x}\bar{y}}{\sum\limits_i x_i^2 - n\bar{x}^2} = \frac{\sum\limits_i (y_i - \bar{y})(x_i - \bar{x})}{\sum\limits_i (x_i - \bar{x})^2} \tag{2-6}$$

由式(2-5)和式(2-6)可求解一元线性回归模型的 OLS 估计量 b_0、b_1，进而可以得到样本回归直线或者样本回归函数 $\hat{y}_i = b_0 + b_1 x_i$。由式(2-5)可以看出，样本回归直线 $\hat{y}_i = b_0 + b_1 x_i$ 一定过点 $(\bar{x}, \bar{y})$。

第三节　决定系数

一、OLS 估计量的正交性

被解释变量的拟合值或预测值记为 $\hat{y}_i$，由样本回归直线可知：

$$\hat{y}_i = b_0 + b_1 x_i \tag{2-7}$$

由此，残差可以写为：

$$e_i = y_i - \hat{y}_i \tag{2-8}$$

正规方程组式(2-4)可以用残差写为：

$$\begin{cases} \sum\limits_{i=1}^{n} e_i = 0 \\ \sum\limits_{i=1}^{n} x_i e_i = 0 \end{cases} \tag{2-9}$$

如果定义常数向量 **1**、残差向量 e、解释变量向量 x、被解释变量向量 y 及拟合值向量 $\hat{y}$ 分别为：

$$\mathbf{1} = \begin{bmatrix} 1 \\ \vdots \\ 1 \end{bmatrix}_{n\times 1} \quad e = \begin{bmatrix} e_1 \\ \vdots \\ e_n \end{bmatrix}_{n\times 1} \quad x = \begin{bmatrix} x_1 \\ \vdots \\ x_n \end{bmatrix}_{n\times 1} \quad y = \begin{bmatrix} y_1 \\ \vdots \\ y_n \end{bmatrix}_{n\times 1} \quad \hat{y} = \begin{bmatrix} \hat{y}_1 \\ \vdots \\ \hat{y}_n \end{bmatrix}_{n\times 1} \tag{2-10}$$

则方程组(2-9)可以写为：

$$\begin{cases} \mathbf{1}'e = 0 \\ x'e = 0 \end{cases} \tag{2-11}$$

即残差向量 e 和常数向量 **1**、解释变量向量 x 均正交。

由式(2-9)可知：

$$\sum_{i=1}^{n} \hat{y}_i e_i = \sum_i (b_0 + b_1 x_i) e_i = b_0 \sum_i e_i + b_1 \sum_i x_i e_i = 0 \qquad (2\text{-}12)$$

即：

$$\hat{\boldsymbol{y}}' \boldsymbol{e} = 0 \qquad (2\text{-}13)$$

残差向量 $\boldsymbol{e}$ 和被解释变量向量的拟合值 $\hat{\boldsymbol{y}}$ 正交，根据式(2-8)可以看出，被解释变量向量 $\boldsymbol{y}$ 可以分解为相互正交的两个部分：被解释变量向量的拟合值 $\hat{\boldsymbol{y}}$ 和残差向量 $\boldsymbol{e}$，即：

$$\boldsymbol{y} = \hat{\boldsymbol{y}} + \boldsymbol{e} \qquad (2\text{-}14)$$

由式(2-9)第一个方程，可知：

$$\bar{\hat{y}} = \bar{y} \qquad (2\text{-}15)$$

式(2-15)表示被解释变量向量的拟合值 $\hat{y}_i$ 的均值等于被解释变量向量 y_i 的均值。

二、离差分解

离差分解是决定系数的准备知识，我们定义总离差平方和(total sum of squares，TSS，也称被解释变量的离差平方和)、解释平方和(explained sum of squares，ESS)与残差平方和(residual sum of squares，RSS)分别为：

$$\begin{cases} 总离差平方和：TSS = \sum (y_i - \bar{y})^2 \\ 解释平方和：ESS = \sum (\hat{y}_i - \bar{\hat{y}})^2 = \sum (\hat{y}_i - \bar{y})^2 \\ 残差平方和：RSS = \sum e_i^2 = \sum (y_i - \hat{y}_i)^2 \end{cases} \qquad (2\text{-}16)$$

如果线性回归模型有常数项，对于普通最小二乘法来讲，总离差平方和可以恰好分解为解释平方和与残差平方和两部分，即：

$$TSS = ESS + RSS \qquad (2\text{-}17)$$

一个简单的证明如下：

$$\begin{aligned} TSS &= \sum (y_i - \bar{y})^2 = \sum \left[(y_i - \hat{y}_i) + (\hat{y}_i - \bar{y}) \right]^2 \\ &= \sum \left[e_i + (\hat{y}_i - \bar{y}) \right]^2 \\ &= \sum (\hat{y}_i - \bar{y})^2 + 2 \sum e_i (\hat{y}_i - \bar{y}) + \sum e_i^2 \\ &= ESS + 2 \sum e_i (\hat{y}_i - \bar{y}) + RSS \\ &= ESS + 2 \sum e_i \hat{y}_i - 2 \bar{y} \sum e_i + RSS \\ &= ESS + 0 - 0 + RSS \\ &= ESS + RSS \end{aligned} \qquad (2\text{-}18)$$

由证明过程可以明显看出，由于 OLS 的正交性和线性回归模型含有常数项，使得 $\sum e_i \hat{y}_i = 0$ 和 $\sum e_i = 0$，保证了离差分解公式(2-18)的成立。

三、决定系数

由 OLS 估计量的求解过程,我们知道 OLS 的样本回归直线为离所有样本点最近的直线,但此最近的直线离这些样本点究竟有多近? 我们需要找到一个指标对此进行度量,以衡量样本回归直线对样本数据的拟合程度。根据离差分解公式(2-18),我们知道总离差平方和 TSS 可以分解为模型可以解释的部分即解释平方和 ESS,与模型不可解释的部分即残差平方和 RSS,模型可以解释的部分比重越大,则样本回归直线拟合得越好。

由此,我们定义拟合优度或决定系数(coefficient of determination) R^2 为:

$$R^2 = \frac{ESS}{TSS} = 1 - \frac{RSS}{TSS}$$

$$= \frac{\sum (\hat{y}_i - \bar{y})^2}{\sum (y_i - \bar{y})^2} = 1 - \frac{\sum e_i^2}{\sum (y_i - \bar{y})^2} \qquad (2-19)$$

在线性回归模型含常数项的情况下,决定系数 R^2 等于被解释变量 y_i 与拟合值 $\hat{y}_i$ 的相关系数的平方,因此,记为 R^2。可以看出 $0 \leqslant R^2 \leqslant 1$,$R^2$ 越高,则样本回归直线对样本数据拟合得越好。

第四节 EViews 实例

我们以数据集"wage. wf1"为例,该数据集来自伍德里奇(2003),包括 526 名美国人的数据,是对教育投资回报率的研究。

点击运行 EViews 软件,在菜单中依次点击"File""Open""EViews Workfile"选项,打开选取文件对话框,选择对应的目录和文件"wage. wf1",打开数据集"wage. wf1",显示如图 2-2 所示。

由窗口左上角"526 obs"可知,该数据集的样本容量为 526,在窗口显示的变量集中,变量 c(常数项)和变量 $resid$(残差)为系统变量,其余的为数据集"wage. wf1"中的变量,其中 edu(受教育年限)、$expr$(工龄)、$female$(性别,女性=1)、$lwage$(工资对数)、$married$(婚否,已婚=1)、$nonwhite$(种族,非白人=1)、$northcen$(是否住在北方中心城市,是=1)、$smsa$(是否住在大城市,是=1)、$south$(是否住在南部地区,是=1)、$tenure$(从事现职的年限)、$west$(是否住在西部地区,是=1)。

因为要考察教育投资的回报,所以我们关心的变量是工资对数($lwage$)与受教育年限(edu)。先看下这两个变量的基本统计指标,按住"Ctrl"键,依次选中变量 $lwage$ 与 edu,点击右键调出菜单,选择作为一个组视图(as Group)打开,并点击"Name"按钮在组视图中命名为"group01",在菜单中依次点击"View""Descriptive Stats""Common Sample"选项,如图 2-3 所示。

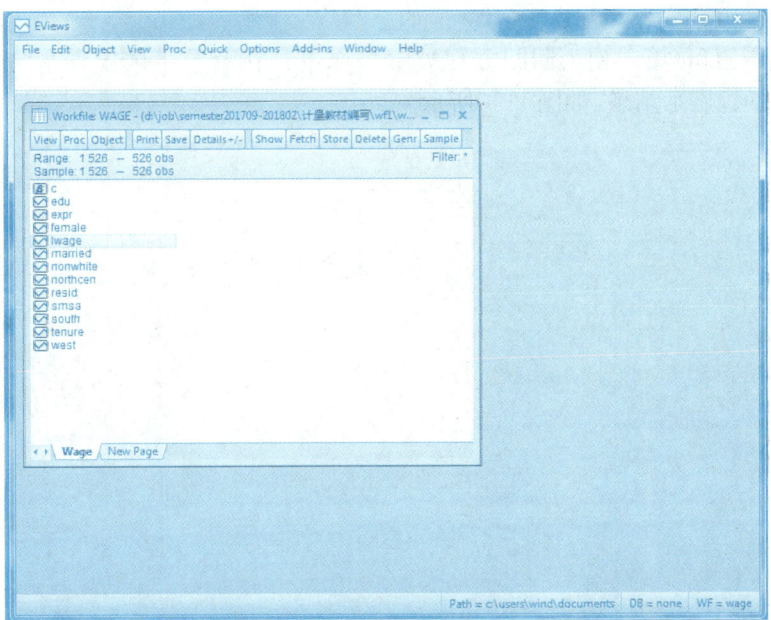

图 2-2　打开数据集 wage. wf1

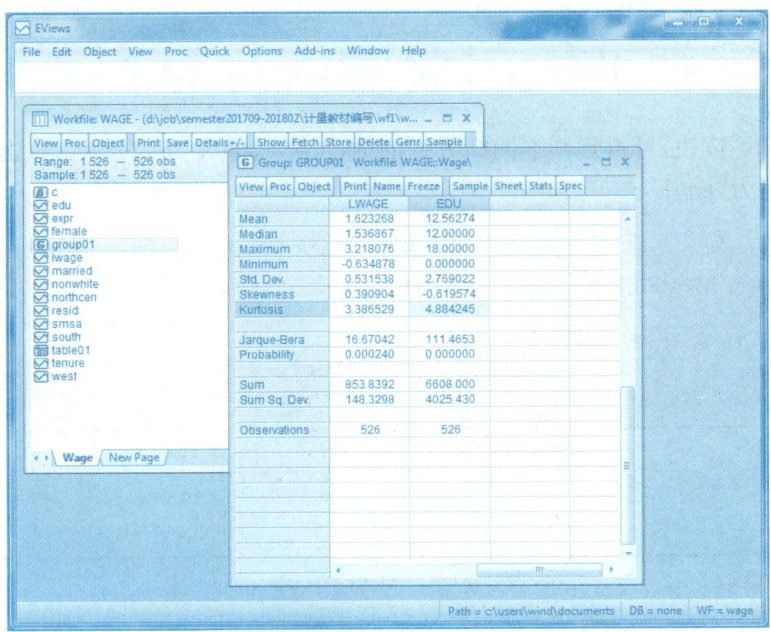

图 2-3　变量 *lwage* 和 *edu* 的基本统计指标

　　点击组视图窗口的"Freeze"按钮,进行拷贝,并点击"Name"按钮将其命名为"table01"。

　　要考察教育投资的回报,我们计划建立的计量经济学模型如下:

$$lwage = \beta_0 + \beta_1 edu + \varepsilon \qquad\qquad (2\text{-}20)$$

在组视图窗口(第一列为回归方程被解释变量),在菜单中依次点击"Proc""Make Equation"选项,显示结果,如图 2-4 所示。

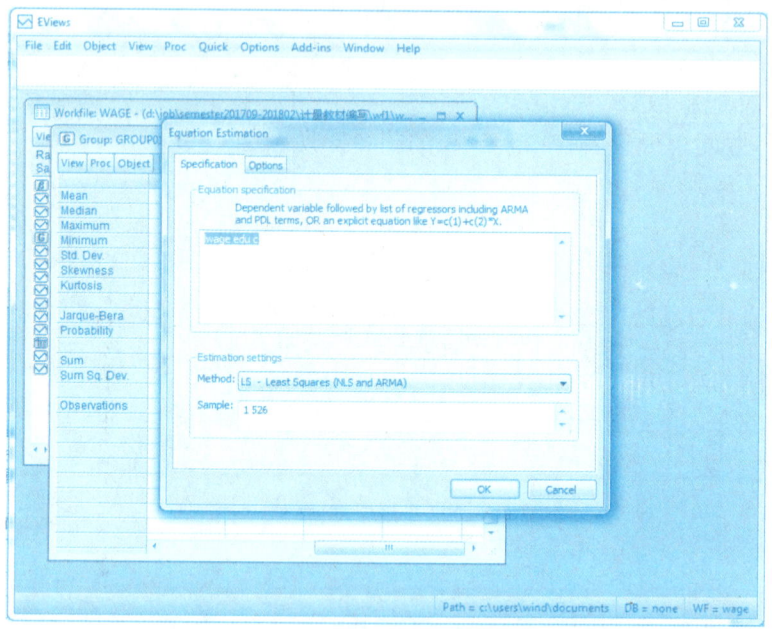

图 2-4   建立教育投资回报的样本回归方程

点击"OK"按钮,可得到样本回归方程的估计结果,如表 2-1 所示。点击"Name"按钮,将其命名为"eq01"。

表 2-1   样本回归方程估计结果

Dependent Variable：LWAGE
Method：Least Squares
Date：08/17/17   Time：11:03
Sample：1   526
Included observations：526

Variable	Coefficient	Std. Error	t-Statistic	Prob.
EDU	0.082 744	0.007 567	10.935 34	0.000 0
C	0.583 773	0.097 336	5.997 510	0.000 0
R-squared	0.185 806	Mean dependent var		1.623 268
Adjusted R-squared	0.184 253	S. D. dependent var		0.531 538
S. E. of regression	0.480 079	Akaike info criterion		1.374 061
Sum squared resid	120.769 1	Schwarz criterion		1.390 279
Log likelihood	−359.378 1	Hannan-Quinn criter.		1.380 411
F-statistic	119.581 6	Durbin-Watson stat		1.801 328
Prob(F-statistic)	0.000 000			

由表 2-1 可知,变量 edu 的系数约为 0.083,常数项 c 的系数约为 0.584,估计的样

本回归方程为：

$$lw\hat{a}ge = 0.584 + 0.083edu \tag{2-21}$$

式(2-21)中：$lw\hat{a}ge$ 表示被解释变量 $lwage$ 的拟合值；$b_0 = 0.584$，$b_1 = 0.083$；根据一元回归结果，教育投资的回报率为 0.083；由于工资取了对数，因此这是一个半弹性的概念，即教育每增加 1 年，工资可提高 8.3%。表 2-1 下部显示，$RSS = 120.769\ 1$，决定系数（R-squared）$R^2 = 0.185\ 806$。我们也可在命令行输入命令 ls lwage edu c，并回车得到表(2-1)结果，如图 2-5 所示。

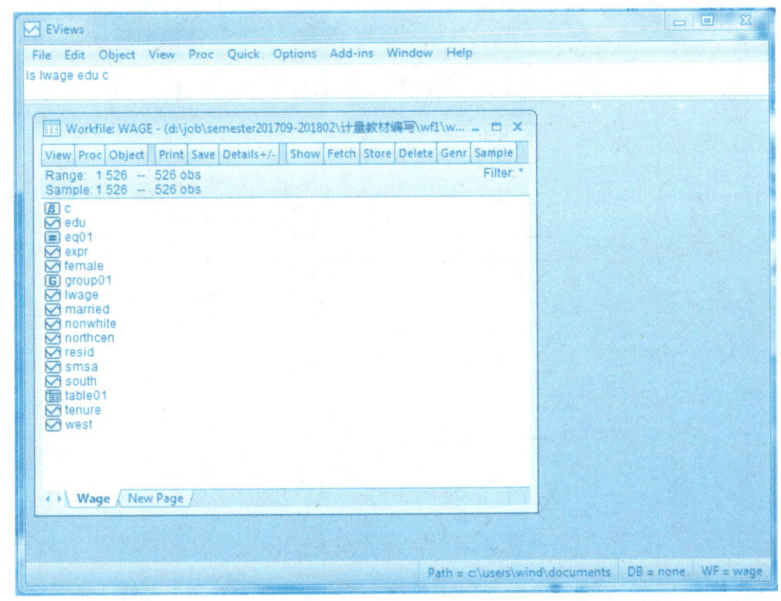

图 2-5 命令行回归

如果我们要保存所有数据、估计结果等，在菜单中依次点击"File""Save as"选项，选择合适的目录和文件名即可。

第五节 OLS 估计量的性质

我们在第二节中导出了 OLS 估计量，在第四节给出了 OLS 估计量的一个具体例子，那么对于一元线性回归模型，OLS 估计量是不是最好的估计，是否还有更好的参数估计量的可能性，就需要对 OLS 估计量的性质进行讨论。实际上，对于一元线性回归模型，OLS 估计量具有非常好的性质，正如高斯-马尔科夫定理（Gauss-Markov theorem）所描述的：在满足古典线性回归模型的基本假定（本章第一节所列的五条假设）条件下，最小二乘估计量（OLS 估计量）是具有最小方差的线性无偏估计量，或者也称 BLUE 估计量（best linear unbiased estimator，BLUE，最佳的线性无偏估计量）。

对于一元线性回归模型，我们接下来将用代数方法来推导高斯-马尔科夫定理，一元线性回归模型的 OLS 估计量有两个：b_0、b_1［见式（2-5）和式（2-6）］，我们只以关键的 OLS 估计量 b_1 为例给出证明，b_0 依次类推，不再给出证明。

一、OLS 估计量的线性性

OLS 估计量的线性性是指 OLS 估计量可以表示为被解释变量的线性组合。OLS 估计量满足线性性意味着 OLS 估计量与被解释变量服从相同名称的分布，因而与随机误差项服从相同名称的分布。

OLS 估计量是满足线性性的，我们以 OLS 估计量 b_1 为例给出证明，由式（2-6）可知：

$$
\begin{aligned}
b_1 &= \frac{\sum_i (y_i - \bar{y})(x_i - \bar{x})}{\sum_i (x_i - \bar{x})^2} \\
&= \frac{\sum_i y_i (x_i - \bar{x})}{\sum_i (x_i - \bar{x})^2} - \frac{\bar{y} \sum_i (x_i - \bar{x})}{\sum_i (x_i - \bar{x})^2} \\
&= \frac{\sum_i y_i (x_i - \bar{x})}{\sum_i (x_i - \bar{x})^2} \\
&= \sum \left[\frac{x_i - \bar{x}}{\sum_i (x_i - \bar{x})^2} \right] y_i
\end{aligned}
\tag{2-22}
$$

令 $\lambda_i = \dfrac{x_i - \bar{x}}{\sum_i (x_i - \bar{x})^2}$，$\lambda_i$ 是解释变量 x 的代数式，相当于一个系数，式（2-22）可写为：

$$
b_1 = \sum \lambda_i y_i
\tag{2-23}
$$

式（2-23）表明，OLS 估计量 b_1 是解释变量 y_i 的线性组合，线性性证毕。

对于 λ_i，存在如下良好的性质：

$$
\begin{aligned}
\sum_i \lambda_i &= \frac{\sum_i (x_i - \bar{x})}{\sum_i (x_i - \bar{x})^2} = 0 \\
\sum_i \lambda_i (x_i - \bar{x}) &= \sum_i \lambda_i x_i - \bar{x} \sum_i \lambda_i = \sum_i \lambda_i x_i = 1 \\
\sum_i \lambda_i^2 &= \sum_i \frac{(x_i - \bar{x})^2}{\left(\sum_i (x_i - \bar{x})^2 \right)^2} = \frac{1}{\sum_i (x_i - \bar{x})^2}
\end{aligned}
\tag{2-24}
$$

二、OLS 估计量的无偏性

OLS 估计量的无偏性是指 OLS 估计量的期望等于其真实值。OLS 估计量满足无偏性意味着 OLS 估计量没有系统偏差。

OLS 估计量是满足无偏性的,同样,我们以 OLS 估计量 b_1 为例给出证明,先对 b_1 进行化简:

$$
\begin{aligned}
b_1 &= \sum_i \lambda_i y_i \\
&= \sum_i \lambda_i (\beta_0 + \beta_1 x_i + \varepsilon_i) \text{(代入一元回归模型假设 1)} \\
&= \beta_0 \sum_i \lambda_i + \beta_1 \sum_i \lambda_i x_i + \sum_i \lambda_i \varepsilon_i \\
&= \beta_1 + \sum_i \lambda_i \varepsilon_i
\end{aligned}
\tag{2-25}
$$

然后,对 b_1 求期望,可得:

$$
\begin{aligned}
E(b_1) &= E\Big(\beta_1 + \sum_i \lambda_i \varepsilon_i\Big) \\
&= \beta_1 + \sum_i \lambda_i E(\varepsilon_i) \\
&= \beta_1 + 0 \\
&= \beta_1
\end{aligned}
\tag{2-26}
$$

无偏性证毕。

三、OLS 估计量的最小方差性

OLS 估计量的最小方差性也称有效性,是指 OLS 估计量在参数的所有线性无偏的估计量中方差最小。OLS 估计量满足最小方差性意味着 OLS 估计量是最有效率的线性无偏估计量。

OLS 估计量是满足最小方差性的,同样,我们以 OLS 估计量 b_1 为例给出证明,证明思路是这样的:首先,计算 b_1 的方差 $\mathrm{Var}(b_1)$;其次,找任一线性无偏的估计量 b_1';再次,计算 b_1' 的方差 $\mathrm{Var}(b_1')$;最后,比较 $\mathrm{Var}(b_1)$ 与 $\mathrm{Var}(b_1')$ 的大小。如果 $\mathrm{Var}(b_1) \leqslant \mathrm{Var}(b_1')$,那么我们就完成了证明。

(1) b_1 的方差。

$$
\begin{aligned}
\mathrm{Var}(b_1) &= E[b_1 - E(b_1)]^2 = E(b_1 - \beta_1)^2 = E\Big(\beta_1 + \sum_i \lambda_i \varepsilon_i - \beta_1\Big)^2 \\
&= E\Big(\sum_i \lambda_i \varepsilon_i\Big)^2 \\
&= E(\lambda_1^2 \varepsilon_1^2 + 2\lambda_1 \varepsilon_1 \lambda_2 \varepsilon_2 + 2\lambda_1 \varepsilon_1 \lambda_3 \varepsilon_3 + \cdots + \lambda_n^2 \varepsilon_n^2)
\end{aligned}
$$

又因为:

$$E\varepsilon_i^2 = \sigma^2, \mathrm{Cov}(\varepsilon_i, \varepsilon_j) = E\varepsilon_i\varepsilon_j = 0 (当 i \neq j 时)$$

所以：

$$\mathrm{Var}(b_1) = E\sum_i (\lambda_i\varepsilon_i)^2 = \sum_i \lambda_i^2 E(\varepsilon_i)^2 = \sigma^2 \sum_i \lambda_i^2$$

$$= \frac{\sigma^2}{\sum_i (x_i - \bar{x})^2}$$

$$(2\text{-}27)$$

（2）设 b_1' 是 β_1 的任一线性无偏估计量。

令：
$$b_1' = \sum_i \lambda_i' y_i$$

$$E(b_1') = E\Big[\sum_i \lambda_i'(\beta_0 + \beta_1 x_i + \varepsilon_i)\Big]$$

$$= E\Big(\sum_i \lambda_i'\beta_0\Big) + E\Big(\sum_i \lambda_i'\beta_1 x_i\Big) + E\Big(\sum_i \lambda_i'\varepsilon_i\Big)$$

$$= \beta_0 \sum_i \lambda_i' + \beta_1 \sum_i \lambda_i' x_i + \sum_i \lambda_i' E(\varepsilon_i)$$

$$= \beta_0 \sum_i \lambda_i' + \beta_1 \sum_i \lambda_i' x_i$$

b_1' 是 β_1 的无偏估计量，因此 $E(b_1') = \beta_1$，则：

$$\sum_i \lambda_i' = 0, 且 \sum_i \lambda_i' x_i = 1$$

$$b_1' = \sum_i \lambda_i' y_i$$

$$= \sum_i \lambda_i'(\beta_0 + \beta_1 x_i + \varepsilon_i)$$

$$(2\text{-}28)$$

$$= \beta_0 \sum_i \lambda_i' + \beta_1 \sum_i \lambda_i' x_i + \sum_i \lambda_i' \varepsilon_i$$

$$= \beta_1 + \sum_i \lambda_i' \varepsilon_i$$

（3）b_1' 的方差。

$$\mathrm{Var}(b_1') = E[b_1' - E(b_1')]^2 = E(b_1' - \beta_1)^2 = E\Big(\beta_1 + \sum_i \lambda_i'\varepsilon_i - \beta_1\Big)^2$$

$$= E\Big(\sum_i \lambda_i'\varepsilon_i\Big)^2$$

$$= E(\lambda_1'^2\varepsilon_1^2 + 2\lambda_1'\varepsilon_1\lambda_2\varepsilon_2 + 2\lambda_1'\varepsilon_1\lambda_3\varepsilon_3 + \cdots + \lambda_n'^2\varepsilon_n^2)$$

因为：

$$E\varepsilon_i^2 = \sigma^2, \mathrm{Cov}(\varepsilon_i, \varepsilon_j) = E\varepsilon_i\varepsilon_j = 0 (当 i \neq j 时)$$

所以：

$$\mathrm{Var}(b_1') = E\sum_i (\lambda_i'\varepsilon_i)^2 = \sum_i (\lambda_i')^2 E(\varepsilon_i)^2 = \sigma^2 \sum_i (\lambda_i')^2 \qquad (2\text{-}29)$$

（4）比较 b_1 的方差与 b_1' 的方差。

$$\begin{aligned} \mathrm{Var}(b_1') &= \sigma^2 \sum_i (\lambda_i')^2 = \sigma^2 \sum_i (\lambda_i' - \lambda_i + \lambda_i)^2 \\ &= \sigma^2 \sum_i (\lambda_i' - \lambda_i)^2 + \sigma^2 \sum_i \lambda_i^2 + 2\sigma^2 \sum_i (\lambda_i' - \lambda_i)\lambda_i \\ &= \sigma^2 \sum_i (\lambda_i' - \lambda_i)^2 + \mathrm{Var}(b_1) + 2\sigma^2 \sum_i (\lambda_i' - \lambda_i)\lambda_i \end{aligned}$$

因为：

$$\begin{aligned} \sum_i (\lambda_i' - \lambda_i)\lambda_i &= \sum_i \lambda_i'\lambda_i - \sum_i \lambda_i^2 \\ &= \sum_i \lambda_i' \frac{x_i - \bar{x}}{\sum_i (x_i - \bar{x})^2} - \frac{1}{\sum_i (x_i - \bar{x})^2} \\ &= \sum_i \frac{\lambda_i' x_i - \lambda_i' \bar{x}}{\sum_i (x_i - \bar{x})^2} - \frac{1}{\sum_i (x_i - \bar{x})^2} \\ &= \frac{1}{\sum_i (x_i - \bar{x})^2} - \frac{1}{\sum_i (x_i - \bar{x})^2} \\ &= 0 \end{aligned}$$

可得：

$$\mathrm{Var}(b_1') = \sigma^2 \sum_i (\lambda_i' - \lambda_i)^2 + \mathrm{Var}(b_1) \geqslant \mathrm{Var}(b_1) \qquad (2\text{-}30)$$

最小方差性证毕。

综上，我们证明了一元线性回归模型的 OLS 估计量满足线性性、无偏性与最小方差性，也就证明了在一元线性回归模型情况下，高斯-马尔科夫定理成立。

对于一元线性回归模型，首先，我们介绍了一元线性回归模型的假设、一元线性回归模型 OLS 估计量的求解和决定系数，并用 EViews 软件给出了具体的例子。其次，我们讨论了一元线性回归模型 OLS 估计量的性质，证明了高斯-马尔科夫定理。

一元线性回归模型　OLS 估计量　正交　离差分解　决定系数　线性性　无偏性　最小方差性　高斯-马尔科夫定理

练 习 题

一、名词解释

1. Blue 估计。
2. 决定系数。
3. 最小二乘原理。
4. OLS 估计量的线性性。

二、判断题

1. 数学模型不是计量经济模型。 （　　）
2. 决定系数与相关系数的含义是相同的。 （　　）
3. 在计量经济模型中,随机扰动项与残差项无区别。 （　　）
4. 投入产出模型和数学规划模型都是经济计量模型。 （　　）
5. 高斯-马尔科夫定律假设随机误差项服从正态分布。 （　　）

三、单选题

1. 下列各项中,属于面板数据的是（　　）。
   A. 1991—2003 年各年某地区 20 个乡镇的平均工业产值
   B. 1991—2003 年各年某地区 20 个乡镇的各镇工业产值
   C. 某年某地区 20 个乡镇工业产值的合计数
   D. 某年某地区 20 个乡镇各镇工业产值

2. 最小二乘原理是指使（　　）达到最小值的原则确定样本回归方程(y 为被解释变量)。
   A. $\left| \sum_{t=1}^{n} (y_t - \hat{y}_t) \right|$ B. $\sum_{t=1}^{n} | y_t - \hat{y}_t |$
   C. $\max | y_t - \hat{y}_t |$ D. $\sum_{t=1}^{n} (y_t - \hat{y}_t)^2$

3. 衡量样本回归直线对数据拟合程度的是（　　）。
   A. 决定系数 R^2 B. t 检验
   C. F 检验   D. 标准差

4. 最小二乘估计量的统计性质不包括（　　）。
   A. 无偏性   B. 线性性
   C. 最小方差性   D. 正交性

5. 利用普通最小二乘法求得的样本回归直线 $\hat{y}_i = \hat{\beta}_0 + \hat{\beta}_1 x_i$ 的特点不包括（　　）。
   A. 必然通过点 $(\bar{x}, \bar{y})$ B. $\text{Cov}(x_i, e_i) \neq 0$
   C. $\sum e_i = 0$ D. y_i 的平均值与 $\hat{y}_i$ 的平均值相等

6. 随机误差项中不包括(   )因素。

    A. 回归模型中省略的变量

    B. 人们的随机行为

    C. 线性回归模型中的解释变量

    D. 测量误差

7. 对一元线性回归模型进行 OLS 估计,残差项与相对应的(   )不存在正交关系。

    A. 常数向量 1   B. 解释变量向量

    C. 被解释变量向量   D. 被解释变量的拟合值向量

8. 根据样本资料估计得出人均消费支出 y 对人均收入 x 的回归模型为 $\widehat{\ln y_i} = 1.58 + 0.78 \ln x_i$,表明人均收入 x 每增加 1%,人均消费支出 y 将增加(   )。

    A. 1.58% B. 0.78% C. 1.58 D. 0.78

9. 为了分析解释变量变动 1 个单位,因变量的增长率变化的情况,模型应该设定为(   )。

    A. $\ln y = \beta_1 + \beta_2 \ln x + \varepsilon$ B. $y = \beta_1 + \beta_2 \ln x + \varepsilon$

    C. $\ln y = \beta_1 + \beta_2 x + \varepsilon$ D. $y = \beta_1 + \beta_2 x + \varepsilon$

10. 下列式子中错误的是(   )(ESS 为解释平方和,RSS 为残差平方和)。

    A. TSS=ESS+RSS   B. R^2=ESS/TSS

    C. R^2=1−RSS/TSS   D. R^2=RSS/TSS

四、计算分析题

1. 某线性回归的结果,如表 2-2 所示。

表 2-2　线性回归的结果

Dependent Variable: Y
Method: Least Squares
Sample: 1981 2002
Included observations: 22

Variable	Coefficient	Std. Error	t-Statistic	Prob.
C	237.753 0	(①)	3.478 200	0.002 4
X	0.751 089	0.010 396	(②)	0.000 0
R-squared	0.996 183	Mean dependent var		3 975.000
Adjusted R-squared	0.995 992	S. D. dependent var		3 310.257
Sum squared resid	878 414.7	Schwarz criterion		13.713 71
Log likelihood	−147.759 8	F-statistic		5 219.299
Durbin-Watson stat	1.287 765	Prob(F-statistic)		0.000 000

(1) 计算括号内的值。

(2) 判断解释变量 X 对被解释变量 Y 是否有显著性影响并给出理由。

（3）计算随机误差项的方差 σ^2 的估计值 S^2。

2. 含截距项的一元线性回归模型的回归结果，如表 2-3 所示。

表 2-3　含截距项的一元线性回归模型的回归结果

方差来源	平方和	自由度(df)
来自回归(ESS)	106.580	1
来自残差(RSS)	(1)	17
总离差(TSS)	108.380	(2)

注：保留 3 位小数，可以使用计算器，在 5% 的显著性水平下。

（1）完成表 2-3 中空白处内容。

（2）此回归模型包含多少个样本？

（3）求决定系数 R^2。

第 三 章

多元线性回归模型

◎ **学习目的与要求**

(1) 理解多元线性回归模型及假设。

(2) 熟悉多元线性回归模型的 OLS 估计量及其性质。

(3) 掌握多元线性回归模型调整的决定系数与统计推断。

(4) 理解 EViews 软件多元线性回归模型的 OLS 估计结果。

◎ **重点**

掌握多元线性回归模型调整的决定系数与统计推断。

◎ **难点**

熟悉多元线性回归模型的 OLS 估计量及其性质。

微课:为什么要建立
多元线性回归模型

多元线性回归模型是本书讨论的主要计量经济学模型,对其 OLS 估计量的求解和性质的讨论是基于矩阵代数方法来进行的。本章介绍了多元线性回归模型及假设、OLS 估计量的求解、OLS 估计量的性质、调整的决定系数与统计推断,并用 EViews 软件给出了具体的例子。

第一节　多元线性回归模型及假设

用代数方式进行多元线性回归模型的讨论是非常困难的,在本章中我们基于矩阵代数的方法来讨论多元线性回归模型。

在经济问题中,一个因素常常会受到多个因素的影响,因此,我们建立的线性回归模型通常是多元线性回归模型,即至少有两个及以上的解释变量会影响被解释变量,多元线性回归模型可以写为:

$$y_i = \beta_0 + \beta_1 x_{i1} + \beta_2 x_{i2} + \cdots + \beta_k x_{ik} + \varepsilon_i (i = 1, \cdots, n) \tag{3-1}$$

式(3-1)中:y_i 为第 i 个样本点的被解释变量;x_{i1} 为第 i 个样本点的第一个解释变量;x_{i2} 为第 i 个样本点的第二个解释变量;以此类推,x_{ik} 为第 i 个样本点的第 k 个解释变量;β_0、β_1、$\beta_2 \cdots \beta_k$ 为 $k+1$ 个总体待估参数(β_0 为截距);ε_i 为随机扰动项。如果用矩阵形式表示式(3-1),令列向量 $\boldsymbol{x}_i = (1\ x_{i1}\ x_{i2}\ \cdots\ x_{ik})'$,列向量 $\boldsymbol{\beta} = (\beta_0\ \beta_1\ \beta_2\ \cdots\ \beta_k)'$,则式(3-1)可写为:

$$\boldsymbol{y}_i = (1\ x_{i1}\ x_{i2}\ \cdots\ x_{ik})_{1 \times (k+1)} \begin{pmatrix} \beta_0 \\ \beta_1 \\ \beta_2 \\ \vdots \\ \beta_k \end{pmatrix}_{(k+1) \times 1} + \varepsilon_i = x_i'\boldsymbol{\beta} + \varepsilon_i \tag{3-2}$$

式(3-1)对所有样本点都成立($i = 1, \cdots, n$),因此,有 n 个形如式(3-2)的方程,将这 n 个形如式(3-2)的方程放在一起,可得:

$$\begin{cases} y_1 = x_1'\beta + \varepsilon_1 \\ y_2 = x_2'\beta + \varepsilon_2 \\ \vdots \\ y_n = x_n'\beta + \varepsilon_n \end{cases}_{n \times 1} \tag{3-3}$$

令列向量 $\boldsymbol{y} = (y_1\ y_2\ \cdots\ y_n)'$，列向量 $\boldsymbol{\varepsilon} = (\varepsilon_1\ \varepsilon_2\ \cdots\ \varepsilon_n)'$，将共同的参数 β 提出，整理可得：

$$\boldsymbol{y} \equiv \begin{bmatrix} y_1 \\ y_2 \\ \vdots \\ y_n \end{bmatrix}_{n\times 1} = \begin{bmatrix} x_1' \\ x_2' \\ \vdots \\ x_n' \end{bmatrix}_{n\times(k+1)} \boldsymbol{\beta} + \begin{bmatrix} \varepsilon_1 \\ \varepsilon_2 \\ \vdots \\ \varepsilon_n \end{bmatrix}_{n\times 1} = \boldsymbol{X\beta} + \boldsymbol{\varepsilon} \tag{3-4}$$

式(3-4)中，向量和矩阵的维度由下标给出。

对多元线性回归模型的建立、参数估计和估计量性质的讨论等同样是基于一定假设基础上的，多元线性回归模型存在如下假设：

（1）线性和随机抽样。假设总体模型为多元的线性随机函数关系：$y_i = \beta_0 + \beta_1 x_{i1} + \beta_2 x_{i2} + \cdots + \beta_k x_{ik} + \varepsilon_i (i = 1, \cdots, n)$。其中，$y_i$ 为被解释变量；x_{i1}、x_{i2}、$\cdots$、x_{ik} 为解释变量；ε_i 为随机误差项；β_0、β_1、β_2、$\cdots$、β_k 为总体参数；$(x_{i1}, x_{i2}, \cdots, x_{ik}, y_i)(i = 1, \cdots, n)$ 为在总体中随机抽取的容量为 n 的样本。向量形式表示为 $y = X\beta + \varepsilon$。

（2）条件期望为零。假设 $E(\boldsymbol{\varepsilon}_i \mid \boldsymbol{X}) = E(\varepsilon_i \mid x_1, \cdots, x_n) = 0 (i = 1, \cdots, n)$。向量形式表示为 $E(\boldsymbol{\varepsilon} \mid \boldsymbol{X}) = 0$。

（3）不存在"严格多重共线性"。假设数据矩阵 $\boldsymbol{X}$ 满列秩，即数据矩阵 $\boldsymbol{X}$ 的各列向量为线性无关，不存在某个解释变量可由其他解释变量线性表出。

（4）球形扰动。假设随机误差项满足同方差与无自相关的性质，则随机误差项 ε 的协方差矩阵可写为：

$$\mathbf{Var}(\boldsymbol{\varepsilon} \mid \boldsymbol{X}) = \sigma^2 \boldsymbol{I}_n = \begin{bmatrix} \sigma^2 & 0 & \cdots & 0 \\ 0 & \sigma^2 & \cdots & 0 \\ \vdots & \vdots & \ddots & \vdots \\ 0 & 0 & \cdots & \sigma^2 \end{bmatrix} \tag{3-5}$$

（5）正态分布。假设在给定 $\boldsymbol{X}$ 的情况下，$\varepsilon \mid \boldsymbol{X}$ 的条件分布为多元正态分布，即：$\varepsilon \mid X \sim N(0, \sigma^2 I_n)$。换言之，以 $\boldsymbol{X}$ 为条件，ε_i 服从独立同分布 $N(0, \sigma^2)$。

假设(1)中，总体参数 β_0、β_1、β_2、$\cdots$、β_k 和随机误差项 ε_i 是永远未知的，我们从总体中抽取样本容量为 n 的样本对总体参数 β_0、β_1、β_2、$\cdots$、β_k 进行估计。假设(2)意味着随机误差项 ε_i 是严格外生的，在给定数据矩阵 $\boldsymbol{X}$ 的情况下，随机误差项 ε_i 的条件期望为0，因此，随机误差项 ε_i 均值独立所有解释变量的样本数据，而不仅仅是同一样本点中的解释变量；同时假设(2)也意味着随机误差项的无条件期望也为0，这是因为：

$$E(\varepsilon_i) = E_X E(\varepsilon_i \mid X) = E_X(0) = 0 \tag{3-6}$$

假设(3)的含义是 $(X'X)^{-1}$ 存在。假设(4)是虽指同方差与无自相关，但随机误差项的方差 σ^2 未知。假设(5)是在小样本情况下，进行统计推断的方便而做的假设。

第二节　求解 OLS 估计量

　　总体参数 β_0、β_1、β_2、$\cdots$、β_k 是永远未知的,总体回归直线 $y_i = \beta_0 + \beta_1 x_{i1} + \beta_2 x_{i2} + \cdots + \beta_k x_{ik}$ 也是永远未知的,我们只是从总体中抽取了一个容量为 n 的样本 $(x_{i1}$、x_{i2}、$\cdots$、x_{ik},$y_i)(i = 1,\cdots,n)$ 去估计它,因此,我们希望找到一条(样本回归)直线,使得此直线离所有的样本点(观测值)的距离最近。假设我们找到了一条样本回归直线 $\hat{y}_i = b_0 + b_1 x_{i1} + b_2 x_{i2} + \cdots + b_k x_{ik}$,使得样本回归直线离所有的样本点(观测值)的距离最近,意味着最小化残差的平方和,即:

$$\min_{b_0,\cdots,b_k} \sum_{i=1}^{n} e_i^2 = \sum_{i=1}^{n} (y_i - \hat{y}_i)^2 = \sum_{i=1}^{n} (y_i - b_0 - b_1 x_{i1} - b_2 x_{i2} - \cdots - b_k x_{ik})^2$$

$$(3-7)$$

　　最小化残差的平方和就是最小二乘原理,普通最小二乘法就是选择 OLS 估计量 b_0、b_1、b_2、$\cdots$、b_k,最小化残差平方和 $\sum\limits_{i=1}^{n} e_i^2$。

　　令列向量 $\boldsymbol{b} = (b_0\ b_1\ b_2\ \cdots\ b_k)'$,类似式(3-4),样本回归直线 $\hat{y}_i = b_0 + b_1 x_{i1} + b_2 x_{i2} + \cdots + b_k x_{ik}(i = 1,\cdots,n)$ 用矩阵形式可写为:

$$\hat{\boldsymbol{y}} = \begin{bmatrix} \hat{y}_1 \\ \hat{y}_2 \\ \vdots \\ y_n \end{bmatrix}_{n \times 1} = \begin{bmatrix} x_1' \\ x_2' \\ \vdots \\ x_n' \end{bmatrix}_{n \times (k+1)} \boldsymbol{b} = \boldsymbol{X}\boldsymbol{b} \qquad (3-8)$$

　　令残差列向量 $\boldsymbol{e} = (e_1\ e_2\ \cdots\ e_n)'$,则 $\boldsymbol{e} = \boldsymbol{y} - \hat{\boldsymbol{y}} = \boldsymbol{y} - \boldsymbol{X}\boldsymbol{b}$,式(3-7)可用矩阵形式表示为:

$$\min_{b_0,\cdots,b_k} \sum_{i=1}^{n} e_i^2 = \boldsymbol{e}'\boldsymbol{e} = (\boldsymbol{y} - \boldsymbol{X}\boldsymbol{b})'(\boldsymbol{y} - \boldsymbol{X}\boldsymbol{b}) \qquad (3-9)$$

　　式(3-9)中最小化问题的一阶条件为:

$$\frac{\partial}{\partial \boldsymbol{b}}(\boldsymbol{y} - \boldsymbol{X}\boldsymbol{b})'(\boldsymbol{y} - \boldsymbol{X}\boldsymbol{b}) = \boldsymbol{0} \qquad (3-10)$$

　　整理,可得:

$$\Rightarrow \frac{\partial}{\partial \boldsymbol{b}}(\boldsymbol{y}' - \boldsymbol{b}'\boldsymbol{X}')(\boldsymbol{y} - \boldsymbol{X}\boldsymbol{b}) = \boldsymbol{0}$$

$$\Rightarrow \frac{\partial}{\partial \boldsymbol{b}}(\boldsymbol{y}'\boldsymbol{y} - \boldsymbol{b}'\boldsymbol{X}'\boldsymbol{y} - \boldsymbol{y}'\boldsymbol{X}\boldsymbol{b} + \boldsymbol{b}'\boldsymbol{X}'\boldsymbol{X}\boldsymbol{b}) = \boldsymbol{0} \qquad (3-11)$$

$$\Rightarrow \frac{\partial}{\partial \boldsymbol{b}}(\boldsymbol{y}'\boldsymbol{y} - 2\boldsymbol{y}'\boldsymbol{X}\boldsymbol{b} + \boldsymbol{b}'\boldsymbol{X}'\boldsymbol{X}\boldsymbol{b}) = \boldsymbol{0}$$

式(3-11)中：$b'X'y$ 的维度是 1×1，是一个实数。因此，$b'X'y = (b'X'y)' = y'Xb$，式(3-11)中的第 3 个式子成立。

进一步求矩阵微分，整理可得：

$$\Rightarrow -2(y'X)' + 2X'Xb = 0 \qquad (3\text{-}12)$$
$$\Rightarrow -X'y + X'Xb = 0$$

即可得多元线性回归模型 OLS 估计量的表达式：

$$\Rightarrow X'Xb = X'y \qquad (3\text{-}13)$$
$$\Rightarrow b = (X'X)^{-1}X'y$$

式(3-12)可写为：

$$\Rightarrow X'(y - Xb) = 0 \qquad (3\text{-}14)$$
$$\Rightarrow X'e = 0$$

式(3-14)为多元线性回归模型的正规方程组（包含 $k+1$ 个方程），可知残差向量 e 与常数向量 1 及每个解释变量向量均正交。

第三节　调整的决定系数

一、OLS 估计量的正交性

我们知道残差向量 e 可以写为：

$$e = y - \hat{y} \qquad (3\text{-}15)$$

由正规方程组式(3-14)可知，残差向量 e 和常数向量 1、每个解释变量向量均正交，那么残差向量 e 和被解释变量的拟合值向量 $\hat{y}$ 也正交，即：

$$\hat{y}'e = (Xb)'e = b'X'e = b'0 = 0 \qquad (3\text{-}16)$$

由式(3-14)与式(3-15)可以看出，在多元线性回归模型情况下，被解释变量向量 y 同样可以分解为相互正交的两个部分：被解释变量的拟合值向量 $\hat{y}$ 和残差向量 e，即：

$$y = \hat{y} + e \qquad (3\text{-}17)$$

由残差向量 e 与常数向量 1 正交可知：

$$\bar{\hat{y}} = \bar{y} \qquad (3\text{-}18)$$

即被解释变量的拟合值 $\hat{y}_i$ 的均值等于被解释变量 y_i 的均值。

对于多元线性回归模型，我们仍定义总离差平方和、解释平方和与残差平方和分别为：

$$\begin{cases} \text{总离差平方和：} TSS = \sum (y_i - \bar{y})^2 \\ \text{解释平方和：} ESS = \sum (\hat{y}_i - \bar{\hat{y}})^2 = \sum (\hat{y}_{ii} - \bar{y})^2 \\ \text{残差平方和：} RSS = \sum e_i^2 = \sum (y_i - \hat{y}_{ii})^2 \end{cases} \tag{3-19}$$

如果多元线性回归模型有常数项，对于普通最小二乘法来讲，总离差平方和依然可以恰好分解为解释平方和与残差平方和两部分，证明类似第二章一元线性回归模型的式(2-18)，即：

$$TSS = ESS + RSS \tag{3-20}$$

二、调整的决定系数

在多元线性回归模型情况下，定义决定系数 R^2 为：

$$\begin{aligned} R^2 &= \frac{ESS}{TSS} = 1 - \frac{RSS}{TSS} \\ &= \frac{\sum (\hat{y}_i - \bar{y})^2}{\sum (y_i - \bar{y})^2} = 1 - \frac{\sum e_i^2}{\sum (y_i - \bar{y})^2} \end{aligned} \tag{3-21}$$

在式(3-21)中，可以看出 $0 \leqslant R^2 \leqslant 1$。但 R^2 的缺点是，如果增加解释变量，则 R^2 的数值只增不减，因为不管加入模型中的解释变量是否和被解释变量相关，其多多少少都会有一些解释力，使得残差平方和 RSS 或 $\sum e_i^2$ 减小，从而导致 R^2 增大，因此，在多元线性回归模型情况下，引入调整的决定系数，对解释变量过多使得模型不够简洁进行惩罚。

定义调整的决定系数 $\bar{R}^2$ 为：

$$\begin{aligned} \bar{R}^2 &= 1 - \frac{\sum e_i^2 / (n-k-1)}{\sum (y_i - \bar{y})^2 / (n-1)} \\ &= 1 - \frac{(n-1)}{(n-k-1)} \frac{\sum e_i^2}{\sum (y_i - \bar{y})^2} \\ &= 1 - \frac{(n-1)}{(n-k-1)}(1 - R^2) \end{aligned} \tag{3-22}$$

调整的决定系数 $\bar{R}^2$ 相当于式(3-20)中的残差平方和 $\sum e_i^2$ 与总离差平方和 $\sum (y_i - \bar{y})^2$ 分别进行了自由度调整，残差平方和 $\sum e_i^2$ 的自由度为 $(n-k-1)$，总离差平方和 $\sum (y_i - \bar{y})^2$ 的自由度为 $(n-1)$，调整的决定系数 $\bar{R}^2$ 反映了样本回归直线对样本数据拟合程度的好坏。

第四节 OLS 估计量的性质

对于多元线性回归模型,由式(3-13)可知,OLS 估计量 $\boldsymbol{b} = (\boldsymbol{X}'\boldsymbol{X})^{-1}\boldsymbol{X}'\boldsymbol{y}$,它是被解释变量 y 的函数,也是一个随机变量,它的数值会随着样本数据的不同而不同。OLS 估计量具有良好的性质,正如高斯-马尔科夫定理所描述的:在满足古典线性回归模型的基本假设(本章第一节所列的前四条假设)条件下,OLS 估计量是具有最小方差的线性无偏估计量或 BLUE 估计量。

一、线性性

OLS 估计量的线性性是指 OLS 估计量可以表示为被解释变量的线性组合,意味着 OLS 估计量与被解释变量服从相同名称的分布,因而与随机误差项服从相同名称的分布。

OLS 估计量是满足线性性的,这是因为 OLS 估计量 $\boldsymbol{b} = (\boldsymbol{X}'\boldsymbol{X})^{-1}\boldsymbol{X}'\boldsymbol{y}$,我们将 $(\boldsymbol{X}'\boldsymbol{X})^{-1}\boldsymbol{X}'$ 看作系数矩阵,那么 OLS 估计量 $\boldsymbol{b}$ 可视为解释变量 $\boldsymbol{y}$ 的线性组合,故满足线性性。

二、无偏性

OLS 估计量的无偏性是指 OLS 估计量的期望等于其真实值,意味着 OLS 估计量没有系统偏差。

OLS 估计量是满足无偏性的,我们给出如下证明。首先,对 OLS 估计量 $\boldsymbol{b} = (\boldsymbol{X}'\boldsymbol{X})^{-1}\boldsymbol{X}'\boldsymbol{y}$ 进行化简:

$$
\begin{aligned}
\boldsymbol{b} &= (\boldsymbol{X}'\boldsymbol{X})^{-1}\boldsymbol{X}'\boldsymbol{y} = (\boldsymbol{X}'\boldsymbol{X})^{-1}\boldsymbol{X}'(\boldsymbol{X}\boldsymbol{\beta} + \boldsymbol{\varepsilon}) \\
&= (\boldsymbol{X}'\boldsymbol{X})^{-1}\boldsymbol{X}'(\boldsymbol{X}\boldsymbol{\beta} + \boldsymbol{\varepsilon}) \\
&= \boldsymbol{\beta} + (\boldsymbol{X}'\boldsymbol{X})^{-1}\boldsymbol{X}'\boldsymbol{\varepsilon}
\end{aligned} \tag{3-23}
$$

然后,对 b 求条件期望,可得:

$$
\begin{aligned}
E(\boldsymbol{b} \mid \boldsymbol{X}) &= E[\boldsymbol{\beta} + (\boldsymbol{X}'\boldsymbol{X})^{-1}\boldsymbol{X}'\boldsymbol{\varepsilon} \mid \boldsymbol{X}] \\
&= \boldsymbol{\beta} + (\boldsymbol{X}'\boldsymbol{X})^{-1}\boldsymbol{X}'E(\boldsymbol{\varepsilon} \mid \boldsymbol{X}) \\
&= \boldsymbol{\beta} + \boldsymbol{0} \\
&= \boldsymbol{\beta}
\end{aligned} \tag{3-24}
$$

无偏性证毕。另外,b 的无条件期望也是无偏的,即:

$$
E(\boldsymbol{b}) = E_X E(\boldsymbol{b} \mid \boldsymbol{X}) = E_X(\boldsymbol{\beta}) = \boldsymbol{\beta} \tag{3-25}
$$

三、最小方差性

OLS 估计量的最小方差性也称有效性,是指 OLS 估计量在参数的所有线性无偏的估计量中方差最小，OLS 估计量是满足最小方差性的。对 OLS 估计量 $b = (X'X)^{-1}X'y$，我们给出如下证明：首先，计算 b 的方差 $\text{Var}(b)$；其次，找任一线性无偏的估计量 $\tilde{b}$；再次，计算 $\tilde{b}$ 的方差 $\text{Var}(\tilde{b})$；最后，比较 $\text{Var}(b)$ 与 $\text{Var}(\tilde{b})$ 的大小，如果 $\text{Var}(b) \leqslant \text{Var}(\tilde{b})$，那么我们就完成了证明。

（1）b 的方差为：

$$
\begin{aligned}
\text{Var}(b \mid X) &= \text{Var}[\beta + (X'X)^{-1}X'\varepsilon \mid X] \\
&= \text{Var}[(X'X)^{-1}X'\varepsilon \mid X] \\
&= (X'X)^{-1}X'\text{Var}(\varepsilon \mid X)X(X'X)^{-1} \\
&= (X'X)^{-1}X'(\sigma^2 I_n)X(X'X)^{-1} \\
&= \sigma^2(X'X)^{-1}
\end{aligned}
\tag{3-26}
$$

（2）设 $\tilde{b}$ 是 β 的任一线性无偏估计量。

令：$\tilde{b} = A'y$ [A 为一个 $n \times (k+1)$ 矩阵，由非随机数字或 X 的函数构成]

$$
\begin{aligned}
\tilde{b} &= A'(X\beta + \varepsilon) \\
&= A'X\beta + A'\varepsilon \\
E(\tilde{b} \mid X) &= E(A'X\beta + A'\varepsilon \mid X) \\
&= A'X\beta + A'E(\varepsilon \mid X) \\
&= A'X\beta
\end{aligned}
\tag{3-27}
$$

由 $\tilde{b}$ 是 β 的无偏估计量，因此 $E(\tilde{b}) = \beta$，则：

$$
A'X = I_{(k+1)}
\tag{3-28}
$$

（3）$\tilde{b}$ 的方差为：

$$
\begin{aligned}
\text{Var}(\tilde{b} \mid X) &= \text{Var}(A'X\beta + A'\varepsilon \mid X) \\
&= \text{Var}(A'\varepsilon \mid X) \\
&= A'\text{Var}(\varepsilon \mid X)A \\
&= \sigma^2 A'A
\end{aligned}
\tag{3-29}
$$

（4）比较 b 的方差与 $\tilde{b}$ 的方差：

$$
\begin{aligned}
\text{Var}(\tilde{b} \mid X) - \text{Var}(b \mid X) &= \sigma^2 A'A - \sigma^2(X'X)^{-1} \\
&= \sigma^2[A'A - (X'X)^{-1}] \\
&= \sigma^2[A'A - I_{(k+1)}(X'X)^{-1}I'_{(k+1)}] \\
&= \sigma^2[A'A - A'X(X'X)^{-1}X'A] \\
&= \sigma^2 A'[I_n - X(X'X)^{-1}X']A \\
&= \sigma^2 A'MA
\end{aligned}
\tag{3-30}
$$

因为 $M = I_n - X(X'X)^{-1}X'$ 为对称等幂矩阵，所以 M 为半正定矩阵，可得：

$$
\sigma^2 A'MA \geqslant 0 \text{ 即 } \text{Var}(\tilde{b} \mid X) \geqslant \text{Var}(b \mid X)
\tag{3-31}
$$

最小方差性证毕。

综上，我们证明了多元线性回归模型的 OLS 估计量满足线性性、无偏性与最小方差性，也就证明了在多元线性回归模型情况下，高斯-马尔科夫定理成立。

第五节 统 计 推 断

一、随机误差项方差 σ^2 的无偏估计量

在多元线性回归模型的假设(4)中，随机误差项的方差 σ^2 是未知的，但在进行统计推断的时候要用到其数值，由于随机误差项不可观测，只能使用样本数据去估计它，我们使用随机误差项 $(\varepsilon_1\ \varepsilon_2\ \cdots\ \varepsilon_n)$ 的实现值残差 $e = (e_1\ e_2\ \cdots\ e_n)'$ 去估计它，可以得到随机误差项方差 σ^2 的无偏估计量 S^2：

$$S^2 = \frac{\sum_{i=1}^{n} e_i^2}{n-k-1} = \frac{e'e}{n-k-1} \qquad (3\text{-}32)$$

式(3-32)中的分母 $(n-k-1)$ 是残差平方和 $\sum_{i=1}^{n} e_i^2$ 的自由度，分母为什么不是 n，或者说残差有个 n 个，残差平方和 $\sum_{i=1}^{n} e_i^2$ 的自由度为什么不是 n，而是 $(n-k-1)$？我们给出一个解释性的说明：由于需要用样本估计总体参数，我们从总体中抽取了一个样本，使用正规方程组来估计 OLS 估计量，由式(3-14)可知，正规方程组的方程有 $(k+1)$ 个，也就是用掉了 $(k+1)$ 个自由度，换言之，对于正规方程组式(3-14)，任给 $(n-k-1)$ 个残差，可由正规方程组式(3-14)逆推出来剩余的 $(k+1)$ 个残差，残差的自由度实际上也就减少了 $(k+1)$ 个，因此，残差平方和 $\sum_{i=1}^{n} e_i^2$ 的自由度为 $(n-k-1)$。可以，证明 $E(S^2) = \sigma^2$，因此，S^2 是随机误差项方差 σ^2 的无偏估计量。

我们通常称 σ^2 为总体方差，S^2 为样本方差，$S = \sqrt{S^2}$ 为回归方程的标准误(standard error of regression)。因此，OLS 估计量 $b = (X'X)^{-1}X'y$ 的协方差矩阵 $\sigma^2(X'X)^{-1}$ 可用 $S^2(X'X)^{-1}$ 来估计，b 的第 $(k+1)$ 个分量 b_k 的方差为 $S^2(X'X)^{-1}_{(k+1)(k+1)}$。$(X'X)^{-1}_{(k+1)(k+1)}$ 表示矩阵 $(X'X)^{-1}$ 主对角线上的第 $(k+1)$ 个元素，我们称 $\sqrt{S^2(X'X)^{-1}_{(k+1)(k+1)}}$ 为 OLS 估计量 b_k 的标准误，记为 $SE(b_k)$。

二、对单个参数的 t 检验

由多元线性回归模型的假设(5)可知 $\varepsilon \mid X \sim N(0, \sigma^2 I_n)$，即随机误差项 ε_i 以 X 为条件，独立同分布 $N(0, \sigma^2)$，且由式(3-23)可知：$b = \beta + (X'X)^{-1}X'\varepsilon$，即以 X 为条件，OLS 估计量 b 是随机误差项 ε_i 的线性组合，由正态分布的性质"独立、同分布正态随机变量的任意线性组合仍服从正态分布"，可得出 OLS 估计量 $b \mid X$ 也服从正态分布，由

式(3-24)可知 $\boldsymbol{b} \mid \boldsymbol{X}$ 的期望为 $\boldsymbol{\beta}$，由式(3-26)可知 $\boldsymbol{b} \mid \boldsymbol{X}$ 的方差为 $\sigma^2 (\boldsymbol{X}'\boldsymbol{X})^{-1}$，则：

$$\boldsymbol{b} \mid \boldsymbol{X} \sim N[\boldsymbol{\beta},\ \sigma^2 (\boldsymbol{X}'\boldsymbol{X})^{-1}] \tag{3-33}$$

单独考虑式(3-33)的第 $(k+1)$ 个分量，则有：

$$b_k \mid X \sim N[\beta_k, \sigma^2 (\boldsymbol{X}'\boldsymbol{X})^{-1}_{(k+1)(k+1)}] \tag{3-34}$$

可以将其标准化为标准正态分布，即随机变量为：

$$z_k = \frac{b_k - \beta_k}{\sqrt{\sigma^2 (\boldsymbol{X}'\boldsymbol{X})^{-1}_{(k+1)(k+1)}}} \sim N(0,1) \tag{3-35}$$

对单个总体参数 β_k 进行 t 检验，需要检验的原假设为：

$$H_0 : \beta_k = c \tag{3-36}$$

如果把原假设代入式(3-35)，由于 σ^2 未知，无法计算出标准正态分布随机变量 z_k 的具体数值，为此，我们用样本方差 S^2 代替 σ^2，从而构造了一个 t 统计量来进行检验，即：

$$\frac{b_k - c}{\sqrt{S^2 (\boldsymbol{X}'\boldsymbol{X})^{-1}_{(k+1)(k+1)}}} = \frac{b_k - c}{SE(b_k)} \sim t(n-k-1) \tag{3-37}$$

对单个参数进行 t 检验（双侧检验）的步骤如下：

(1) 写出要检验的原假设 $H_0 : \beta_k = c$。

(2) 计算 t 统计量的值 $t_k = \dfrac{b_k - c}{SE(b_k)}$。

(3) 查找显著性水平为 α、自由度为 $(n-k-1)$ 的 t 分布的临界值 cv (critical value，$cv > 0$)，通常 α 默认取值 5%，因为是双侧检验，查表时 $\alpha/2$ 为 2.5%，$cv = t_{\alpha/2}(n-k-1)$。

(4) 比较 t_k 值与临界值 cv，得出结论。依据 t 分布的含义，95%($=1-\alpha$) 的大概率条件下，$|t_k| < cv$(即 $-cv < t_k < cv$)；5%($=\alpha$) 的小概率条件下，$|t_k| \geqslant cv$(即 $t_k \leqslant -cv$ 或 $t_k \geqslant cv$)。如果发生了小概率事件，t_k 落入了拒绝域，即 $|t_k| \geqslant cv$，则拒绝原假设；如果发生了大概率事件，t_k 落入了接受域，即 $|t_k| < cv$，则接受原假设，如图 3-1 所示。

也可基于 P 值来对单个参数进行 t 检验（双侧检验），对于该检验问题，定义 P 值为：

$$P \text{ 值} \equiv P(|T| > |t_k|) \tag{3-38}$$

式(3-38)中：随机变量 $T \sim t(n-k-1)$。直观来看，P 值衡量的是 $T < -|t_k|$ 和 $T > |t_k|$ 两个尾部的面积，如图 3-2 所示。如果 $|t_k| < cv$，则 P 值 $> \alpha$；如果 $|t_k| \geqslant cv$，则 P 值 $\leqslant \alpha$。

因此，使用 P 值对单个参数进行 t 检验（双侧检验）的步骤如下：

(1) 写出要检验的原假设 $H_0 : \beta_k = c$。

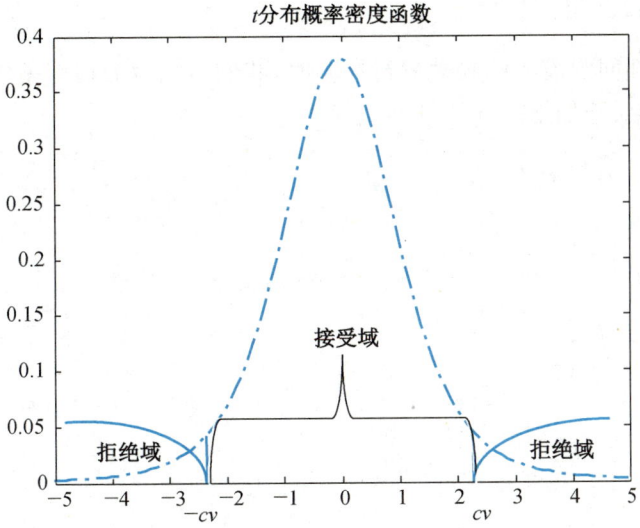

图 3-1 t 分布的拒绝域和接受域示意图

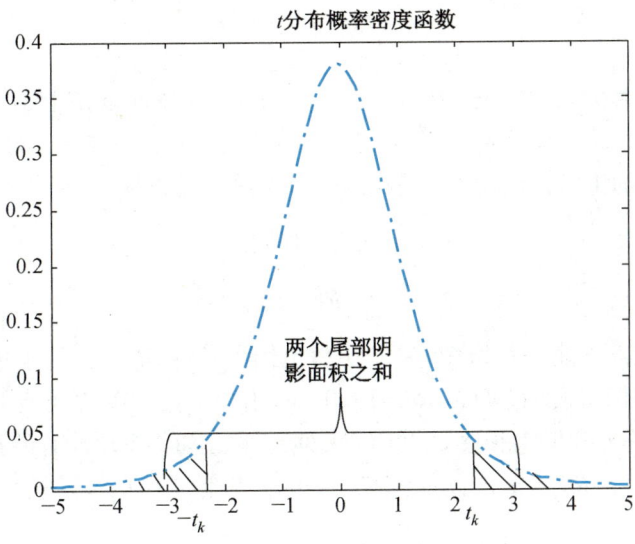

图 3-2 t 检验的 P 值示意图

（2）依据 t 统计量的值 $t_k = \dfrac{b_k - c}{SE(b_k)}$，计算 P 值。

（3）比较 P 值与显著性水平 α，得出结论。依据 t 分布的含义和 P 值的定义，如果 P 值 $\leqslant \alpha$，则拒绝原假设；如果 P 值 $> \alpha$，则接受原假设。

我们可以看出，使用 P 值与显著性水平 α 进行比较得出结论的规律可以总结为"大接小拒"，且使用 P 值来进行检验省去了查 t 分布表找临界值的麻烦。

依据 t 分布的含义，可以很容易地进行单侧检验和置信区间估计。

三、对线性假设的 F 检验

在对多元线性回归模型的参数进行检验时,我们感兴趣的约束条件可能更复杂,也可能不止一个,如对于如下多元线性回归模型:

$$y_i = \beta_0 + \beta_1 x_{i1} + \beta_2 x_{i2} + \beta_3 x_{i3} + \beta_4 x_{i4} + \varepsilon_i (i = 1, \cdots, n) \tag{3-39}$$

我们想检验原假设:

$$H_0 : \beta_1 = \beta_2, \beta_3 = 0 \tag{3-40}$$

用向量形式可以写为:

$$H_0 : \begin{pmatrix} \beta_1 - \beta_2 \\ \beta_3 \end{pmatrix} = \underbrace{\begin{pmatrix} 1 & -1 & 0 & 0 \\ 0 & 0 & 1 & 0 \end{pmatrix}}_{R} \underbrace{\begin{pmatrix} \beta_1 \\ \beta_2 \\ \beta_3 \\ \beta_4 \end{pmatrix}}_{\beta} = \underbrace{\begin{pmatrix} 0 \\ 0 \end{pmatrix}}_{r} \tag{3-41}$$

考虑更一般的形式,有 m 个线性假设:

$$H_0 : \underset{m \times k}{R} \underset{k \times 1}{\beta} = \underset{m \times 1}{r} \tag{3-42}$$

式(3-42)中: R 为 $m \times k$ 维矩阵 $(m < k)$; r 为 $m \times 1$ 维向量; R 满秩即 $rank(R) = m$ 。在做假设检验时,如果原假设成立,则可将该假设作为约束条件加入最小二乘法的最优化问题中,使用带有约束条件的最小二乘法,即考虑以下约束极值问题:

$$\underset{b}{\min} RSS(b)$$
$$\text{s. t. } Rb = r \tag{3-43}$$

式(3-43)中: b 不能任意取值,只能在满足约束条件 $Rb = r$ 的子集中,选择使残差平方和最小的 b 。如果原假设 $H_0 : R\beta = r$ 正确,相较于无约束的残差平方和,则加上此约束不应使残差平方和增大很多。记无约束残差平方和为 RSS ,有约束残差平方和为 RSS_r ,在原假设 $H_0 : R\beta = r$ 成立的情况下,可以构造如下 F 统计量来进行检验:

$$F_m = \frac{(RSS_r - RSS)/m}{RSS/(n-k-1)} \sim F(m, n-k-1) \tag{3-44}$$

式(3-44)中: m 为约束条件个数; n 为样本容量; $(k+1)$ 为参数个数; $(n-k-1)$ 为无约束残差平方和的自由度。上述 F 统计量服从第一自由度为 m ,第二自由度为 $(n-k-1)$ 的 F 分布,而这种比较"约束极值"和"无约束极值"的检验一般称为"似然比检验"(likelihood ratio test)。

由于残差平方和依赖于度量单位,使用残差平方和来计算式(3-44)中的 F 统计量会比较麻烦,通过使式(3-44)的分子分母同除以总离差平方和 TSS ,转化为使用决定系数来计算 F 统计量会更方便,即:

$$F_m = \frac{(RSS_r - RSS)/m}{RSS/(n-k-1)}$$

$$= \frac{\left(\dfrac{RSS_r}{TSS} - \dfrac{RSS}{TSS}\right)/m}{\dfrac{RSS}{TSS}/(n-k-1)} \quad (3\text{-}45)$$

$$= \frac{[1 - R_r^2 - (1-R^2)]/m}{(1-R^2)/(n-k-1)}$$

$$= \frac{(R^2 - R_r^2)/m}{(1-R^2)/(n-k-1)}$$

对于多元线性回归模型 $y_i = \beta_0 + \beta_1 x_{i1} + \beta_2 x_{i2} + \cdots + \beta_k x_{ik} + \varepsilon_i (i = 1, \cdots, n)$，如果我们要检验整个回归方程的显著性，即检验原假设 $H_0: \beta_1 = \cdots = \beta_k = 0$（相当于 k 个约束），由于在原假设成立的条件下，多元线性回归模型只剩下常数项，所有解释变量对被解释变量都没有解释力，因此，$R_r^2 = 0$，则式(3-45)中 F 统计量变为：

$$F_m = \frac{(R^2 - R_r^2)/k}{(1-R^2)/(n-k-1)} = \frac{R^2/k}{(1-R^2)/(n-k-1)} \quad (3\text{-}46)$$

对线性假设进行 F 检验的步骤如下：

(1) 写出要检验的原假设 H_0：**$R\beta = r$**。

(2) 计算 F 统计量的值 $F_m = \dfrac{(R^2 - R_r^2)/m}{(1-R^2)/(n-k-1)}$。

(3) 查找显著性水平为 α、自由度为 $(m, n-k-1)$ 的 F 分布的临界值 $cv(cv > 0)$，通常 α 默认取值 5%，$cv = F_\alpha(m, n-k-1)$。

(4) 比较 F_m 值与临界值 cv，得出结论。依据 F 分布的含义，95%（$=1-\alpha$）的大概率条件下，$F_m < cv$；5%（$=\alpha$）的小概率条件下，$F_m \geqslant cv$。如果发生了小概率事件，F_m 落入了拒绝域即 $F_m \geqslant cv$，则拒绝原假设；如果发生了大概率事件，即 $F_m < cv$，则接受原假设。

也可基于 P 值来对线性假设进行 F 检验，对于该检验问题，定义 P 值为：

$$P \text{ 值} \equiv P(F > F_m) \quad (3\text{-}47)$$

式(3-47)中：随机变量 $F \sim F(m, n-k-1)$。直观来看，P 值衡量的是 $F > F_m$ 尾部的面积，如果 $F_m < cv$，则 P 值 $> \alpha$；如果 $F_m \geqslant cv$，则 P 值 $\leqslant \alpha$。

因此，使用 P 值对线性假设进行 F 检验的步骤如下：

(1) 写出要检验的原假设 H_0：**$R\beta = r$**。

(2) 依据 F 统计量的值 $F_m = \dfrac{(R^2 - R_r^2)/m}{(1-R^2)/(n-k-1)}$，计算相应 P 值。

(3) 比较 P 值与显著性水平 α，得出结论。依据 F 分布的含义和 P 值的定义，如果 P 值 $\leqslant \alpha$，则拒绝原假设；如果 P 值 $> \alpha$，则接受原假设。

第六节 预 测

一、点预测

如果知道未来的解释变量的值 x_f'，我们就可以对未来的被解释变量进行点预测（记为 $\hat{y}_f$），即：

$$\hat{y}_f = x_f' b \tag{3-48}$$

假设多元线性回归模型对未来值也成立，即：

$$y_f = x_f' \boldsymbol{\beta} + \boldsymbol{\varepsilon}_f \tag{3-49}$$

预测误差为 $(\hat{y}_f - y_f)$，很容易证明点预测是无偏的，该证明可以从证明点预测误差的期望为 0 入手。

二、区间预测

有时候我们关心的是，给定未来的解释变量的值 x_f'，能否给出一个预测区间，那么首先就要给出预测误差的标准误。预测误差的方差为：

$$
\begin{aligned}
\mathrm{Var}(\hat{y}_f - y_f) &= \mathrm{Var}(x_f' b - x_f' \boldsymbol{\beta} - \boldsymbol{\varepsilon}_f) \\
&= \mathrm{Var}[x_f'(b - \boldsymbol{\beta}) - \boldsymbol{\varepsilon}_f] \\
&= \mathrm{Var}[x_f' b - \boldsymbol{\varepsilon}_f] \\
&= \mathrm{Var}(x_f' b) + \mathrm{Var}(\boldsymbol{\varepsilon}_f) \\
&= x_f' \mathrm{Var}(b) x_f + \sigma^2 \\
&= x_f' \sigma^2 (X'X)^{-1} x_f + \sigma^2 \\
&= \sigma^2 [x_f'(X'X)^{-1} x_f + 1]
\end{aligned} \tag{3-50}
$$

估计 OLS 估计量 b 时，没有用到 x_f'，所以两者不相关。用样本方差 S^2 来代替总体方差 σ^2，可得到 t 统计量：

$$\frac{\hat{y}_f - y_f}{S \sqrt{[x_f'(X'X)^{-1} x_f + 1]}} = \frac{\hat{y}_f - y_f}{SE(\hat{y}_f - y_f)} \sim t(n - k - 1) \tag{3-51}$$

进行区间预测，根据置信度与自由度 $(n - k - 1)$，查 t 分布表找到临界值 cv，预测区间为：

$$[\hat{y}_f - cv \times SE(\hat{y}_f - y_f), \hat{y}_f + cv \times SE(\hat{y}_f - y_f)] \tag{3-52}$$

第七节 EViews 实例

一、实例 1

我们仍以第二章中的数据集"wage. wf1"为例,该数据集来自伍德里奇(2003),考察教育投资回报率的研究。我们对下面的多元线性回归模型进行估计:

$$lwage = \beta_0 + \beta_1 edu + \beta_2 tenure + \beta_3 expr + \beta_4 female + \beta_5 married + \beta_6 smsa + \varepsilon$$

$$(3-53)$$

被解释变量为 $lwage$(工资对数),解释变量为常数项、edu(受教育年限)、$tenure$(从事现职的年限)、$expr$(工龄)、$female$(性别,女性=1)、$married$(婚否,已婚=1)、$smsa$(是否住在大城市,是=1)。

运行 EViews 软件,打开数据集"wage. wf1",显示窗口如图 3-3 所示。

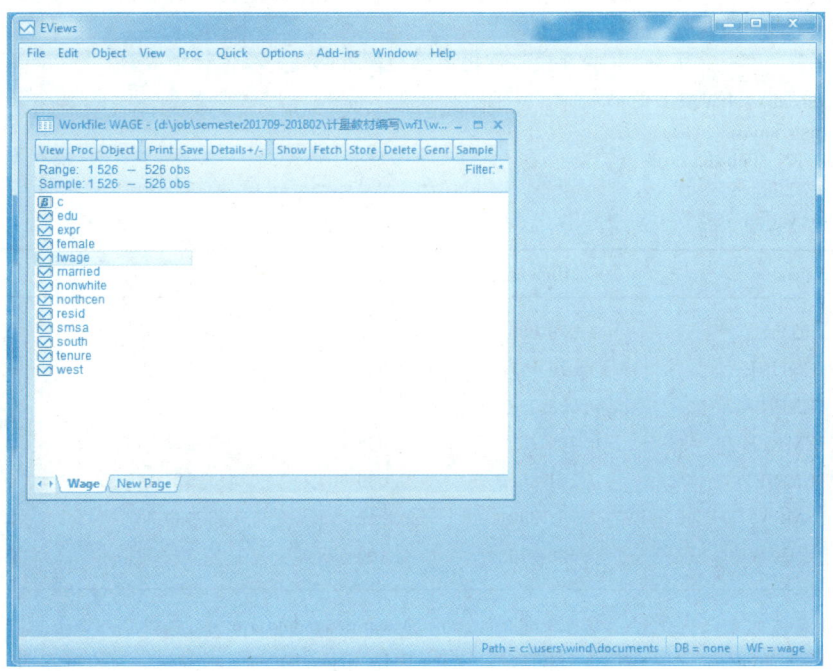

图 3-3　打开数据集 wage. fw1

按住"Ctrl"键,依次选中变量 $lwage$(工资对数)、edu(受教育年限)、$tenure$(从事现职的年限)、$expr$(工龄)、$female$(性别,女性=1)、$married$(婚否,已婚=1)与 $smsa$(是否住在大城市,是=1),点击右键调出菜单,选择作为一个样本回归方程打开,并点击"OK"按钮,可得方程估计结果,如表 3-1 所示。

点击"Name"按钮将方程估计结果命名为"eq02"。由表 3-1 上部"Prob."这一列可知,所有解释变量的回归系数的 P 值都小于 5%。因此,在 5% 的显著性水平下,所有变量(包括截距项 C)都是显著的,估计的样本回归方程为:

$$lw\hat{a}ge = 0.438 + 0.078edu + 0.016tenure + 0.003expr - \tag{3-54}$$
$$0.29female + 0.142married + 0.161smsa$$

受教育年限(edu)的系数约为 0.078,即教育投资的回报率为 7.8%,也就是每多受 1 年教育,则工资增长 7.8%;从事现职的年限($tenure$)与工龄($expr$)的回报率分别为 1.6% 与 0.3%,可以看出相比教育,两者的回报率均是非常小的;性别($female$)回报率为 -29%,说明工资收入存在较大的性别差异,在受教育年限等其他条件相同时,男性比女性工资要高 29%;婚否($married$)与是否住在大城市($smsa$)回报率分别高达 14.2% 与 16.1%,说明自身所处的环境对工资收入比教育有更大的影响。

表 3-1 下部显示,决定系数(R-squared)$R^2 = 0.420\,892$,调整的决定系数(Adjusted R-squared)$\bar{R}^2 = 0.414\,197$,残差平方和(Sum squared resid)$RSS = 85.899\,01$,相比于一元线性回归模型,决定系数变大了,而残差平方和变小了;回归方程显著性检验的 F 统计量的值(F-statistic)为 62.486 756,相应的 P 值[Prob(F-statistic)]为 0,表明整个回归方程是显著的,也可利用命令 ls 得到表 3-1 结果。

表 3-1 教育投资回报率模型样本回归方程估计结果表

Dependent Variable: LWAGE
Method: Least Squares
Date: 09/03/17   Time: 12:03
Sample: 1   526
Included observations: 526

Variable	Coefficient	Std. Error	t-Statistic	Prob.
EDU	0.078 069	0.007 036	11.096 15	0.000 0
TENURE	0.016 167	0.002 921	5.535 596	0.000 0
EXPR	0.003 398	0.001 660	2.046 462	0.041 2
FEMALE	−0.289 759	0.036 771	−7.879 993	0.000 0
MARRIED	0.141 852	0.039 652	3.577 435	0.000 4
SMSA	0.161 393	0.041 011	3.935 337	0.000 1
C	0.438 078	0.100 599	4.354 691	0.000 0

R-squared	0.420 892	Mean dependent var		1.623 268
Adjusted R-squared	0.414 197	S. D. dependent var		0.531 538
S. E. of regression	0.406 828	Akaike info criterion		1.052 364
Sum squared resid	85.899 01	Schwarz criterion		1.109 127
Log likelihood	−269.771 8	Hannan-Quinn criter.		1.074 589
F-statistic	62.867 56	Durbin-Watson stat		1.837 865
Prob(F-statistic)	0.000 000			

对单个参数进行 t 检验,如检验式(3-32)中教育的回报率是否为 10%。原假设为 $H_0: \beta_1 = 0.1$,在方程"eq02"窗口,我们在菜单中依次点击"View""Coefficient Diagnostics""Wald Test"选项,可得检验窗口。变量 edu 为估计结果中第一个解释变

量,其系数在 EViews 中记为 C(1)。在检验窗口,我们打入"C(1)＝0.1",点击"OK"按钮可得检验结果,如图 3-4 所示。在表 3-2"t-statistic"这一行,P 值 ＝ 0.001 9 ＜ 0.05,因此,拒绝原假设 $H_0: \beta_1 = 0.1$。我们把检验原假设 $H_0: \beta_1 = 0.08$ 留给读者自己做一个练习,看检验结果是拒绝还是接受原假设。

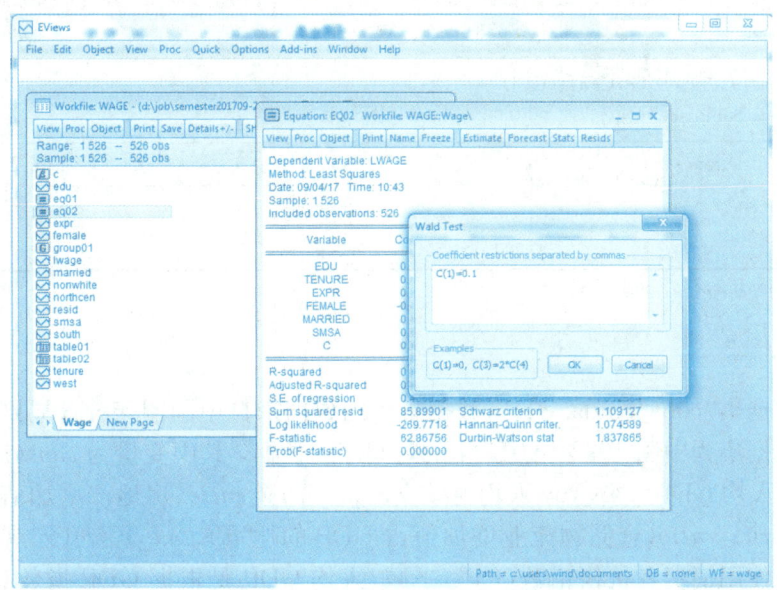

图 3-4 对变量 *edu* 的系数进行检验

表 3-2 对变量 *edu* 的系数检验结果表

Wald Test：
Equation：EQ02

Test Statistic	Value	df	Probability
t-statistic	−3.117 023	519	0.001 9
F-statistic	9.715 833	(1, 519)	0.001 9
Chi-square	9.715 833	1	0.001 8

Null Hypothesis：C(1)＝0.1

Null Hypothesis Summary：

Normalized Restriction(＝0)	Value	Std. Err.
−0.1＋C(1)	−0.0219 31	0.007 036

Restrictions are linear in coefficients.

对线性假设进行 F 检验,如同时检验式(3-32)中教育回报率是否为 8% 和婚否的回报率与居住在大城市的回报率是否相等。检验原假设为 $H_0: \beta_1 = 0.08, \beta_5 = \beta_6$,我们在检验窗口输入"C(1)＝0.08,C(5)＝C(6)",可得到检验结果,在"F-statistic"这一行,P 值 ＝ 0.904 5 ＞ 0.05,因此,接受原假设 $H_0: \beta_1 = 0.08, \beta_5 = \beta_6$,如表 3-3 所示。

表 3-3　对线性假设进行 F 检验结果表

Wald Test：
Equation：EQ02

Test Statistic	Value	df	Probability
F-statistic	0.100 339	(2, 519)	0.904 5
Chi-square	0.200 678	2	0.904 5

Null Hypothesis：C(1)=0.08,C(5)=C(6)
Null Hypothesis Summary：

Normalized Restriction(=0)	Value	Std. Err.
−0.08+C(1)	−0.001 931	0.007 036
C(5)−C(6)	−0.019 540	0.054 022

Restrictions are linear in coefficients.

二、实例 2

打开数据集"cons_china. wf1"，数据集中的数据来自中国国家统计局网站，经整理而成。该数据集为中国 1992—2015 年的时间序列数据，其中变量为 $cons$（居民消费水平）、$pgdp$（人均 GDP）、fis_ex（人均财政支出）、$realty\_ratio$（房地产增加值占 GDP 的比重）、$logistics\_ratio$（仓储物流业增加值占 GDP 的比重）、tax_ratio（宏观税率）。居民消费水平使用消费者价格指数（CPI）平减，人均 GDP 是根据 GDP 指数算出了不变价格 GDP 除以常住人口数得到，房地产增加值占 GDP 的比重与仓储物流业增加值占 GDP 的比重是直接用相应的房地产与仓储物流业现价增加值除以现价 GDP 得到，财政支出使用商品零售价格指数平减，并除以常住人口数得到，宏观税率使用财政收入除以现价 GDP 得到。

我们所考虑建立的居民消费函数模型为：

$$cons = \beta_0 + \beta_1 pgdp + \beta_2 fis\_ex + \beta_3 realty\_ratio + \beta_4 logistics\_ratio + \varepsilon$$

(3-55)

我们按着"Ctrl"键，依次选中变量 $cons$、$pgdp$、fis_ex、$realty\_ratio$ 与 $logistics\_ratio$，点击右键调出菜单，选择作为一个样本回归方程（as Equation）打开，并点击"OK"按钮，可得方程估计结果，如表 3-4 所示。

我们点击"Name"按钮将方程估计结果命名为"eq01"。由表 3-4 上部"Prob."这一列可知，解释变量 $pgdp$、fis_ex 与 $logistics\_ratio$ 的回归系数的 P 值都小于 5%，因此，在 5%的显著性水平下是显著的，$realty\_ratio$ 的回归系数的 P 值都小于 10%，因此，在 5%的显著性水平下是显著的，估计的样本回归方程为：

$$\hat{cons} = 459.761 + 0.247pgdp + 0.238fis\_ex -$$
$$220.69realty\_ratio + 170.382logistics\_ratio$$

(3-56)

人均 GDP（$pgdp$）的系数约为 0.247，即居民消费的边际消费倾向为 0.247，也就是人均 GDP 每增加 1 元，其中居民消费约为 0.247 元；人均财政支出（fis_ex）的系数

表 3-4　居民消费函数模型样本回归方程估计结果表

Dependent Variable：CONS
Method：Least Squares
Date：09/04/17　Time：12:11
Sample：1992 2015
Included observations：24

Variable	Coefficient	Std. Error	t-Statistic	Prob.
PGDP	0.247 335	0.030 112	8.213 851	0.000 0
FIS_EX	0.237 753	0.107 894	2.203 580	0.040 1
REALTY_RATIO	−220.689 5	120.646 4	−1.829 226	0.083 1
LOGISTICS_RATIO	170.382 1	68.614 54	2.483 177	0.022 5
C	459.761 4	502.585 9	0.914 792	0.371 8

R-squared	0.997 759	Mean dependent var		3 285.528
Adjusted R-squared	0.997 288	S. D. dependent var		1 983.753
S. E. of regression	103.316 0	Akaike info criterion		12.296 51
Sum squared resid	202 809.7	Schwarz criterion		12.541 94
Log likelihood	−142.558 2	Hannan-Quinn criter.		12.361 63
F-statistic	2 115.114	Durbin-Watson stat		0.562 644
Prob(F-statistic)	0.000 000			

为 0.238，可以看出人均财政支出是挤入居民消费的，人均财政支出每增加 1 元，则居民消费增加 0.238 元，几乎与边际消费倾向相等；房地产增加值占 GDP 的比重（realty_ratio）的系数为负，而仓储物流业增加值占 GDP 的比重（logistics_ratio）的系数为正，符号与理论预期相符，房地产增加值占 GDP 的比重越大，说明房价越高，人们的购房支出压力越大，从而挤出居民消费，而仓储物流业增加值占 GDP 的比重越大，说明消费环境越便利，从而有利于居民消费，提高了居民消费。

　　表 3-4 下部显示，时间序列数据的决定系数（R-squared）与调整的决定系数（Adjusted R-squared）非常大，$R^2 = 0.997\ 759$，$\bar{R}^2 = 0.997\ 288$；回归方程显著性检验的 F 统计量的值为 2 115.114，相应的 P 值为 0，表明整个回归方程是显著的。

　　如果 2016 年 $pgdp = 270\ 00$、$fis\_ex = 5\ 826$、$realty\_ratio = 6$、$logistics\_ratio = 4.43$，则我们可以对 2016 年的 cons 进行点预测和区间预测（5% 的显著性水平）。

　　在 workfile 窗口，我们在菜单中依次点击"Proc""Structure/Resize Current Page"选项，将"End date"改为"2016"，点击"OK"按钮；按着"Ctrl"键，依次选中变量 $pgdp$、fis_ex、$realty\_ratio$ 与 $logistics\_ratio$，以组视图"Group"方式打开，点击"Edit＋/－"，将数值依次输入 2016 年的相对应变量空格内，双击"eq01"打开方程窗口，点击"Forcast"，将拟合值输入到变量 consf 中，将拟合值的标准误输入到变量 consse 中，按住"Ctrl"键，依次选中变量 consf 与 consse 以组视图"Group"方式打开，见图 3-5 最后一行。

　　我们可知，cons（居民消费水平）2016 年点预测的数值为 7 953.621，点预测的标准误为 136.938 7，查 t 分布表可得显著性水平 5%，自由度为 19（24−4−1）的临界值 cv 为 2.093，则区间预测为[7 953.621−2.093×136.938 7，7 953.621＋2.093×136.938 7]，即[7 667.008，8 240.234]。

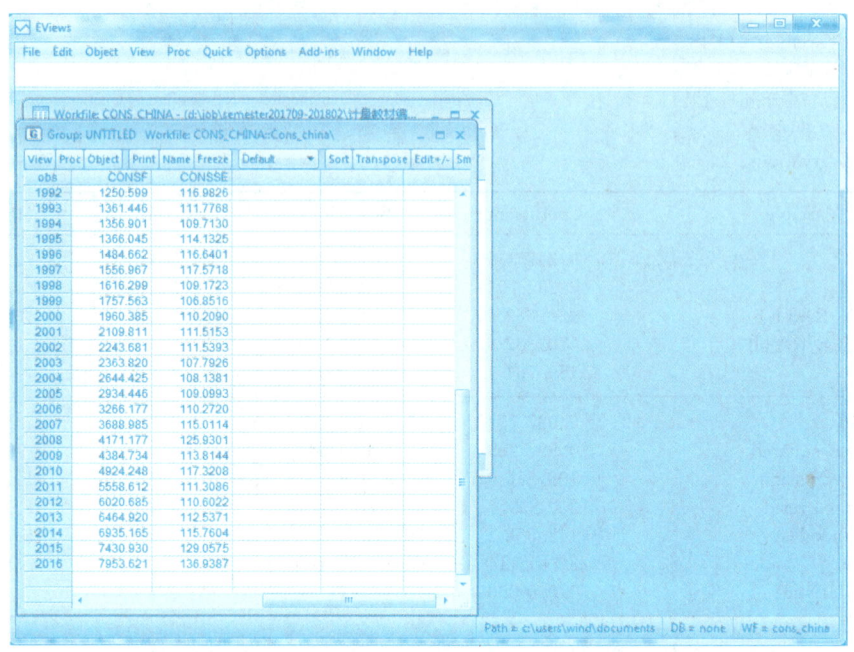

图 3-5　居民消费函数模型点预测结果图

对于多元线性回归模型，首先，我们介绍了多元线性回归模型及假设、多元线性回归模型 OLS 估计量的求解和调整的决定系数，讨论了多元线性回归模型 OLS 估计量的性质。其次，我们介绍了统计推断和预测，并用 EViews 软件给出了两个具体的实例。

多元线性回归模型　OLS 估计量　正交　离差分解　调整的决定系数　线性性无偏性　最小方差性　高斯-马尔科夫定理　t 检验　F 检验　点预测　区间预测

一、名词解释

1. 调整的决定系数。
2. 参数显著性检验。
3. 模型总体显著性检验。
4. 多元线性回归模型。

二、判断题

1. 要使得计量经济学模型拟合得好,就必须增加解释变量。 （ ）
2. 调整的决定系数与相关系数的含义是相同的。 （ ）
3. 线性回归模型中增加解释变量,调整的决定系数将变大。 （ ）
4. 线性回归模型中检验回归显著性时结果显著,则所有解释变量对被解释变量都没有解释力。 （ ）
5. 调整的决定系数和决定系数无差别。 （ ）

三、单选题

1. 为了分析随着解释变量增长率变化,被解释变量的增长率变化的情况,模型应该设定为（ ）。

   A. $\ln y = \beta_1 + \beta_2 \ln x + \varepsilon$ 　　　　　 B. $y = \beta_1 + \beta_2 \ln x + \varepsilon$

   C. $\ln y = \beta_1 + \beta_2 x + \varepsilon$ 　　　　　 D. $y = \beta_1 + \beta_2 x + \varepsilon$

2. 已知含截距项的三元线性回归模型估计的残差平方和为 $\sum e_i^2 = 1\,200$,样本容量为 $n = 24$,则误差项方差的无偏估计量 S^2 为（ ）。

   A. 400 　　　　 B. 40 　　　　 C. 60 　　　　 D. 80

3. 多元线性回归模型满足五个基本假设,其最小二乘估计量服从（ ）。

   A. 正态分布 　　 B. t 分布 　　 C. χ^2 分布 　　 D. F 分布

4. 普通最小二乘法要求线性回归模型的随机误差项 ε_i 满足某些基本假定,下列错误的是（ ）。

   A. $E(\varepsilon_i) = 0$ 　　　　　　 B. $E(\varepsilon_i^2) = \sigma_i^2$

   C. $E(\varepsilon_i \varepsilon_j) = 0, i \neq j$ 　　　　 D. $\varepsilon_i \sim N(0, \sigma^2)$

5. 多元线性回归分析中的 ESS（解释平方和）反映了（ ）。

   A. 被解释变量观测值总变差的大小
   B. 被解释变量回归估计值总变差的大小
   C. 被解释变量观测值与估计值之间的总变差
   D. 被解释变量关于解释变量的边际变化

6. 用一组有 30 个观测值的样本估计模型 $y_i = \beta_0 + \beta_1 x_{1i} + \beta_2 x_{2i} + \beta_3 x_{3i} + \varepsilon_i$,并在 0.05 的显著性水平下对总体显著性进行检验,则检验拒绝零假设的条件是统计量 F 大于（ ）。

   A. $F_{0.05}(3, 26)$ 　　 B. $t_{0.025}(3, 30)$ 　　 C. $F_{0.05}(3, 30)$ 　　 D. $t_{0.025}(2, 26)$

7. 样本容量为 n,含截距的,解释变量个数为 k 的多元线性回归分析中,TSS（总的离差平方和）的自由度为（ ）。

   A. k 　　　　 B. n 　　　　 C. $n-k-1$ 　　 D. $n-1$

8. 对于 OLS 下列式子中正确的是（ ）（ESS 为解释平方和,RSS 为残差平方和）。

   A. $R^2 = RSS/TSS$ 　　　　　 B. $R^2 = ESS/TSS$

   C. $R^2 = ESS/RSS$ 　　　　　 D. 调整的 $R^2 = ESS/RSS$

9. 对于线性回归模型的随机误差项 ε_i，$Var(\varepsilon_i) = E(\varepsilon_i^2) = \sigma^2$ 内涵指（　　）。

　　A. 随机误差项的期望为 0 　　　　　　B. 模型为线性随机函数

　　C. 两个随机误差互不相关 　　　　　　D. 误差项服从正态分布

10. 对模型 $y_i = \beta_0 + \beta_1 x_{1i} + \beta_2 x_{2i} + \varepsilon_i$ 进行总体显著性检验，如果检验结果总体线性关系不显著，则有可能（　　）。

　　A. $\beta_1 = \beta_2 = 0$　　　　B. $\beta_1 \neq 0$，$\beta_2 = 0$　　　　C. $\beta_1 = 0$，$\beta_2 \neq 0$　　　　D. $\beta_1 \neq 0$，$\beta_2 \neq 0$

四、计算分析题

1. 某线性回归的结果，如表 3-5 所示。

表 3-5　某线性回归结果表

Dependent Variable：Y
Method：Least Squares
Date：11/30/08　Time：13:47
Sample：1 16
Included observations：16

Variable	Coefficient	Std. Error	t-Statistic	Prob.
C	−176. 277 8	30. 624 14	−5. 756 170	0. 000 1
X_1	1. 026 137	（①）	62. 789 36	0. 000 0
X_2	0. 669 964	0. 191 239	（②）	0. 003 9
R-squared	0. 999 726	Mean dependent var		5 468. 869
Adjusted R-squared	0. 999 68	S. D. dependent var		3 659. 889
S. E. of regression	65. 107 26	Akaike info criterion		11. 357 31
Sum squared resid	55 106. 42	Schwarz criterion		11. 502 17
Log likelihood	−87. 858 48	F-statistic		（③）
Durbin-Watson stat	1. 345 305	Prob(F-statistic)		0. 000 000

（1）计算括号内的值。

（2）写出回归模型方程。

（3）判断解释变量 X_1 对被解释变量 Y 是否有显著性影响，并给出理由。

（4）计算随机误差项的方差 σ^2 的估计值。

2. 表 3-6 给出了用最小二乘法对三元线性模型回归的结果（解释变量个数为 3）。

表 3-6　最小二乘法对三元线性模型回归的结果

方差来源	平方和(SS)	自由度(df)
来自回归 ESS	900	（　　）
来自残差 RSS	（　　）	（　　）
总离差 TSS	1 000	18

（1）计算括号里的值。

（2）求 R^2 和 $\bar{R}^2$。

（3）对回归显著性进行检验（$F_{0.05} = 3.29$）。

第 四 章

线性回归的定式偏差

◎ **学习目的与要求**

（1）理解线性回归的定式偏差问题。

（2）熟悉产生线性回归定式偏差问题的原因。

（3）熟悉线性回归定式偏差问题的特征。

（4）掌握判断和克服线性回归定式偏差问题的方法。

◎ **重点**

掌握变量关系非线性、异常值、规律性扰动、遗漏变量和参数改变等导致线性回归定式偏差问题的原因。

◎ **难点**

掌握判断和克服线性回归定式偏差问题的方法。

微课：线性回归为什么会出现定式偏差

导　读

　　本章主要讨论变量关系非线性、异常值、规律性扰动、遗漏变量和参数改变等导致线性回归模型误差项 0 均值假设不成立的定式偏差问题，同时介绍定式偏差问题的特征及其对线性回归分析的影响，以及判断和克服这些问题的方法。

第一节　变量关系非线性

一、问题

　　线性回归模型假设变量关系均是线性随机函数关系，或者经过特定数学变换后是线性随机函数关系，但实际的变量关系可能会存在偏差，不管模型是如何建立起来的，都存在将非线性关系误作为线性关系的可能。把非线性变量关系当作线性关系来处理，违反了误差项均值为 0 的假设，严重破坏线性回归分析的有效性。

　　如果两个变量之间的真实关系为：

$$y = \beta_0 + \beta_1 x^2 + \varepsilon \tag{4-1}$$

　　式（4-1）中：随机误差项 ε 满足 $E(\varepsilon) = 0$ 和线性回归模型的其他假设，但我们如果直接用：

$$y = \beta_0' + \beta_1' x + \varepsilon' \tag{4-2}$$

　　式（4-2）来进行回归分析，那么因为：

$$\varepsilon' = (\beta_0 - \beta_0') + (\beta_1 x^2 - \beta_1' x) + \varepsilon \tag{4-3}$$

　　所以：

$$E(\varepsilon') = (\beta_0 - \beta_0') + (\beta_1 x^2 - \beta_1' x) \tag{4-4}$$

　　$E(\varepsilon')$ 显然不可能始终为 0，这就使得回归分析的有效性失去了保障。

　　把非线性变量关系作为线性关系进行分析是对变量关系的错误识别，会使回归分析的拟合程度降低，还会对经济规律作出错误判断，最终导致较大的预测偏差。

二、发现和判断

　　由于有随机扰动因素的影响，线性回归模型的错误设定并不容易发现。一般来说，我们想要发现和判断变量关系非线性，可以使用数理经济分析方法对模型的函数关系进行深入分析,或者根据数据及其分布图形、散点图来直接判断。

更重要的方法是根据回归残差序列,从技术角度发现和判断非线性问题。回归残差序列可以用被解释变量的实际值和回归理论值之差来计算。

在 EViews 软件进行回归分析时,我们可以在得到回归结果后,在回归结果窗口分别点击 view actual、fitted、residual/actual、fitted、residual table 选项,直接得到回归残差序列和残差序列图。

如果模型存在变量关系非线性问题,回归残差序列会表现出有规律的变化。例如,当发现模型的回归残差序列有如图 4-1 所示的规律性变化时,就应该考虑存在把非线性关系当作线性关系进行回归的问题,而且必须进行相应地处理。

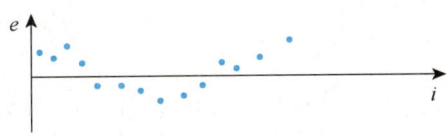

图 4-1 非线性变量关系的残差序列图

用回归残差序列判断变量关系非线性的最大问题,是线性回归模型的其他某些问题,如参数(结构)改变等,与变量关系非线性的表现形式往往很相似,不容易区分。因此,必须结合问题背景、相关理论和经验进行综合分析判断,然后再通过处理和结果的反复比对加以确定。

三、处理和克服

解决把非线性关系误作线性关系回归错误的第一步,是恢复变量之间的真实函数关系。然后再设法通过幂函数、对数化等数学变换,把非线性关系转化为准确的线性回归模型。如果变量关系可以用初等数学变换转化为线性模型,那么只要在转化后再进行线性回归分析就可以了。如遇到非线性变量关系无法通过初等数学变换转化为线性模型,则可以尝试使用泰勒级数展开方法作非线性函数的近似线性函数,把模型强制转化为线性模型。

除上述方法外,还可以直接进行非线性回归分析。非线性回归分析的原理与线性回归分析是相似的,只是非线性回归参数估计涉及的非线性优化分析要复杂一些。不过由计算软件进行非线性回归的迭代优化分析就不存在这方面的困难,只要直接输入相关命令即可。

第二节 异 常 值

一、问题

现实经济中常常存在这样的情况:一些突发事件或变化对经济活动造成短暂但很显著的冲击影响。这些影响既不能被看作微小的随机扰动,但又不会决定或改变长期的经济关系。这种情况在经济数据上反映出来,就会表现为一个脱离基本趋势的异常值。如果所研究的经济问题或相关数据存在这种情况,建立线性回归模型时又没有预先处理这种影响,就会表现为模型误差项在相应时点存在均值非 0 的问题。

例如,变量 y 和 x 在长期中的关系基本满足线性回归模型的各个假设,但在时刻 i_0 有一个突发情况,使得 y 出现一个 C 单位的暂时性波动。如果线性回归模型为:

$$y = \alpha + \beta x + \varepsilon \tag{4-5}$$

分析这两个变量的关系,其误差项 ε 的均值是:

$$E(\varepsilon) = \begin{cases} 0, & \text{当 } i \neq i_0 \\ C, & \text{当 } i = i_0 \end{cases} \tag{4-6}$$

显然 $E(\varepsilon) = 0$ 不会对任意 i 都成立,违背了误差项均值为 0 的假设。

这种情况如果不做处理,线性回归分析的有效性就会受到不利影响。因为最小二乘估计的残差平方和包含每个回归残差的平方,对偏差较大的异常值非常敏感,异常值会使回归分析结果出现较大偏差。此外,在误差项均值非 0 的情况下,参数估计量的性质和相关统计推断均会失效。因此,异常值问题必须被重视和解决。

二、发现和判断

克服异常值对线性回归分析影响的前提,是发现和判断异常值是否存在以及在哪些时点存在。由于导致异常值问题的原因常常有迹可循,因此,发现和判断异常值的方法之一是分析经济问题的相关背景情况,包括对经济现象以及数据序列的直接分析等。

残差序列分析也是从技术角度发现和判断异常值问题的基本方法。我们通过残差序列分析发现和判断异常值问题的根据是:因为异常值只是个别情况,所以即使模型存在异常值问题,最小二乘估计仍然是一致估计量,回归残差仍然能较好地近似模型的误差项。回归残差中会包含由于异常值所导致模型误差项均值非 0 的信息。

用回归残差序列分析、发现和判断异常值问题的方法是:根据在模型假设成立的前提下,回归残差是服从正态分布的随机变量,因此,根据正态分布的性质,其取值 95% 左右的概率应分布在均值加减 2 倍(或 3 倍)标准差的范围内,如果发现某个残差 e_i 出现:

$$\left| \frac{e_i}{S} \right| > 2 \tag{4-7}$$

式(4-7)中:$S = \sqrt{S^2} = \sqrt{\sum_i e_i^2 / (n - K - 1)}$ 是残差的标准差,模型在时点 i 处就很可能存在异常值问题。

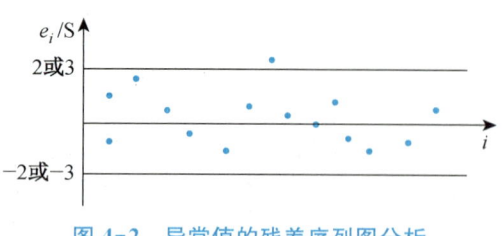

图 4-2　异常值的残差序列图分析

上述回归残差序列分析等价于如图 4-2 所示的残差序列图分析。把根据回归残差序列和残差标准差计算出的 e_i/S 数据序列,描绘到以 i 为横轴、以 e_i/S 为纵轴的坐标平面上,再在纵轴的 ± 2(或 ± 3)处画上两条水平的临界线。以误差序列中是否有落在两条临界线范围之外的点作为判断异常值的初步标准。

用 EViews 软件进行回归分析可以直接输出残差序列图,并且在图形中包含有 2 倍(或 3 倍)标准差的临界值线,因此,可以直接根据 EViews 输出的残差序列图判断是否有异常值的可能性。

如果有个别 e_i/S 坐标点落在两条临界线的范围以外则意味着在 i 时点上有异常值。

当然,如果落在临界线以外的点有多个,那么一方面可以考虑存在多个异常值的可能性,另一方面也应该怀疑存在其他系统性偏差,如函数形式误设、遗漏变量或者 ε 不服从正态分布的可能性。因为如果变量关系和 ε 的分布不符合模型假设时,上述残差序列分布范围本身不一定成立,较大残差可能是普遍情况。因此,存在多个较大残差不能简单地认为是多个异常值,而是应该作进一步的深入分析,结合对其他问题的分析进行判断。此外,上述残差序列判断异常值的临界值标准是 95% 置信度的,当 e_i/S 的绝对值落在 2～3 时,用 95% 的置信度判断有异常值,而用 99% 的置信度判断则可能没有异常值,因此,仍然存在模糊的地方。这时必须与问题背景分析结合起来考虑,并考虑各点残差的相对情况等。

三、处理和克服

如果判断模型存在异常值问题,必须作针对性的处理。首先,我们应当仔细检查是否因数据输入有误而导致了异常值(如多输入了一个 0,或者漏掉了一位数),然后做出相应的修改。其次,对出现异常值的个体进行背景调查分析,看看是否由与研究主题无关的特殊现象所致,如果异常值个数相比样本个数很少,必要时可以删除异常值。但这时最好比较一下全样本回归结果与删除异常值之后的子样本回归结果。最后,如果样本个数相对较少,并且异常值在理论上是存在的,我们可以采用虚拟变量(dummy varible)法对异常值进行处理。

例如,一个两变量线性模型 $y = \alpha + \beta x + \varepsilon$,在 $i = i_0$ 处存在异常值问题:

$$E(\varepsilon) = \begin{cases} 0, & \text{当 } i \neq i_0 \\ C, & \text{当 } i = i_0 \end{cases} \tag{4-8}$$

解决的方法是引进一个针对性的虚拟变量,其定义式为:

$$D = \begin{cases} 0, & \text{当 } i \neq i_0 \\ 1, & \text{当 } i = i_0 \end{cases} \tag{4-9}$$

把这个虚拟变量引进原来的模型,得到一个新的回归模型:

$$y = \alpha + \beta x + CD + \varepsilon' \tag{4-10}$$

注意,因为两个模型的误差项之间有如下关系:

$$\varepsilon' = \varepsilon - CD \tag{4-11}$$

所以:

$$E(\varepsilon') = E(\varepsilon_i) - CD$$
$$= \begin{cases} 0 - 0 = 0, & \text{当 } i \neq i_0 \\ C - C \cdot 1 = 0, & \text{当 } i = i_0 \end{cases} \tag{4-12}$$

因此,在引进虚拟变量的新模型中,异常值就不会造成模型误差项出现均值非 0 的问题了,从而可以保证回归分析的有效性。

第三节　规律性扰动

一、问题

除了异常值以外,周期性或其他规律性扰动,也会使线性回归模型的误差项偏离 0 均值假设。比较典型的例子如商业销量指标的季节性变化。此外,在横截面数据计量经济分析中,观测对象的性别、年龄、教育程度等特征差异,也是规律性扰动因素。这些问题并不影响变量关系的总体趋势,但都会对变量关系产生规律性的影响,如果不预先加以处理,就会导致误差项均值非 0 问题的出现,影响回归分析的效果。

例如,变量 y 季节数据中,第一季度总是受到季节性因素的影响。如果我们忽视这种影响,用两变量模型 $y = \alpha + \beta x + \varepsilon$ 或多元模型 $y = \beta_0 + \beta_1 x_1 + \cdots + \beta_k x_k + \varepsilon$ 来研究 y 的规律,就会遇到误差项均值非 0 问题:

$$E(\varepsilon_i) = \begin{cases} 0, & \text{当 } i \neq \text{第一季度} \\ C, & \text{当 } i = \text{第一季度} \end{cases} \tag{4-13}$$

二、发现和判断

由规律性扰动导致的误差项均值非 0 问题的发现、判断和处理,与异常值问题基本相似。在发现和判断方面,经济问题的背景分析,以及同样的回归残差序列分析,基本上都可以适用于规律性扰动问题。

规律性扰动在残差序列图上会表现为多个有规律的较大残差,我们可以通过与问题背景的相互印证和分析,确定该扰动是否属于规律性扰动。

三、处理和克服

解决规律性扰动问题的方法之一是对数据进行统计平滑处理,消除季节性或其他周期性扰动的影响。这种方法可以对变量关系的基本趋势作出可行的研究。但平滑处理存在两个问题:一是不能区别趋势因素和季节性扰动,不能真正确定所研究变量关系的具体变化轨迹。二是容易导致另一种问题,就是误差序列自相关问题。因此,平滑处理并不是克服规律性扰动对线性回归分析影响的好方法。

处理规律性扰动问题的较好方法也是引进虚拟变量,但有时需要引进多个虚拟变

量。以上面第一季度存在季节性因素影响的问题为例,如果在这个例子中,使用虚拟变量:

$$D_i = \begin{cases} 0, & \text{当 } i \neq \text{第一季度} \\ C, & \text{当 } i = \text{第一季度} \end{cases} \tag{4-14}$$

把模型改为:

$$y = \alpha + \beta x + CD + \varepsilon' \tag{4-15}$$

或:

$$y = \beta_0 + \beta_1 x_1 + \cdots + \beta_k x_k + CD + \varepsilon' \tag{4-16}$$

那么新模型的误差项 ε' 就不再存在误差项均值非 0 的问题,回归分析的效果就能得到保证。

如果第一季度受到一种季节性因素扰动,第三季度受到另一种方向和力度不同因素的扰动。那么可以引进两个虚拟变量:

$$D_{1i} = \begin{cases} 0, & \text{当 } i \neq \text{第一季度} \\ 1, & \text{当 } i = \text{第一季度} \end{cases} \tag{4-17}$$

$$D_{3i} = \begin{cases} 0, & \text{当 } i \neq \text{第三季度} \\ 1, & \text{当 } i = \text{第三季度} \end{cases} \tag{4-18}$$

把这两个虚拟变量同时引入模型,模型变为:

$$y = \alpha + \beta x + C_1 D_1 + C_3 D_3 + \varepsilon' \tag{4-19}$$

$$y = \alpha + \beta_1 x_1 + \cdots + \beta_k x_k + C_1 D_1 + C_3 D_3 + \varepsilon' \tag{4-20}$$

新模型同样可以避免由于上述季节性所导致的误差项均值非 0 问题。

在对截面数据的计量经济分析中,观测对象特征差异导致的规律性扰动,也可以利用虚拟变量加以处理。例如,在用截面数据研究收入或消费规律时,常常发现除了其他各种主要因素以外,观测对象的性别也是一个影响因素,这个因素就是一种规律性扰动。解决问题的方法是在模型中引进虚拟变量:

$$D_i = \begin{cases} 0, & \text{当 } i \text{ 是男性时} \\ 1, & \text{当 } i \text{ 是女性时} \end{cases} \tag{4-21}$$

这个虚拟变量通常能解决由于观测对象性别因素导致的误差项均值非 0 问题。

利用虚拟变量解决规律性扰动需要注意的是,引进虚拟变量是有限度的,需要谨慎,不能随意引进。因为引进更多虚拟变量意味着要估计更多参数和损失自由度,对回归分析的效果有不利影响。此外,引进虚拟变量还可能落入"虚拟变量陷阱"。例如,上述季节性扰动模型中,如果同时引进对应全部四个季节的按照类似规则定义的四个虚拟变量 D_1、D_2、D_3 和 D_4,那么,因为这四个虚拟变量满足 $D_1 + D_2 + D_3 + D_4 = 1$,同时出现在一个模型中必然引起解释变量严格线性相关,导致模型的崩溃。在考虑性别因素时,同时引进对应男性、女性的两个性别虚拟变量,也可能落入"虚拟变量陷阱"。因此,在计量经济分析中引进虚拟变量时需要注意避免"虚拟变量陷阱"。

第四节　遗　漏　变　量

一、问题

除了异常值和规律性扰动以外,还有一些定式偏差,如遗漏变量,也是引起误差项均值非 0 问题的常见原因。

所谓遗漏变量,就是在线性回归模型设定的变量关系中,忽略了某些具有重要的、对被解释变量有趋势性影响的因素。遗漏变量会引起误差项均值非 0 很容易理解,因为被忽略的因素对被解释变量的影响,会在误差项中表现出来,导致误差项不再是纯粹的随机扰动。

如果真实变量关系为:

$$y = \beta_0 + \beta_1 x_1 + \beta_2 x_2 + \beta_3 x_3 + \varepsilon \tag{4-22}$$

式(4-22)中:误差项 ε 满足 $E(\varepsilon) = 0$ 及多元线性回归模型的其他假设。如果建模时忽略了其中的变量 x_3,即采用变量关系:

$$y = \beta_0' + \beta_1' x_1 + \beta_2' x_2 + \varepsilon' \tag{4-23}$$

那么,其中的误差项:

$$\varepsilon' = (\beta_0 - \beta_0') + (\beta_1 - \beta_1')x_1 + (\beta_2 - \beta_2')x_2 + \beta_3 x_3 + \varepsilon \tag{4-24}$$

满足:

$$E(\varepsilon') = (\beta_0 - \beta_0') + (\beta_1 - \beta_1')x_1 + (\beta_2 - \beta_2')x_2 + \beta_3 x_3 \tag{4-25}$$

由于 x_1、x_2 和 x_3 之间不存在线性关系,因此,不管 β_0、β_1、β_3 和 β_0'、β_1' 和 β_2' 取什么值,$E(\varepsilon')$ 都不可能始终为 0。因此,遗漏变量的线性回归模型必然违反误差项均值为 0 的假设。这时候,OLS 估计量常常出现有偏与非一致性,我们把这种偏差称为"遗漏变量偏差"(omitted variable bias)。例如,在研究教育投资回报时,个人能力因无法观测而常常被遗漏。

二、发现和判断

发现和判断遗漏变量的基本方法,也就是把经济问题的背景分析和残差序列分析相结合。

在原模型回归分析的基础上对回归残差序列进行分析,如果发现残差序列有某种趋势性,那么可以根据问题背景考虑是否忽略了有重要性的因素。若以怀疑遗漏的变量 x_0 为横轴,残差 e 为纵轴,作残差序列分布图,如图 4-3 所示,

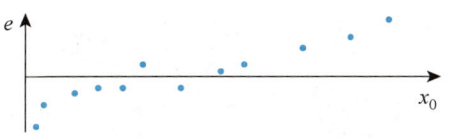

图 4-3　遗漏变量的残差序列图检验

如果发现 x_0 和 e 确实有相关性,则可初步认为模型遗漏了 x_0。

在计量实证分析中,由于影响被解释变量的因素往往很多,而局限于数据的可获得性,故几乎总是存在遗漏变量。如果遗漏变量是可以观测的,则在模型中针对性地加入遗漏的变量就可以解决。当然,如果遗漏的变量是不可观测的,则需要使用工具变量法等方法来加以克服。本教材将在第八章详细介绍工具变量法。

第五节　参数改变

一、问题

参数改变指在考察期间变量关系中的参数发生变化,即变量关系本身发生变化,这种问题也可以理解为是模型结构稳定性的问题。这时实际上不能用同一个线性回归模型研究变量在整个考察期间的关系。如果忽略这种模型参数变化,也会导致误差项均值非 0 的问题。

以两变量线性关系在考察期 $[0, T]$ 中的 t 时刻参数发生变化为例。这种情况下,真实的变量关系可以用 $[0, t]$ 和 $[t, T]$ 两个时期中的两个模型分别表示:

$$y = \beta_{10} + \beta_{11} x + \varepsilon_1 \tag{4-26}$$

$$y = \beta_{20} + \beta_{21} x + \varepsilon_2 \tag{4-27}$$

式(4-26)和式(4-27)中:误差项 ε_1 和 ε_2 都满足均值为 0 和线性回归模型的其他假设,且 $\beta_{10} \neq \beta_{20}$,$\beta_{11} \neq \beta_{21}$。

如果忽略了模型参数的上述变化,简单地用同一变量关系表示:

$$y = \beta_0 + \beta_1 x + \varepsilon \tag{4-28}$$

式(4-28)代表 y 和 x 在整个 $[0, T]$ 时期的关系,那么因为在两个时期中模型的误差项 ε 分别为:

$$\varepsilon = (\beta_{10} - \beta_0) + (\beta_{11} - \beta_1) x + \varepsilon_1 \tag{4-29}$$

$$\varepsilon = (\beta_{20} - \beta_0) + (\beta_{21} - \beta_1) x + \varepsilon_2 \tag{4-30}$$

所以两个时期误差项的均值分别为:

$$E(\varepsilon) = (\beta_{10} - \beta_0) + (\beta_{11} - \beta_1)x \tag{4-31}$$

$$E(\varepsilon) = (\beta_{20} - \beta_0) + (\beta_{21} - \beta_1)x \tag{4-32}$$

很显然,除非 $\beta_{10} = \beta_{20} = \beta_0$ 和 $\beta_{11} = \beta_{21} = \beta_1$ 同时成立,否则 ε 的均值不可能在任何时期都始终为 0。如果 $\beta_{10} = \beta_{20} = \beta_0$ 和 $\beta_{11} = \beta_{21} = \beta_1$ 同时成立,就意味着两个时期参数没有变化,与假设的情况不一致。因此,在参数发生改变时,必然导致误差项均值非 0 的问题。

二、发现和判断

发现和判断模型参数改变的基本方法,也就是把经济问题背景分析和残差序列分析相结合。

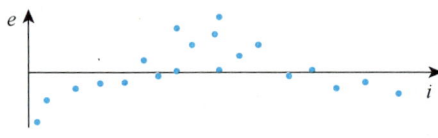

图 4-4 参数变化的残差序列图检验

如果以 i 为横轴,残差 e 为纵轴的残差序列分布,存在某个时刻附近转折的情况,如图 4-4 所示,应该考虑变量关系在该时刻可能存在参数改变的问题。

根据情况分析和残差序列图的判断不是绝对可靠的,问题典型性不强时更难下结论,而且变量关系非线性、遗漏变量和参数改变等问题在残差分布中的表现往往很相似。因此,准确识别的难度很大,常常需要借助经验和用试错的方法进行判断。

检验线性回归模型结构(参数)稳定性,另外有一种专门的邹检验(Chow test)方法。具体方法是以怀疑发生结构(参数)变化的时点为界,把观测样本分为两组(每组的样本容量必须都大于模型的解释变量数,有两个变化点时也可以分为三组),然后用两组子样本和全样本分别进行回归,将两组子样本回归的残差平方和加总得到 SSE_{UR},称为无约束残差平方和,再与全样本回归的残差平方和 SSE_R,称为有约束的残差平方和,构造下列 F 统计量:

$$F = \frac{(SSE_R - SSE_{UR})/(K+1)}{SSE_{UR}/(n_1 + n_2 - 2K - 2)} \tag{4-33}$$

式(4-33)中:K 是模型(不包括常数项)的解释变量个数;n_1 和 n_2 分别是两个子样本的样本容量。该统计量服从两个自由度为 $(K+1)$ 和 $(n_1 + n_2 - 2K - 2)$ 的 F 分布。因此,如果该 F 统计量不大于相应自由度 F 分布的临界值,说明有约束和无约束的两个回归残差平方和的差别不明显,模型结构(参数)并没有发生显著变化;反之,则说明模型结构确实发生了明显变化。

检验模型结构参数改变,除了使用传统的邹检验,通常也可以引入虚拟变量,并检验虚拟变量及其与解释变量交互项系数的联合显著性。例如,对于一元线性回归的情形,可进行如下回归:

$$y_t = \alpha + \beta x_t + \gamma D_t + \delta D_t x_t + \varepsilon_t \tag{4-34}$$

然后检验联合假设 $H_0: \gamma = \delta = 0$。此检验所得 F 统计量与传统的邹检验完全相同。因此,虚拟变量法与邹检验是等价的。

　　模型参数改变问题的处理方法比较简单,根据参数改变的时间分不同时段进行分段回归就可以解决这些问题。例如,研究中国经济改革开放以来(1978—2019 年)的经济增长问题,需要检验在 2001 年是否发生了参数(结构)变动,可以把样本分为 1978—2001 年和 2002—2019 年两个区间。在做处理以后,我们还可以通过对处理后回归结果的比较,确定初步判断是否正确并进一步调整。

　　本章详细分析了变量关系非线性、异常值、规律性扰动、遗漏变量和参数改变等导致线性回归模型误差项 0 均值假设不成立的定式偏差问题,同时介绍了各类定式偏差问题的特征及其对线性回归分析的影响,给出了判断和处理这些问题的方法。

　　定式偏差　变量关系非线性　异常值　虚拟变量　规律性扰动　遗漏变量　参数改变　残差序列图　邹检验　无约束的残差平方和　有约束的残差平方和　分段回归

一、名词解释

　　1. 异常值。

　　2. 虚拟变量。

　　3. 遗漏变量。

　　4. 邹检验。

二、判断题

　　1. 将非线性关系误作为线性关系不会影响回归分析的有效性。　　　(　　)

　　2. 在残差序列图中如果存在多个较大残差,就可以认为存在多个异常值。(　　)

　　3. 存在规律性扰动问题,一般可以通过引入虚拟变量来处理。　　　(　　)

　　4. 遗漏变量一般不会引起误差项非 0 的问题。　　　　　　　　　(　　)

　　5. 规律性扰动这一类定式偏差问题可以通过邹检验方法来判断和处理。(　　)

三、单选题

　　1. 下列各项中,不属于定式偏差问题的是(　　)。

　　　A. 变量关系非线性　　　　　　　B. 虚拟变量陷阱

　　　C. 遗漏变量　　　　　　　　　　D. 规律性扰动

　　2. 在下列残差序列图中,可能存在遗漏变量问题的是(　　)。

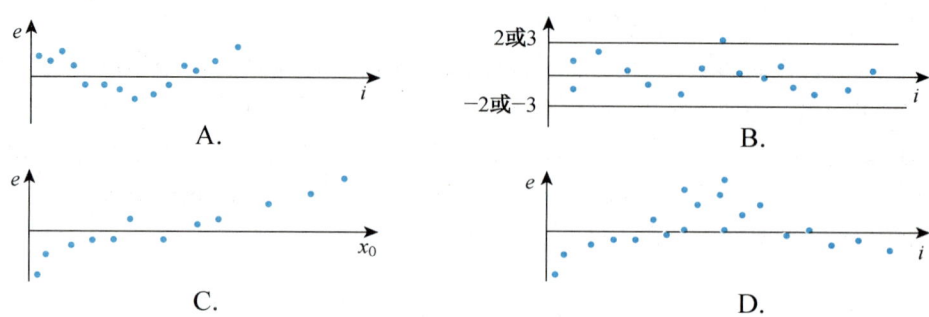

3. 检验线性回归模型结构是否稳定,一般使用( )。

A. t 检验 B. 邹检验

C. F 检验 D. 残差序列图检验

4. 下列各项中,( )定式偏差问题一般需要引入虚拟变量来克服。

A. 变量关系非线性 B. 异常值

C. 遗漏变量 D. 参数改变

5. 遗漏变量问题一般不能通过( )来克服。

A. 加入更多的控制变量 B. 工具变量法

C. 使用代理变量 D. 虚拟变量法

6. 如果线性回归模型出现了定式偏差问题,会导致( )假设不成立。

A. 不存在严格多重共线性 B. 误差项均值为 0

C. 同方差 D. 正态分布

7. 假设线性回归有 K 个解释变量(不含常数项),整个样本分为样本数为 n_1 和 n_2 的两个子样本,使用邹检验来判断是否发生了参数改变,则 F 统计量的自由度为( )。

A. K；$n_1 + n_2$ B. K；$n_1 + n_2 - 2K$

C. $K + 1$；$n_1 + n_2 - 2K$ D. $K + 1$；$n_1 + n_2 - 2K - 2$

8. 某项研究要考察中国国内生产总值(GDP)的季节性变化,需要在回归模型中加入几个季节虚拟变量( )。

A. 1 B. 2 C. 3 D. 4

9. 如果线性回归中出现了异常值问题,不能通过( )方法来克服。

A. 修正异常值 B. 删除异常值

C. 引入虚拟变量 D. 加入更多的控制变量

10. 下列各项中,( )非线性模型不可以转换成线性回归模型。

A. $y = \dfrac{x_1}{x_2^2}$ B. $y = \alpha x_1^2 x_2^3$

C. $y = \alpha e^{x_1}$ D. $y = \dfrac{x_1}{x_1 + x_2}$

四、计算分析题

1. 某地消费和总收入两个变量的数据(见表 4-1),其中 y 是总收入,c 是消费。请以这些数据为基础,分析总消费 c 与收入 y 之间的关系。

(1)画出收入 y 对消费 c 的散点图。

(2)收入 y 对消费 c 进行回归分析。

(3)画出消费函数回归残差序列图,判断是否存在线性回归的定式偏差问题,如果有,可能是哪种?

表 4-1 某地消费函数相关数据   单位:10 亿美元

年度	y	c	年度	y	c
1950	791.8	733.2	1968	1 551.3	1 405.9
1951	819.0	748.7	1969	1 599.8	1 456.7
1952	844.3	771.4	1970	1 688.1	1 492.0
1953	880.0	802.5	1971	1 728.4	1 538.8
1954	894.0	822.7	1972	1 797.4	1 621.9
1955	944.5	873.8	1973	1 916.3	1 689.6
1956	989.4	899.8	1974	1 896.6	1 674.0
1957	1 012.1	919.7	1975	1 931.7	1 711.9
1958	1 028.8	932.9	1976	2 001.0	1 803.9
1959	1 067.2	979.4	1977	2 066.6	1 883.8
1960	1 091.1	1 005.1	1978	2 167.4	1 961.0
1961	1 123.2	1 025.2	1979	2 212.6	2 004.4
1962	1 170.2	1 069.0	1980	2 214.3	2 000.4
1963	1 207.3	1 108.4	1981	2 248.6	2 024.2
1964	1 291.0	1 170.6	1982	2 261.5	2 050.7
1965	1 365.7	1 236.4	1983	2 334.6	2 145.9
1966	1 431.3	1 298.9	1984	2 468.4	2 239.9
1967	1 493.2	1 337.7	1985	2 509.0	2 312.6

2. 在对某地1940—1950年消费和可支配收入之间关系的研究中,得到表 4-2 中的数据。请问上述数据进行线性回归分析是否有异常值问题。

表 4-2 某地 1940—1950 年的可支配收入和消费   单位:10 亿美元

年度	y	c	年度	y	c
1940	791.8	733.2	1946	989.4	899.8
1941	819.0	748.7	1947	1 551.3	1 405.9
1942	844.3	771.4	1948	1 599.8	1 456.7
1943	880.0	802.5	1949	1 688.1	1 492.0
1944	894.0	822.7	1950	1 728.4	1 538.8
1945	944.5	873.8			

异 方 差

◎ **学习目的与要求**

（1）理解异方差的性质。

（2）了解异方差产生的后果。

（3）掌握检验异方差的方法。

（4）掌握出现异方差后采取的补救措施。

◎ **重点**

检验异方差的方法以及采取的补救措施。

◎ **难点**

如何发现异方差及出现异方差后采取的补救措施。

微课：异方差

导 读

根据高斯-马尔科夫定理,当古典线性回归模型满足所有假定时,最小二乘估计量是最优线性无偏估计量(BLUE)。而一旦古典假定得不到满足,则 OLS 估计量将不再是 BLUE。本章将讨论作为古典线性回归模型假定之一的同方差性假定得不到满足时,OLS 估计量会具备什么性质,如何检验一个回归模型是否存在异方差性,以及如何对出现异方差的模型进行补救。

第一节 异方差的概念

经典线性回归模型的重要假定之一是同方差性假定。对于多元线性回归模型:

$$y_i = \beta_0 + \beta_1 x_{i1} + \beta_2 x_{i2} + \cdots + \beta_k x_{ik} + \varepsilon_i (i = 1, \cdots, n) \tag{5-1}$$

同方差性假定是指每个 ε_i 围绕其 0 均值的方差不随解释变量 x_i 的变化而变化,不论解释变量的观察值是大还是小,每个 ε_i 的方差保持相同,即:

$$\text{Var}(\varepsilon_i) = \sigma^2 = 常数, i = 1, 2, \cdots, n \tag{5-2}$$

但这条假设也不一定满足,也就是说线性回归模型中的误差项方差 σ^2 有可能随 x_i 的变化而变化,即不为一个常数,这时候线性回归模型存在异方差或异方差性(heteroskedasticity),可表示为:

$$\text{Var}(\varepsilon_i) = \sigma_i^2, i = 1, 2, \cdots, n \tag{5-3}$$

用矩阵形式,可表示为:

$$\text{Var}[\varepsilon \mid X] = E[\varepsilon - E(\varepsilon)][\varepsilon - E(\varepsilon)]' = \begin{pmatrix} \sigma_1^2 & 0 & \cdots & 0 \\ 0 & \sigma_2^2 & \cdots & 0 \\ \vdots & \vdots & \vdots & \vdots \\ 0 & 0 & \cdots & \sigma_n^2 \end{pmatrix} = \sigma^2 \boldsymbol{\Omega} \neq \sigma^2 I_n$$

$$\tag{5-4}$$

其中:

$$\varepsilon = (\varepsilon_1, \varepsilon_2, \cdots, \varepsilon_n)' \tag{5-5}$$

$$\boldsymbol{\Omega} = \begin{pmatrix} \omega_1 & 0 & \cdots & 0 \\ 0 & \omega_2 & \cdots & 0 \\ \vdots & \vdots & \vdots & \vdots \\ 0 & 0 & \cdots & \omega_n \end{pmatrix} \tag{5-6}$$

Ω 是一个对称正定矩阵。

图形上看，双变量回归模型中的同方差性可以表示为图 5-1。以给定 x_i 为条件的 y_i 的条件方差（等于 ε_i 的条件方差），不管变量 x_i 取什么值，都保持不变。

与此对照，图 5-2 表明，y_i 的条件方差随 x_i 增加而增加。

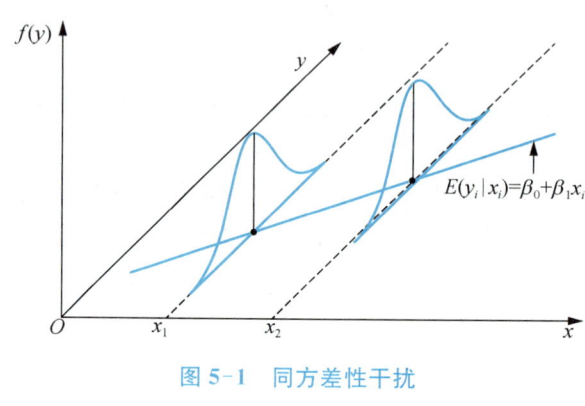

图 5-1　同方差性干扰

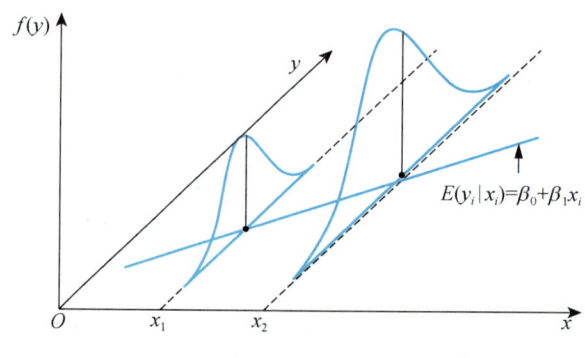

图 5-2　异方差性干扰

异方差性问题在横截面数据中比时间序列数据中更为常见。我们来看实际经济生活中几个异方差的例子。

例 5-1　在截面资料下研究居民家庭的储蓄行为，其模型为：

$$y_i = \beta_0 + \beta_1 x_i + \varepsilon_i (i = 1, \cdots, n) \tag{5-7}$$

式（5-7）中：y_i 为第 i 个家庭的储蓄额；x_i 为第 i 个家庭的可支配收入。

对较高收入家庭来说，他们的储蓄有更大的差异；而较低收入家庭的储蓄则更有规律性（如为某一特定目的而储蓄），差异较小。因此，在模型式（5-7）中，ε_i 的方差往往随 x_i 的增加而增加，呈单调递增型变化。

例 5-2　基于绝对收入假设、以截面数据为样本建立居民消费函数，其模型为：

$$C_i = \beta_0 + \beta_1 Y_i + \varepsilon_i (i = 1, \cdots, n) \tag{5-8}$$

我们将居民按照收入 Y_i 等距离分成 n 组，取组平均数为样本观测值。一般情况下：居民收入服从正态分布，处于中等收入组中的人数最多，处于两端收入组中的人数最少。人数多的组平均数的误差小，人数少的组平均数的误差大。观测误差是随机干扰项的一部分。所以随机误差项的方差随着解释变量观测值的增大而先减后增。

例 5-3 以某一行业的企业为样本建立生产函数模型,其模型为:

$$Y_i = A_i^{\beta_1} K_i^{\beta_2} L_i^{\beta_3} e^{\varepsilon_i} \tag{5-9}$$

产出量 Y 为被解释变量,选择资本 K、劳动 L、技术 A 等投入要素为解释变量。那么,每个企业所处的外部环境对产出量的影响被包含在随机误差项中。由于每个企业所处的外部环境对产出量的影响程度不同,造成了随机误差项的异方差性。这时,随机误差项的方差并不随某一个解释变量观测值的变化而呈规律性变化,而是为复杂型的一种。

第二节 异方差的后果

如果计量模型存在异方差性,那么高斯-马尔科夫定理将不再成立,最小二乘估计量也不再是 BLUE 估计量。具体来讲,在异方差存在的情况下,对计量模型的影响有以下五种后果。

1. OLS 估计量依然是线性无偏估计量,且具备一致性

我们在证明 OLS 估计量的线性性和无偏性的时候,并未用到同方差的假定。证明过程参见本教材式(3-22)和式(3-23)。因此,异方差不会导致 OLS 估计量出现偏误或产生不一致。

2. OLS 估计量将不再具备有效性

我们此时无法证明 OLS 估计量的方差在所有同一参数的线性无偏估计量中是最小的。

假定有如下一元线性回归模型:

$$y_i = \beta_0 + \beta_1 x_i + \varepsilon_i \tag{5-10}$$

其中:

$$\text{Var}(\varepsilon_i) = \sigma_i^2$$

斜率估计量 b_1 的方差为:

$$\text{Var}(b_1) = E[b_1 - E(b_1)]^2 = E(b_1 - \beta_1)^2 = E(\beta_1 + \sum_i \lambda_i \varepsilon_i - \beta_1)^2$$

$$= E(\sum_i \lambda_i \varepsilon_i)^2$$

$$= E(\lambda_1^2 \varepsilon_1^2 + 2\lambda_1 \varepsilon_1 \lambda_2 \varepsilon_2 + 2\lambda_1 \varepsilon_1 \lambda_3 \varepsilon_3 + \cdots + \lambda_n^2 \varepsilon_n^2) \tag{5-11}$$

因为:

$$\text{Cov}(\varepsilon_i, \varepsilon_j) = E\varepsilon_i \varepsilon_j = 0 \,(\text{当 } i \neq j \text{ 时}) \tag{5-12}$$

所以:

$$\text{Var}(b_1) = E\sum_i (\lambda_i \varepsilon_i)^2 = \sum_i \lambda_i^2 E(\varepsilon_i)^2 \tag{5-13}$$

当随机误差项满足同方差时,$E\varepsilon_i^2 = \sigma^2$,所以有:

$$\text{Var}(b_1) = \sigma^2 \sum_i \lambda_i^2 = \frac{\sigma^2}{\sum_i (x_i - \bar{x})^2} \tag{5-14}$$

但是，当模型存在异方差时：

$$E\varepsilon_i^2 = \sigma_i^2 \neq \sigma^2 \tag{5-15}$$

则：

$$\text{Var}(b_1) = \sum_i \lambda_i^2 \sigma_i^2 = \frac{\sum_i (x_i - \bar{x})^2 \sigma_i^2}{\left[\sum_i (x_i - \bar{x})^2\right]^2} \tag{5-16}$$

可见，异方差假定下的常用方差与真实的方差不相等。当然，也不能再利用以前的方法证明真实的方差是最小的方差。

如果我们用矩阵表达，在同方差的假设下，b 的方差为：

$$\text{Var}(b \mid X) = \sigma^2 (X'X)^{-1} \tag{5-17}$$

在异方差的假设下：

$$\begin{aligned}
\text{Var}(\varepsilon \mid X) &= \sigma^2 \boldsymbol{\Omega} \neq \sigma^2 I_n, \\
\text{Var}(b \mid X) &= \text{Var}[\beta + (X'X)^{-1} X'\varepsilon \mid X] \\
&= \text{Var}[(X'X)^{-1} X'\varepsilon \mid X] \\
&= (X'X)^{-1} X' \text{Var}(\varepsilon \mid X) X (X'X)^{-1} \\
&= (X'X)^{-1} X' (\sigma^2 \boldsymbol{\Omega}) X (X'X)^{-1} \\
&= \sigma^2 (X'X)^{-1} (X'\boldsymbol{\Omega}X)(X'X)^{-1}
\end{aligned} \tag{5-18}$$

此时 b 的方差与式(5-17)也不同。

那么，参数估计量的最小方差是由 $\sigma^2 (X'X)^{-1} (X'\boldsymbol{\Omega}X)(X'X)^{-1}$ 给出的吗？回答是否定的。这里给出一个解释：一般来说，方差较大的数据包含的信息量较小，方差较小的数据包含的信息量较大。但 OLS 估计却对每一观测值同样重视。因此，整体而言，异方差的存在使得 OLS 的估计效率降低。本章后面将要介绍的加权最小二乘法正是通过对不同数据所包含信息量的不同进行相应的处理（如给予信息量大的数据更大的权重，信息量小的数据更小的权重），从而提高估计效率。

3. 常用的随机误差项方差的估计公式是真实随机误差项方差的有偏估计

我们用一元线性回归模型举例说明。

$$y_i = \beta_0 + \beta_1 x_i + \varepsilon_i \tag{5-19}$$

其中：

$$\text{Var}(\varepsilon_i) = \sigma_i^2 \tag{5-20}$$

$$\begin{aligned}
S^2 &= \frac{\sum e_i^2}{n-2} = \frac{\sum e_i^2}{n-2} = \frac{\sum (y_i - \hat{y}_i)}{n-2} \\
&= \frac{\sum \left[(\beta_0 + \beta_1 x_i + \varepsilon_i) - (b_0 + b_1 x_i)\right]^2}{n-2} \\
&= \frac{\sum \left[-(b_0 - \beta_0) - (b_1 - \beta_1) x_i + \varepsilon_i\right]^2}{n-2}
\end{aligned} \tag{5-21}$$

$$-(b_0-\beta_0)=-(\bar{y}-b_1\bar{x})+(\bar{y}-\beta_1\bar{x}-\bar{\varepsilon})=(b_1-\beta_1)\bar{x}-\bar{\varepsilon} \qquad (5\text{-}22)$$

将式(5-22)代入式(5-21)中,可得:

$$S^2=\frac{\sum[-(b_1-\beta_1)(x_i-\bar{x})+(\varepsilon_i-\bar{\varepsilon})]^2}{n-2} \qquad (5\text{-}23)$$

对式(5-23)两边求期望,可得:

$$
\begin{aligned}
E(S^2)&=\frac{1}{n-2}\Big\{\sum(x_i-\bar{x})^2\mathrm{var}(b_1)+E\Big[\sum(\varepsilon_i-\bar{\varepsilon})^2\Big]\Big\}\\
&=\frac{1}{n-2}\Big\{-\frac{\sum(x_i-\bar{x})^2\sigma_i^2}{\big[\sum(x_i-\bar{x})^2\big]^2}+\frac{(n-1)\sum\sigma_i^2}{n}\Big\}
\end{aligned}\qquad (5\text{-}24)
$$

若存在同方差性,即对每个 i 都有 $\sigma_i^2=\sigma^2$,则 $E(S^2)=\sigma^2$。而在异方差的情况下,$E(S^2)\neq\sigma^2$。常用的随机误差项方差的估计公式 $S^2=\dfrac{\sum e_i^2}{n-2}$ 的期望值不再等于真实的 σ^2。

4. 常用的 t 检验和 F 检验将失去意义

存在异方差时,最小二乘估计的方差是 $\sigma^2(X'X)^{-1}(X'\boldsymbol{\Omega}X)(X'X)^{-1}$,不再是 $\sigma^2(X'X)^{-1}$。那么,基于 $s^2(X'X)^{-1}$ 的统计推断可能存在误导性。我们可以从两个方面来看,一是通常无法知道 $\sigma^2(X'X)^{-1}$ 是大于还是小于 b 的真实方差,它依赖于 σ_i^2 的变化与解释变量 x 取值之间的关系。所以即使 σ^2 估计值较好,最小二乘估计方差的常规估计量 $\sigma^2(X'X)^{-1}$ 可能也不会特别有用。二是异方差出现时,通常作为 σ^2 估计量的 $s^2=e'e/(n-k-1)$ 的期望值不再等于 σ^2。由于 OLS 估计量的标准误直接以这些方差为基础,所以在出现异方差时,它们都不能用来构造 t 统计量。通常 OLS 的 t 统计量不具有 t 分布,使用大样本容量也不能解决这个问题。类似的,F 统计量也不再服从 F 分布。我们在高斯-马尔科夫定理下用来检验假设的统计量都不再成立。

5. 模型的预测失效

一方面由于上述后果,使得模型不具有良好的统计性质;另一方面在预测值的置信区间中也包含有参数方差的估计量。所以,当模型出现异方差性时,如果我们仍然使用 OLS 估计量,将导致预测区间偏大或偏小,模型的预测功能失效。

第三节 异方差的检验

异方差就是相对于不同的解释变量观测值,随机误差项具有不同的方差。那么检验异方差,也就是检验随机误差项的方差与解释变量观测值之间的相关性及其相关的"形式"。由于随机误差项是不可观测的,我们试图用能观测到的 OLS 残差作为随机误差项的"近似估计量"。

一、图形法

1. $x - y$ 散点图

以一元线性回归为例,我们通过 $x - y$ 的散点图可以看出随机误差项是否可能存在异方差。图 5-3 给出了随着 x 的增加,$x - y$ 散点图的几种可能情况:

图 5-3(a)中,散点分布的区域均匀,说明可能是同方差。

图 5-3(b)中,散点分布的区域变宽,说明可能存在递增型异方差。

图 5-3(c)中,散点分布的区域变窄,说明可能存在递减型异方差。

图 5-3(d)中,散点分布偏离带状区域,说明可能存在复杂型异方差。

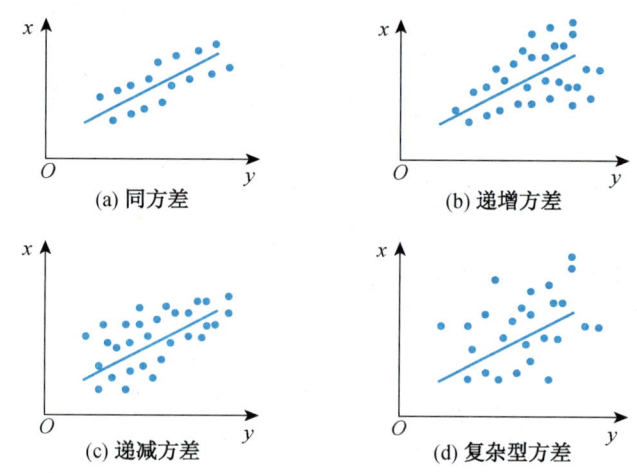

图 5-3 $x - y$ 散点图对应不同类型的方差

2. $x - e_i^2$ 散点图

如果对异方差的性质没有任何先验或经验信息,我们可以先在无异方差的假定下做回归分析,然后对残差平方做检查,看它们是否呈现出任何系统性的样式。具体做法是将残差(或残差平方)对某个解释变量(或 y 的拟合值)做散点图(见图 5-4)。

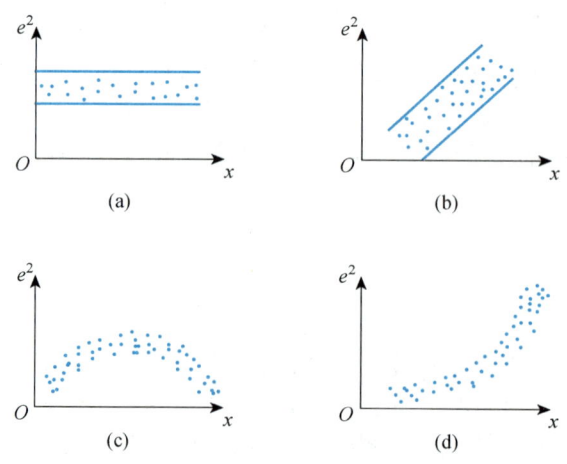

图 5-4 $x - e_i^2$ 残差平方散点图的几种情况分析

图 5-4(a)中,残差平方与 x 没有系统联系,数据可能没有异方差。图 5-4(b)表明残差平方与 x 之间有线性关系。图 5-4(c)和(d)则表示二次关系。

图形法虽然直观简便,但有时无法做出明确的判断。特别是在残差分布形态不很典型时,我们很难得出准确的结论。为此,接下来我们将介绍更为严谨的检验方法。

二、戈德-夸特检验

戈德-夸特检验是 Goldfeld 和 Quandt 于 1965 年提出,以 F 检验为基础,适用于大样本、方差递增或递减的情况的一种判断方法。

1. 戈德-夸特检验的基本思想

戈德-夸特检验的基本思想为:先按某一解释变量对样本排序,再将排序后的样本一分为二,对两个子样本分别进行 OLS 回归,然后利用两个子样本的残差平方和之比构造 F 统计量进行异方差检验。

2. 戈德-夸特检验的步骤

步骤 1:选择某一被认为可能引起异方差的解释变量,按该解释变量值从小到大的顺序将 n 组样本观测值排序。

步骤 2:将序列中间的约 $c=n/4$ 个观测值去掉,使剩余样本数为偶数,并将剩下的样本划分为容量相同的两个子样本,每个子样本容量均为 $(n-c)/2$。

步骤 3:对两个子样本分别进行 OLS 回归,并计算各自的残差平方和。分别用 $\sum e_{1i}^2$ 和 $\sum e_{2i}^2$ 表示数值较小和较大的残差平方和。

步骤 4:在同方差性假定下,构造如下满足 F 分布的统计量:

$$F = \frac{\sum e_{2i}^2 \Big/ \left(\dfrac{n-c}{2}-k-1\right)}{\sum e_{1i}^2 \Big/ \left(\dfrac{n-c}{2}-k-1\right)} \sim F\left(\frac{n-c}{2}-k-1, \frac{n-c}{2}-k-1\right) \tag{5-25}$$

式(5-25)中:自由度均为 $\dfrac{n-c}{2}-k-1$;k 为模型中解释变量的个数。

步骤 5:给定显著性水平 α,确定临界值 $F_\alpha\left(\dfrac{n-c}{2}-k-1, \dfrac{n-c}{2}-k-1\right)$。

若 $F > F_\alpha\left(\dfrac{n-c}{2}-k-1, \dfrac{n-c}{2}-k-1\right)$,则拒绝同方差性假设,表明存在异方差。

若 $F < F_\alpha\left(\dfrac{n-c}{2}-k-1, \dfrac{n-c}{2}-k-1\right)$,则不能拒绝同方差性假设,表明不存在异方差。

在检验存在异方差之后,我们还可根据两个残差平方和对应子样本的顺序判断异方差是递增型的还是递减型的。如果解释变量较大的那组子样本得到的残差平方和较大(为 $\sum e_{2i}^2$),解释变量较小的那组子样本得到的残差平方和较小(为 $\sum e_{1i}^2$),那么此异方差是递增型异方差。如果情况正好相反,解释变量较大的那组子样本得到的残差平方和反而较小(为 $\sum e_{1i}^2$),解释变量较小的那组子样本得到的残差平方和较大(为

$\sum e_{2i}^2$），那么此异方差是递减型异方差。

但是，戈德-夸特检验也有一定的局限，它无法检验复杂型异方差，也无法确定异方差的具体形式。

三、帕克检验和戈里瑟检验

帕克（Park）检验和戈里瑟（Glejser）检验是由帕克和戈里瑟于 1969 年提出的检验方法。其基本原理都是通过建立残差序列对解释变量的（辅助）回归模型，判断随机误差项的方差与解释变量之间是否存在着较强的相关关系，进而判断是否存在异方差性。

1. 帕克检验

帕克认为 σ_i^2 是解释变量 x_i 的某个函数。他建议的函数形式是：$\sigma_i^2 = \sigma^2 x_i^\alpha e^{v_i}$ 或者 $\ln \sigma_i^2 = \ln \sigma^2 + \alpha \ln x_i + v_i$，其中 v_i 是随机误差项。

由于 σ_i^2 是未知的，帕克用 e_i^2 作为替代变量并做回归，公式为：

$$\ln e_i^2 = \ln \sigma^2 + \alpha \ln x_i + v_i \tag{5-26}$$

若 α 在统计上是显著的，则表明数据存在异方差性。如果它不显著，则接受同方差性假设。

2. 戈里瑟检验

戈里瑟检验是在从 OLS 回归取得残差之后，用残差的绝对值对被认为与 σ_i^2 有密切相关的 x 变量做回归的一种检验方法。

通常拟合的回归模型为：

$$|e_i| = \alpha_0 + \alpha_0 x_i^h + v_i \quad (h = \pm 1, \pm 2, \pm \frac{1}{2}, \cdots) \tag{5-27}$$

式（5-27）包括以下多种形式：

$$|e_i| = \alpha_0 + \alpha_1 x_i + v_i \tag{5-28}$$

$$|e_i| = \alpha_0 + \alpha_1 x_i^2 + v_i \tag{5-29}$$

$$|e_i| = \alpha_0 + \alpha_1 \frac{1}{x_i} + v_i \tag{5-30}$$

$$|e_i| = \alpha_0 + \alpha_1 \sqrt{x_i} + v_i \tag{5-31}$$

$$|e_i| = \alpha_0 + \alpha_1 \frac{1}{\sqrt{x_i}} + v_i \tag{5-32}$$

式（5-27）中：v_i 是随机误差项。若 α_1 在统计上是显著的，则表明模型存在异方差性。如果它不显著，则接受同方差性假设。而且异方差的具体模式可以根据上述残差绝对值与 x_i 的回归方程判断。

可以看到，帕克检验和戈里瑟检验在识别、确定异方差类型方面更有效。

四、怀特检验

怀特（White）检验是由怀特于 1980 年提出一种检验方法。怀特检验不需要排序，且适合任何形式的异方差,它可能是对纯粹异方差的一个检验,或者是对模型设定偏误的一个检验,或者兼而有之。已经被证明,若怀特检验程序中没有出现交叉项,则是对纯粹异方差性的检验;若出现交叉项,则既是对异方差又是对设定偏误的检验。

下面我们以两个解释变量的回归模型为例说明怀特检验的思路和步骤。

假设回归模型为:

$$y_i = \beta_0 + \beta_1 x_{i1} + \beta_2 x_{i2} + \varepsilon_i \tag{5-33}$$

步骤 1:根据给定的样本数据,对模型式(5-33)做 OLS 回归,得到残差 e_i。

步骤 2:再做如下辅助回归:

$$e_i^2 = \alpha_0 + \alpha_1 x_{i1} + \alpha_2 x_{i2} + \alpha_3 x_{i1}^2 + \alpha_4 x_{i2}^2 + \alpha_5 x_{i1} x_{i2} + v_i \tag{5-34}$$

即做残差平方对常数项、原回归模型中的所有解释变量、所有解释变量平方项及其交叉乘积项的回归。我们从这个回归中得到可决系数 R^2。

步骤 3:在大样本下,对统计量 nR^2 进行 χ^2 检验。

可以证明,在同方差性的假设下,从辅助回归中得到可决系数 R^2 与样本容量 n 的乘积(即 nR^2,我们称之为怀特统计量)渐进地服从自由度为辅助回归方程中解释变量个数 m 的 χ^2 分布:

$$nR^2 \xrightarrow{d} \chi^2(m) \tag{5-35}$$

我们给定显著性水平 α,确定临界值 $\chi_\alpha^2(m)$。

若 $nR^2 \geqslant \chi_\alpha^2(m)$,拒绝原假设,即拒绝"不存在异方差",模型存在异方差。

若 $nR^2 < \chi_\alpha^2(m)$,不能拒绝原假设,模型不存在异方差。

当模型的解释变量比较多时,如果引进所有的解释变量,那么它们的平方(或更高次方)项以及它们的交叉乘积就会迅速消耗掉许多自由度。因此,我们在使用怀特检验时要保持警觉。

第四节　异方差的处理

一、加权最小二乘法

加权最小二乘法(weighted least squares,WLS)是对原模型加权,使之变成一个新的不存在异方差性的模型,然后采用普通最小二乘法估计新模型的参数的方法。加权的基本思想是:在采用 OLS 方法时,对较小的残差平方赋予较大的权重,对较大的残差平方赋予较小的权重,以对残差提供信息的重要程度进行校正,提高参数估计的精度。使用 WLS 需要一个前提条件,即除一个常数倍数外,异方差是已知的。

(1)考虑线性回归模型:

$$y_i = \beta_0 + \beta_1 x_{i1} + \cdots + \beta_k x_{ik} + \varepsilon_i \tag{5-36}$$

加权最小二乘法就是最小化"加权的残差平方和",即:

$$\min \sum_{i=1}^{n} W_i \left[y_i - (\hat{\beta}_0 + \hat{\beta}_1 x_{i1} + \cdots + \hat{\beta}_k x_{ik}) \right]^2 \tag{5-37}$$

式(5-37)中:W_i 为权重。那么,该如何得到权重呢?

假设我们在检验过程中已经知道:

$$\mathrm{Var}(\varepsilon_i) = \sigma_i^2 = f(x_{ji})\sigma^2 \tag{5-38}$$

式(5-38)中:$f(x_{ji})$ 为解释变量 x_j 的某种函数,并决定着随机干扰项的异方差性。我们在本小节中假定函数 $f(x_{ji})$ 为已知。虽然总体参数 σ^2 未知,但我们能把它从数据样本中估计出来。

我们将原模型的两边同时乘以权重 $w_i = 1/\sqrt{f(x_{ji})}$,得到新模型:

$$\frac{y_i}{\sqrt{f(x_{ji})}} = \beta_0 \frac{1}{\sqrt{f(x_{ji})}} + \beta_1 \frac{x_{i1}}{\sqrt{f(x_{ji})}} + \cdots + \beta_k \frac{x_{ik}}{\sqrt{f(x_{ji})}} + \frac{\varepsilon_i}{\sqrt{f(x_{ji})}}$$

$$\tag{5-39}$$

新模型随机误差项的方差为:

$$\mathrm{Var}\left[\frac{\varepsilon_i}{\sqrt{f(x_{ji})}} \right] = \left[\frac{1}{\sqrt{f(x_{ji})}} \right]^2 \mathrm{Var}(\varepsilon_i) = \frac{1}{f(x_{ji})} f(x_{ji})\sigma^2 = \sigma^2 \tag{5-40}$$

显然,新模型满足同方差性。于是,我们对新模型可以用普通最小二乘法估计其参数为:

$$\min \sum_{i=1}^{n} \left[\frac{y_i}{\sqrt{f(x_{ji})}} - \left(\frac{\hat{\beta}_0}{\sqrt{f(x_{ji})}} + \frac{\hat{\beta}_1}{\sqrt{f(x_{ji})}} x_{i1} + \cdots + \frac{\hat{\beta}_k}{\sqrt{f(x_{ji})}} x_{ik} \right) \right]^2$$

$$= \sum_{i=1}^{n} \left\{ \frac{1}{\sqrt{f(x_{ji})}} \left[y_i - (\hat{\beta}_0 + \hat{\beta}_1 x_{i1} + \cdots + \hat{\beta}_k x_{ik}) \right] \right\}^2 \tag{5-41}$$

$$= \sum_{i=1}^{n} \frac{1}{f(x_{ji})} \left[y_i - (\hat{\beta}_0 + \hat{\beta}_1 x_{i1} + \cdots + \hat{\beta}_k x_{ik}) \right]^2$$

可以发现,新模型的残差平方和相当于原模型残差平方的每一项都乘一个权重再求和,权重 $W_i = \dfrac{1}{f(x_{ji})}$,而在对原模型进行变形时,模型两边需要同时乘的权重为 $w_i = 1/\sqrt{f(x_j)}$。这是两个不同的权重,请大家注意区分。

(2)我们也可以将原模型的两边同时乘以 $\dfrac{1}{\sigma_i}$,得到新模型:

$$\frac{y_i}{\sigma_i} = \beta_0 \frac{1}{\sigma_i} + \beta_1 \frac{x_{i1}}{\sigma_i} + \cdots + \beta_k \frac{x_{ik}}{\sigma_i} + \frac{\varepsilon_i}{\sigma_i} \tag{5-42}$$

新模型随机误差项的方差为:

$$\mathrm{Var}\left[\frac{\varepsilon_i}{\sigma_i} \right] = \frac{1}{\sigma_i^2} \mathrm{Var}(\varepsilon_i) = \frac{1}{\sigma_i^2} \sigma_i^2 = 1 \tag{5-43}$$

也满足同方差性。此时，我们也可以用普通最小二乘法估计新模型的参数为：

$$\min \sum_{i=1}^{n} \left[\frac{y_i}{\sigma_i} - \left(\frac{\hat{\beta}_0}{\sigma_i} + \frac{\hat{\beta}_1}{\sigma_i} x_1 + \cdots + \frac{\hat{\beta}_k}{\sigma_i} x_k \right) \right]^2$$

$$= \sum_{i=1}^{n} \frac{1}{\sigma_i^2} \left[y_i - (\hat{\beta}_0 + \hat{\beta}_1 x_{i1} + \cdots + \hat{\beta}_k x_{ik}) \right]^2 \tag{5-44}$$

式(5-44)中：对原模型进行加权的权重 $w_i = \frac{1}{\sigma_i}$；残差平方的权重 $W_i = \frac{1}{\sigma_i^2}$。

（3）那么，如何求解加权最小二乘法的估计量？一般情况下，对于模型：

$$y = X\beta + \varepsilon \tag{5-45}$$

存在：

$$E(\varepsilon|X) = 0, \quad \mathrm{Var}(\varepsilon|X) = \sigma^2 \boldsymbol{\Omega} \tag{5-46}$$

$$\boldsymbol{\Omega} = \begin{bmatrix} \omega_1 & 0 & \cdots & 0 \\ 0 & \omega_2 & \cdots & 0 \\ \vdots & \vdots & \vdots & \vdots \\ 0 & 0 & \cdots & \omega_n \end{bmatrix} \tag{5-47}$$

显然，$\boldsymbol{\Omega}$ 是一个对称正定矩阵，因此存在一个可逆矩阵 $\boldsymbol{D}$，使得：

$$\boldsymbol{\Omega} = \boldsymbol{DD}' \tag{5-48}$$

我们用 D^{-1} 左乘方程式(5-45)的两边，得到一个新的模型：

$$D^{-1}y = D^{-1}X\beta + D^{-1}\varepsilon \tag{5-49}$$

如果令 $y_* = D^{-1}y$，$X_* = D^{-1}X$，$\varepsilon_* = D^{-1}\varepsilon$，那么式(5-49)可表示为：

$$y_* = X_* \beta + \varepsilon_* \tag{5-50}$$

该方程具有同方差性，因为：

$$\begin{aligned} E(\varepsilon_* \varepsilon_*') &= E[D^{-1}\varepsilon \varepsilon'(D^{-1})'] \\ &= D^{-1}E(\varepsilon \varepsilon')(D^{-1})' \\ &= D^{-1}\sigma^2 \boldsymbol{\Omega}(D^{-1})' \\ &= D^{-1}\sigma^2 \boldsymbol{DD}'(D^{-1})' = \sigma^2 I \end{aligned} \tag{5-51}$$

于是，可以用 OLS 法估计新模型，可得：

$$\begin{aligned} \hat{\beta}_* &= (X_*' X_*)^{-1} X_*' y \\ &= [X'(D^{-1})'D^{-1}X]^{-1} X'(D^{-1})'D^{-1}y \\ &= (X'\boldsymbol{\Omega}^{-1}X)^{-1} X'\boldsymbol{\Omega}^{-1}y \end{aligned} \tag{5-52}$$

我们得到的是线性、无偏、有效的估计量，即 BLUE 估计量。先将原始变量转换成满足经典模型假设的转换变量，然后对它们使用 OLS 程序，叫作广义最小二乘法（generalized least squares），这样得到的估计量叫作 GLS 估计量。这种纠正异方差性的 GLS 估计量又被称为 WLS 估计量。WLS 只不过是更为一般的估计方法 GLS 的一种特殊情形。在异方差的讨论中，WLS 和 GLS 两词可以交换使用。

二、可行加权最小二乘法

使用加权最小二乘法虽然可以得到 BLUE 估计，但前提是必须确切的知道个体方差 σ_i^2。而在实践中，我们通常不知道 σ_i^2，或者说我们很难找到已知的函数 $f(x_{ji})$。因此，加权最小二乘法事实上不可行(infeasible)。一个解决方法是：在 GLS 变换中，先用样本数据估计出 $\hat{\sigma}_i^2$，然后再使用加权最小二乘法，得到一个估计量。这种方法称为可行加权最小二乘法(feasible WLS，FWLS)。

我们建立一个模型：

$$\ln e_i^2 = \delta_0 + \delta_1 x_{i1} + \cdots + \delta_k x_{ik} + v_i \tag{5-53}$$

式(5-53)中：e_i^2 为原方程的残差平方。我们通过对方程式(5-53)进行 OLS 回归，可以得到 $\ln e_i^2$ 的估计值，记为 $\ln \hat{\sigma}_i^2$，进而得到 $\hat{\sigma}_i^2 = \exp(\ln \hat{\sigma}_i^2)$，然后就可以进行加权最小二乘估计。具体做法可以是：在原方程的两边同时乘以 $1/\hat{\sigma}_i$，消除原方程的异方差性，再进行普通最小二乘估计。

三、OLS 估计后的异方差-稳健标准误

怀特曾证明，可以做出一种估计，它可以对真实的参数值做出渐进(大样本)有效的统计推断。现成的统计软件包在给出平常的 OLS 估计量方差和协方差的同时，也给出怀特的经异方差性校正的方差和标准误。这个标准误称为异方差-稳健标准误(heteroskedasticity-robust standard error)。

因此，如果样本足够大，对异方差的一种处理方法是，仍然进行 OLS 回归(OLS 估计量仍然无偏、一致且渐进正态)，获取稳健标准误，所有参数估计、假设检验均可照常进行。

为了解怀特对异方差修正后的标准误，我们考虑一元线性回归模型：

$$y_i = \beta_0 + \beta_1 x_i + \varepsilon_i$$
$$\mathrm{Var}(\varepsilon_i) = \sigma_i^2 \tag{5-54}$$

可以求得：

$$\mathrm{Var}(\hat{\beta}_1) = \sum_i \lambda_i^2 \sigma_i^2$$
$$= \frac{\sum_i (x_i - \bar{x})^2 \sigma_i^2}{\left[\sum_i (x_i - \bar{x})^2 \right]^2} \tag{5-55}$$

由于 σ_i^2 不能直接观测，所以怀特建议用残差平方 e_i^2 取代 σ_i^2，并估计 $\mathrm{Var}(\hat{\beta}_1)$ 如下：

$$\mathrm{Var}(\hat{\beta}_1) = \frac{\sum (x_i - \bar{x})^2 e_i^2}{\left[\sum (x_i - \bar{x})^2 \right]^2} \tag{5-56}$$

怀特证明，式(5-56)是式(5-55)的一致估计量，即随着样本容量的无限增加，式

(5-56)收敛于式(5-55)。式(5-56)的平方根就是 $\hat{\beta}_1$ 的异方差-稳健标准误。

在一般的多元回归模型中，$\text{Var}(\hat{\beta}_j)$ 的估计量为：

$$\text{Var}(\hat{\beta}_j) = \frac{\sum_{i=1}^{n} \hat{r}_{ij}^2 e_i^2}{RSS_j^2} \tag{5-57}$$

式(5-57)中：$\hat{r}_{ij}$ 为将 x_j 对所有其他自变量作回归得到的第 i 个残差；RSS_j^2 为这个回归的残差平方和。式(5-57)的平方根就是 $\hat{\beta}_j$ 的异方差-稳健标准误。

一旦得到了异方差-稳健标准误，构造一个异方差-稳健的 t 统计量就很容易。类似的，我们也可以得到异方差-稳健 F 统计量。

那么，异方差-稳健标准误在什么情况下适用呢？如果同方差假定成立，而且随机误差又服从正态分布，那么，无论样本容量大小如何，通常的 t 统计量都服从精确的 t 分布。而稳健标准误和稳健 t 统计量只有在样本容量越来越大时才能使用。在小容量的情况下，稳健 t 统计量的分布可能不是那么接近于 t 分布，从而使我们的推断可能犯错误。在大样本容量的情况下，我们就有理由在截面数据分析中总是只报告异方差-稳健标准误。

第五节 EViews 实例

表 5-1 给出了 1988 年美国 18 个产业群体研发支出和销售额的数据，所有数据都以百万美元计。我们可以使用如下模型：

$$R\&D_i = \beta_0 + \beta_1 sale_i + \varepsilon_i \tag{5-58}$$

表 5-1 美国的创新：1988 年美国研发（R&D）费用支出

单位：百万美元

工业群体	销售量 $sale$	研发费用 $R\&D$
1. 容器与包装	6 375.3	62.5
2. 非银行业金融	11 626.4	92.9
3. 服务行业	14 655.1	178.3
4. 金属与采矿	21 869.2	258.4
5. 住房与建筑	26 408.3	494.7
6. 一般制造业	32 405.6	1 083.0
7. 休闲娱乐	35 107.7	1 620.6
8. 纸张与林木纸品	40 295.4	421.7
9. 食品	70 761.6	509.2
10. 卫生保健	80 552.8	6 620.1
11. 宇航	95 294.0	3 918.6
12. 消费者用品	101 314.1	1 595.3

（续　表）

工业群体	销售量 sale	研发费用 R&D
13. 电器与电子产品	116 141.3	6 107.5
14. 化工产品	122 315.7	4 454.1
15. 五金	141 649.9	3 163.8
16. 办公设备与计算机	175 025.8	13 210.7
17. 燃料	230 614.5	1 703.8
18. 汽车	293 543.0	9 528.2

资料来源：古扎拉蒂《计量经济学基础》上册 397 页。

普通最小二乘法的估计结果如下：

$$R\hat{\&}D_i = 192.993 + 0.031\,9sale_i$$
$$se = (533.932)\quad(0.008\,3)$$
$$t = (0.361)\quad(3.843)$$
$$R^2 = 0.478\,3\quad F = 14.669$$

(5-59)

很显然，销售额对研发费用的影响显著为正。为了看出这个回归是否存在异方差问题，我们进行相关检验。

（1）图形分析。首先，看 $sale$-$R\&D$ 散点图（见图 5-5）。我们发现，散点分布的区域变宽，说明可能存在递增型异方差。其次，再看 $sale$-残差平方的散点图（见图 5-6），存在相同的趋势。

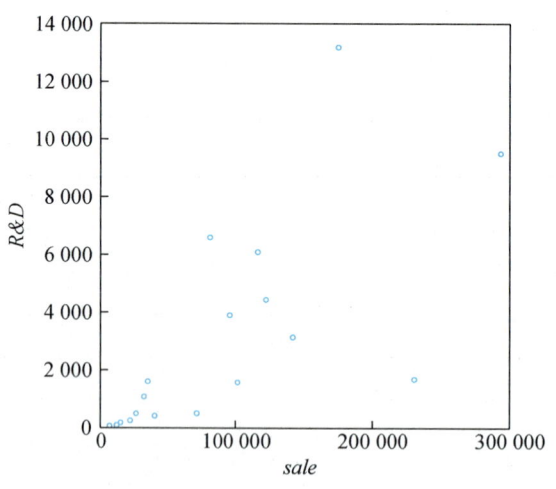

图 5-5　$sale$-$R\&D$ 散点图

接下来我们用规范的方法进行检验。

（2）戈德-夸特检验法。原始数据已经按照销售量 $sale$ 进行了排序。我们去掉中间 4 个数据，得到两个样本容量为 7 的子样本。我们对两个子样本分别作 OLS 回归，求各自的残差平方和。

子样本 1：

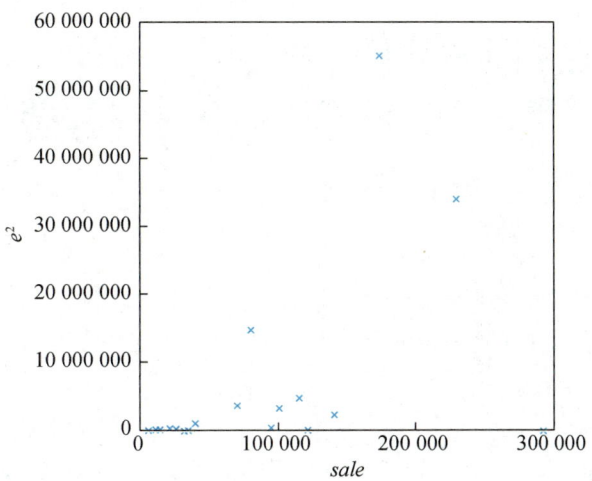

图 5-6 *sale*-残差平方散点图

$$R\hat{\&}D = -499.91 + 0.049sale \tag{5-60}$$
$$t = (-1.965) \quad (4.526) \quad RSS_1 = 412\ 586$$

子样本 2：

$$R\hat{\&}D = 1\ 928.04 + 0.022sale \tag{5-61}$$
$$t = (0.416) \quad (0.868) \quad RSS_2 = 97\ 356\ 910$$

我们计算 F 统计量。$F = \dfrac{RSS_2}{RSS_1} = \dfrac{97\ 356\ 910}{412\ 586} = 235.97 > F_{0.05}(5,5)$，所以存在异方差。

样本按解释变量 *sale* 从小到大的顺序排列，$RSS_2 > RSS_1$，所以存在递增的异方差。

（3）帕克检验：

$$\hat{e}_i^2 = -974.47 + 86.23sale_i \tag{5-62}$$
$$t = (-0.203)(2.136) \quad R^2 = 0.222$$

$t = 2.136$，残差平方与销售额之间存在着统计上显著的正相关，模型存在异方差。

（4）戈里瑟检验：

$$|\hat{e}_i| = 578.57 + 0.011\ 9sale_i \tag{5-63}$$
$$t = (0.852) \quad (2.088) \quad R^2 = 0.214$$

$t = 2.088$，残差的绝对值与销售额之间存在着统计上显著的正相关，说明原模型存在异方差。

（5）怀特检验。在普通最小二乘回归结果窗口，我们可以按照图 5-7 和图 5-8，在菜单中依次点击"Residual Diagnostics""Heteroskedasticity Tests"和"White"选项，找到怀特检验。

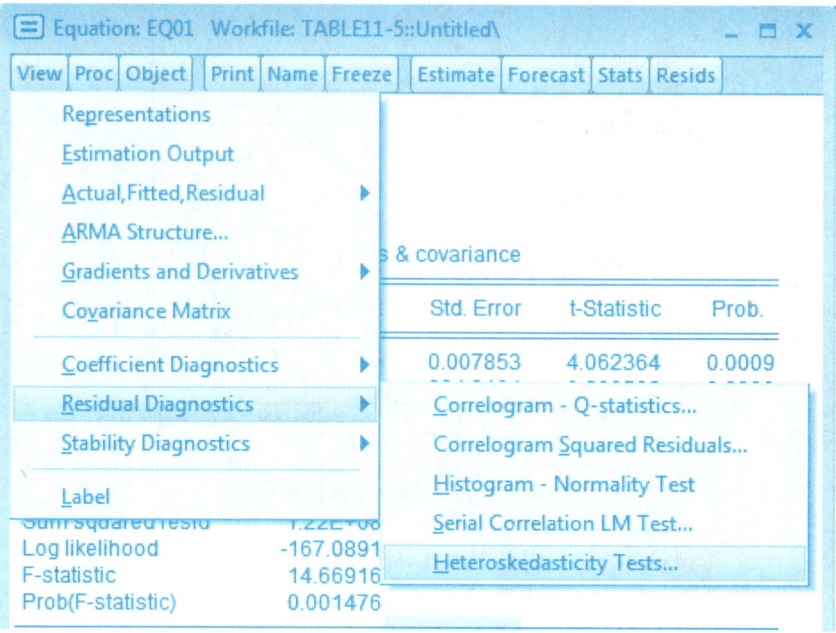

图 5-7 怀特检验菜单 1

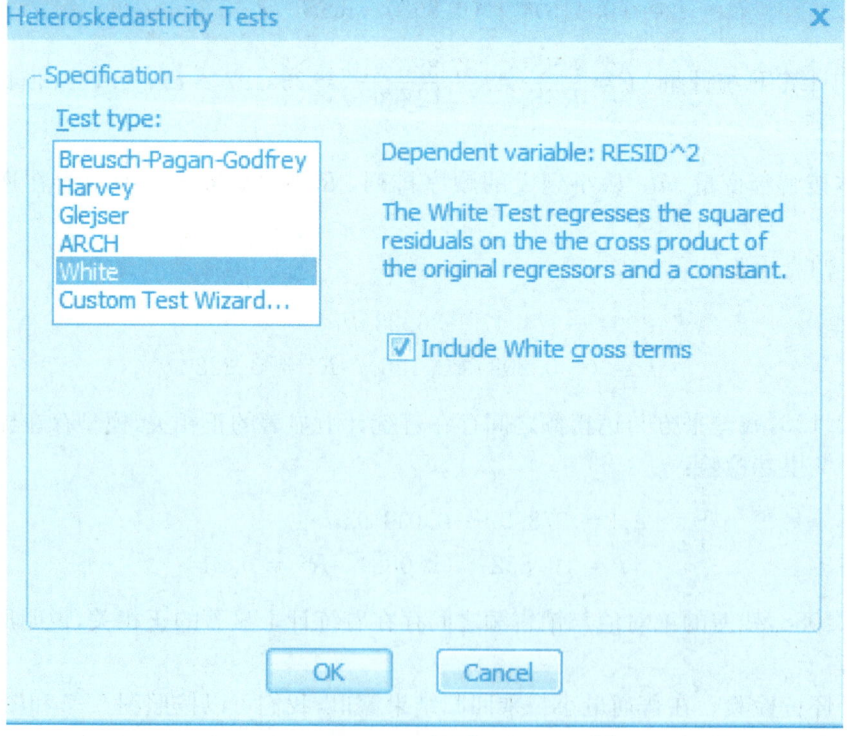

图 5-8 怀特检验菜单 2

我们做辅助回归,得到如下结果(见表5-2)。

表5-2 怀特检验结果

Heteroskedasticity Test: White

F-statistic	3. 057 178	Prob. F(2,15)	0. 077 0
Obs * R-squared	5. 212 492	Prob. Chi-Square(2)	0. 073 8
Scaled explained SS	9. 184 982	Prob. Chi-Square(2)	0. 010 1

Test Equation:
Dependent Variable: RESID^2
Method: Least Squares
Date: 04/08/20   Time: 21:26
Sample: 1 18
Included observations: 18

Variable	Coefficient	Std. Error	t-Statistic	Prob.
C	−621 966 5.	645 980 9.	−0. 962 825	0. 350 9
SALES	229. 350 8	126. 219 7	1. 817 077	0. 089 2
SALES^2	−0. 000 537	0. 000 449	−1. 194 952	0. 250 7

R-squared	0. 289 583	Mean dependent var	6 767 046
Adjusted R-squared	0. 194 861	S. D. dependent var	147 060 11
S. E. of regression	131 956 39	Akaike info criterion	35. 779 68
Sum squared resid	2. 61E+15	Schwarz criterion	35. 928 08
Log likelihood	−319. 017 1	Hannan-Quinn criter.	35. 800 14
F-statistic	3. 057 178	Durbin-Watson stat	1. 694 567
Prob(F-statistic)	0. 076975		

表5-2所示,$n=18$,$R^2=0.289\ 5$,所以怀特统计量 $nR^2=5.212$,在同方差的虚拟假设下,服从自由度为2的 χ^2 分布,得到大于等于5.212的一个 χ^2 值的 p 值为0.074。因此,在10%的显著性水平下,表明原模型存在异方差。

总之,基于图形分析、戈德-夸特、帕克、戈里瑟和怀特检验来看,我们在做R&D的回归中遇到了异方差问题。由于真实的误差项方差未知,我们还不能使用加权最小二乘法。根据 $sale$ 残差平方的散点图,误差项方差与销售额成比例,我们对原方差进行加权,权重为 $\dfrac{1}{\sqrt{sale}}$,得到如下结果(见表5-3,图5-9和图5-10)。

表5-3 加权最小二乘法回归结果

Dependent Variable: RD
Method: Least Squares
Date: 05/11/20   Time: 17:42
Sample: 1 18
Included observations: 18
Weighting series: SALES (−1/2)
Weight type: Inverse standard deviation (EViews default scaling)

Variable	Coefficient	Std. Error	t-Statistic	Prob.
C	−246. 676 9	381. 128 5	−0. 647 228	0. 526 7
SALES	0. 036 798	0. 007 114	5. 172 315	0. 000 1

(续　表)

Weighted Statistics			
R-squared	0. 625 756	Mean dependent var	1 826. 223
Adjusted R-squared	0. 602 366	S. D. dependent var	1 821. 916
S. E. of regression	1 496. 641	Akaike info criterion	17. 564 27
Sum squared resid	358 389 26	Schwarz criterion	17. 663 20
Log likelihood	−156. 078 5	Hannan-Quinn criter.	17. 577 91
F-statistic	26. 752 84	Durbin-Watson stat	2. 885 313
Prob(F-statistic)	0. 000 093	Weighted mean dep.	929. 666 6

Unweighted Statistics			
R-squared	0. 467 030	Mean dependent var	3 056. 856
Adjusted R-squared	0. 433 719	S. D. dependent var	3 705. 973
S. E. of regression	2 788. 805	Sum squared resid	1. 24E+08
Durbin-Watson stat	2. 961 493		

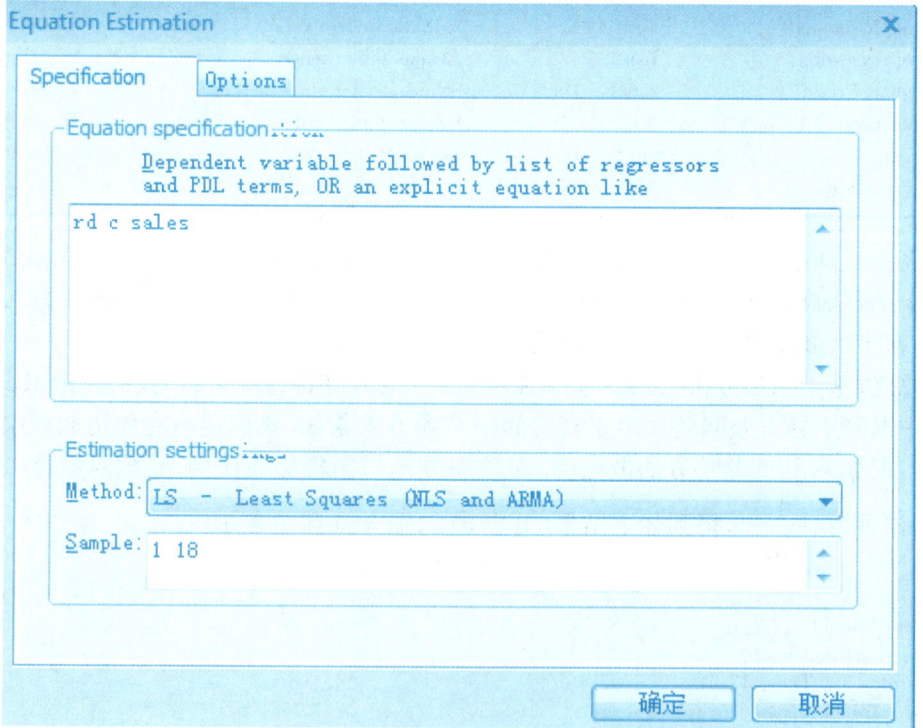

图 5-9　加权最小二乘法及权重填写 1

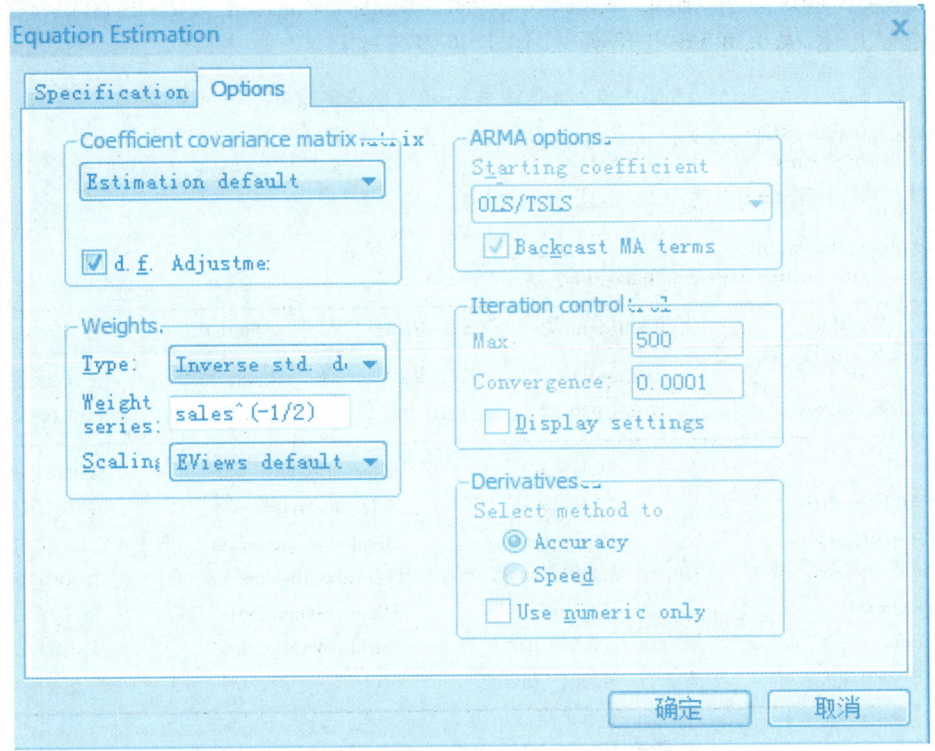

图 5-10 加权最小二乘法及权重填写 2

$$\frac{\hat{R\&D}}{\sqrt{sale}} = -246.676\ 9\ \frac{1}{\sqrt{sale}} + 0.036\ 7\ \sqrt{sale}$$

$$se = (3\ 811\ 285) \qquad (0.007\ 1)$$

$$t = (-0.647\ 2) \qquad (5.169\ 0)$$

(5-64)

我们还可以给出怀特异方差-稳健标准误(见图 5-11)。

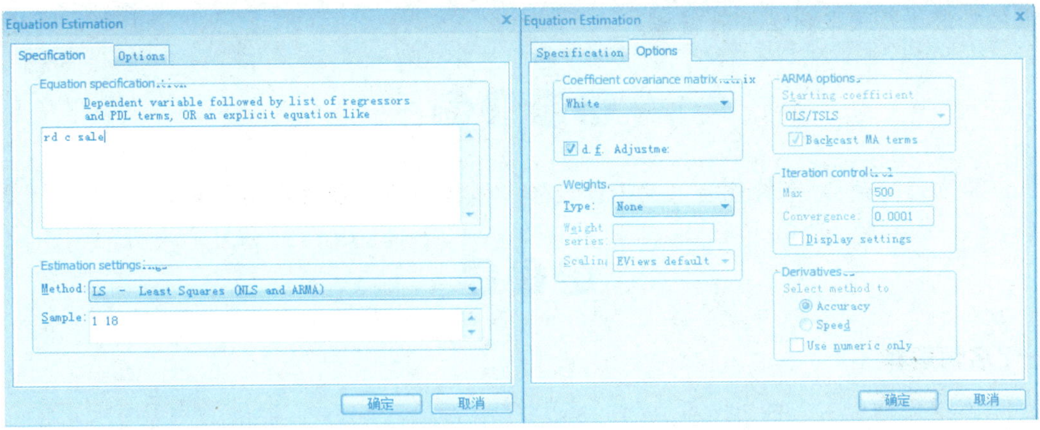

图 5-11 怀特异方差-稳健标准误程序菜单

与原回归式(5-58)相比,我们看到,尽管参数的估计值没有变化,但斜率系数的标准误略有上升,从0.008 3上升到0.010 1(见表5-4)。

表5-4 怀特异方差-稳健标准误结果

Dependent Variable：RD
Method：Least Squares
Date：04/08/20 Time：22：01
Sample：1 18
Included observations：18
White heteroskedasticity-consistent standard errors & covariance

Variable	Coefficient	Std. Error	t-Statistic	Prob.
C	192.993 1	533.931 7	0.361 457	0.722 5
SALES	0.031 900	0.010 147	3.143 815	0.006 3

R-squared	0.478 303	Mean dependent var	3 056.856
Adjusted R-squared	0.445 697	S. D. dependent var	3 705.973
S. E. of regression	2 759.153	Akaike info criterion	18.787 67
Sum squared resid	1.22E+08	Schwarz criterion	18.886 60
Log likelihood	−167.089 1	Hannan-Quinn criter.	18.801 32
F-statistic	14.669 16	Durbin-Watson stat	3.015 607
Prob(F-statistic)	0.001 476		

$$R \hat{\&} D_i = 192.993 + 0.0319 sale_i$$
$$se = (533.993)(0.010 1)$$
$$t = (0.361 4)(3.584)$$
$$R^2 = 0.478 3 \quad F = 14.669$$

(5-65)

本章小结

本章主要阐述了异方差的性质、出现异方差时仍采用 OLS 出现的后果、判断异方差的方法以及采取何种补救措施。

关键术语

异方差 戈德-夸特检验 戈里瑟检验 怀特检验 加权最小二乘估计

练习题

一、名词解释

1. 异方差。

2. 戈德-夸特检验。

3. 怀特检验。

4. 加权最小二乘估计。

二、判断题

1. 处理异方差的方法是加入虚拟变量。　　　　　　　　　　　　　（　　）
2. 线性回归模型存在异方差时,最小二乘估计量仍然是无偏的。　（　　）
3. 线性回归模型存在异方差时,最小二乘估计量仍然是有效的。　（　　）
4. 戈德-夸特检验可以检验复杂型异方差。　　　　　　　　　　　（　　）
5. 怀特检验可以检验异方差。　　　　　　　　　　　　　　　　　（　　）

三、单选题

1. 所谓异方差性是指（　　）。
   A. $\text{var}(\varepsilon_i) = \sigma_i^2$ 　　　　　　　　B. $\text{var}(x_i) \neq \sigma^2$
   C. $\text{var}(\varepsilon_i) = \sigma^2$ 　　　　　　　　D. $\text{var}(x_i) = \sigma^2$

2. 在异方差的情况下,参数估计值的方差不能正确估计的原因是（　　）。
   A. $E(\varepsilon_i^2) \neq \sigma^2$ 　　　　　　　　B. $E(\varepsilon_i \varepsilon_j) \neq 0 (i \neq j)$
   C. $E(x_i \varepsilon_i) \neq 0$ 　　　　　　　　D. $E(\varepsilon_i) \neq 0$

3. 更容易产生异方差的数据为（　　）。
   A. 时序数据　　　　　　　　B. 修匀数据
   C. 横截面数据　　　　　　　D. 年度数据

4. 如果回归模型违背了同方差假定,最小二乘估计量是（　　）。
   A. 无偏的,非有效的　　　　　B. 有偏的,非有效的
   C. 无偏的,有效的　　　　　　D. 有偏的,有效的.

5. 在异方差的情况下,参数估计值仍是无偏的,其原因是（　　）。
   A. 零均值假定成立
   B. 序列无自相关假定成立
   C. 无多重共线性假定成立
   D. 解释变量与随机误差项不相关假定成立

6. 戈德-夸特检验构造一个服从（　　）的统计量来对线性回归模型进行异方差检验。
   A. 正态分布　　　　　　B. t 分布　C. χ^2 分布　D. F 分布

7. 通过辅助回归,怀特检验构造一个服从（　　）的统计量来对线性回归模型进行异方差检验。
   A. 正态分布　　　　　　B. t 分布　C. χ^2 分布　D. DW 分布

8. 加权最小二乘法克服异方差的主要原理是通过赋予不同观测点以不同的权数,从而提高估计精度,即（　　）。
   A. 重视大误差的作用,轻视小误差的作用
   B. 重视小误差的作用,轻视大误差的作用
   C. 重视小误差和大误差的作用

D. 轻视小误差和大误差的作用.

9. 设线性回归模型为 $y_i = \beta_0 + \beta_1 x_i + \varepsilon_i$,其中 $\mathrm{var}(\varepsilon_i) = \sigma^2 x_i^2$,则使用加权最小二乘法估计模型时,应将模型变换为(　　)。

A. $\dfrac{y_i}{\sqrt{x_i}} = \dfrac{\beta_0}{\sqrt{x_i}} + \beta_1 \sqrt{x_i} + \dfrac{\varepsilon_i}{\sqrt{x_i}}$　　B. $\dfrac{y_i}{\sqrt{x_i}} = \dfrac{\beta_0}{\sqrt{x_i}} + \beta_1 + \dfrac{\varepsilon_i}{\sqrt{x_i}}$

C. $\dfrac{y_i}{x_i} = \dfrac{\beta_0}{x_i} + \beta_1 + \dfrac{\varepsilon_i}{x_i}$　　D. $\dfrac{y_i}{x_i^2} = \dfrac{\beta_0}{x_i^2} + \dfrac{\beta_1}{x_i} + \dfrac{\varepsilon_i}{x_i^2}$

10. 用矩阵形式表示的广义最小二乘参数估计量为 $\hat{\beta} = (X'\boldsymbol{\Omega}^{-1}X)^{-1}X'\boldsymbol{\Omega}^{-1}Y$,此估计量为(　　)。

A. 有偏、有效的估计量　　B. 有偏、无效的估计量

C. 无偏、无效的估计量　　D. 无偏、有效的估计量

四、计算分析题

1. 对某含截距项的线性模型(4 个解释变量)进行普通最小二乘法回归。首先,将 60 个样本按其中一个解释变量为关键变量从小到大的顺序排列,去掉中间的 20 个样本,再均分为两组。其次,对两个子样本分别回归后得到 $\sum e_{1i}^2 = 896.6$,$\sum e_{2i}^2 = 147.2$。在 $\alpha = 95\%$ 的置信度下判断是否存在异方差。如果存在,是递增还是递减型的异方差?$\left[F_{0.05}(10, 10) = 2.98, F_{0.05}(12, 12) = 2.69, F_{0.05}(15, 15) = 2.4 \right]$

2. 对样本回归方程 $LOG(Y) = -1.95 + 0.60 LOG(L) + 0.67 LOG(K) + e$ 进行怀特异方差检验,得到如下结果(见表 5-5)。

表 5-5　怀特异方差检验结果

Heteroskedasticity Test：White

Obs*R-squared	8.099 182	Prob	0.150 9
Scaled explained SS	3.324 059	Prob	0.650 2

Test Equation：

Dependent Variable：RESID^2
Method：Least Squares
Date：11/20/11　Time：16：53
Sample：1978 1994
Included observations：17

	Coefficient	Std. Error	t-Statistic	Prob.
C	15.563 20	13.022 01	1.195 146	0.257 2
LOG(L)	−5.032 351	4.278 733	−1.176 131	0.264 4
[LOG(L)]^2	0.413 109	0.351 760	1.174 407	0.265 0
[LOG(L)]*[LOG(K)]	−0.209 359	0.183 413	−1.141 463	0.277 9
LOG(K)	1.218 626	1.114 405	1.093 522	0.297 5
[LOG(K)]^2	0.029 867	0.024 081	1.240 268	0.240 7

（续　表）

R-squared	0.476 422	Mean dependent var	0.000 623
Adjusted R-squared	0.238 433	S. D. dependent var	0.000 707
S. E. of regression	0.000 617	Akaike info criterion	−11.673 27
Sum squared resid	4.19E-06	Schwarz criterion	−11.379 19
Log likelihood	105.222 8	Hannan-Quinn criter.	−11.644 04
F-statistic	2.001 861	Durbin-Watson stat	2.585 670
Prob(F-statistic)	0.156 732		

（1）请写出怀特检验的辅助回归方程。

（2）请指出怀特统计量的值，并判断样本回归方程是否存在异方差。

第 六 章

自 相 关

◎ **学习目的与要求**

（1）理解自相关的基本概念。

（2）了解模型违反不存在自相关的假定所导致的后果。

（3）掌握多种自相关的检验方法。

（4）掌握多种对自相关进行修正的方法。

◎ **重点**

掌握自相关的检验方法和自相关的修正方法。

◎ **难点**

理解自相关的含义和自相关所导致的后果。

微课：什么是自相关以
及自相关导致的后果

导　读

根据高斯-马尔科夫定理,当满足古典线性回归模型所有假定时,最小二乘估计量是最优线性无偏估计量(BLUE)。而一旦古典假定得不到满足,则 OLS 估计量将不再是 BLUE。本章将讨论作为古典线性回归模型假定之一的无自相关假定得不到满足时,OLS 估计量会具备什么性质,如何判断一个回归模型是否存在自相关,以及如何修正一个回归模型的自相关。

第一节　自相关的概念

古典线性回归模型假定要求任意两期随机误差项之间不存在相关关系,即无自相关假定,用数学公式可表示为:

$$\mathrm{Cov}(\varepsilon_i,\ \varepsilon_j) = E(\varepsilon_i \varepsilon_j) = 0,\ i \neq j,\ i,\ j = 1,\ 2,\ \cdots,\ n \qquad (6\text{-}1)$$

如果违反了该假定,则称随机误差项存在自相关性或者存在序列相关性,即:

$$\mathrm{Cov}(\varepsilon_i,\ \varepsilon_j) = E(\varepsilon_i \varepsilon_j) \neq 0,\ i \neq j,\ i,\ j = 1,\ 2,\ \cdots,\ n \qquad (6\text{-}2)$$

在具有时间序列数据的模型中,如果任一给定观测期所对应的误差项对未来时刻有影响的话,就会导致自相关的产生。

一、自相关的种类

按照相关形式,自相关可以分为一阶自相关和高阶自相关。

1. 一阶自相关

当随机误差项 ε_t 只与其相邻一期的随机误差项(如 ε_{t-1})相关时,则称一阶自相关。一阶自相关可用数学公式表示为:

$$\varepsilon_t = f(\varepsilon_{t-1}) + v_t \qquad (6\text{-}3)$$

需要注意的是,v_t 是一阶线性自回归模型的随机误差项,并且 v_t 满足假设:

$$E(v_t) = 0,\ t = 1,\ 2,\ \cdots,\ n \qquad (6\text{-}4)$$

$$\mathrm{Var}(v_t) = \sigma_v^2,\ t = 1,\ 2,\ \cdots,\ n \qquad (6\text{-}5)$$

$$\mathrm{Cov}\,(v_t,\ v_{t-s}) = 0,\ s \neq 0 \qquad (6\text{-}6)$$

$$\mathrm{Cov}(\varepsilon_{t-1},\ v_t) = 0,\ t = 1,\ 2,\ \cdots,\ n \qquad (6\text{-}7)$$

2. 高阶自相关

当随机误差项的本期值 ε_t 不仅与其前一期值有关,而且与其前若干期值存在相关关系时,则称高阶自相关。高阶自相关可用数学公式表示为:

$$\varepsilon_t = f(\varepsilon_{t-1}, \varepsilon_{t-2}, \cdots) + v_t \tag{6-8}$$

二、一阶线性自回归形式的自相关

在计量经济模型中,高阶自相关比较少见,而常见的是一阶自相关,且一阶自相关的形式常常表现为一阶线性自回归形式。为了便于以后的学习,我们接下来将重点讨论一阶线性自回归形式的自相关。

假定有如下计量经济模型:

$$y_t = \beta_0 + \beta_1 x_{1t} + \beta_2 x_{2t} + \cdots + \beta_k x_{kt} + \varepsilon_t, t = 1, 2, \cdots, n \tag{6-9}$$

模型式(6-9)中随机误差项 ε_t 的一阶线性自回归模型可表示为:

$$\varepsilon_t = \alpha_1 \varepsilon_{t-1} + v_t, -1 \leqslant \alpha_1 \leqslant 1 \tag{6-10}$$

式(6-10)中:α_1 为自回归系数或自相关系数(coefficient of autocorrelation)。若 $\alpha_1 = 0$,则表明相邻两期的随机误差项之间不存在相关关系,即式(6-9)无自相关;若 $\alpha_1 \neq 0$,则表明相邻两期随机误差项之间存在相关关系,即式(6-9)存在自相关。

我们利用普通最小二乘法估计模型式(6-10)可得:

$$\widehat{\alpha_1} = \frac{\sum_{t=2}^{n} \varepsilon_t \varepsilon_{t-1}}{\sum_{t=2}^{n} \varepsilon_{t-1}^2} \tag{6-11}$$

我们计算 ε_t 和 ε_{t-1} 之间的相关系数,可得:

$$\rho = \frac{\sum_{t=2}^{n} \varepsilon_t \varepsilon_{t-1}}{\sqrt{\sum_{t=2}^{n} \varepsilon_{t-1}^2} \sqrt{\sum_{t=2}^{n} \varepsilon_t^2}} \tag{6-12}$$

对于充分大的样本,有:

$$\sum_{t=2}^{n} \varepsilon_t^2 \approx \sum_{t=2}^{n} \varepsilon_{t-1}^2 \tag{6-13}$$

我们把关系式(6-13)代入式(6-11)和式(6-12),可知:

$$\widehat{\alpha_1} \approx \rho \tag{6-14}$$

式(6-14)表示一阶自回归模型式(6-10)的自回归系数等于 ε_t 和 ε_{t-1} 的相关系数。因此,随机误差项 ε_t 的一阶自回归形式常常又表示为:

$$\varepsilon_t = \rho \varepsilon_{t-1} + v_t \tag{6-15}$$

ρ 为自相关系数,它度量了当期随机误差项和前期随机误差项之间的相关程度。式(6-15)常常被称为马尔科夫一阶自回归过程(Markov first-order of autoregressive scheme),简称一阶自回归过程,通常记为 AR(1) 过程。它表明,当期随机误差项只和上期随机误差项以及一个纯随机项 v_t 有关。自相关属于相关关系的一种,可以分为正自相关、负自相关和无自相关三类。当 $\rho > 0$ 时,ε_t 存在正自相关;当 $\rho < 0$ 时,ε_t 存在负自相关;当 $\rho = 0$ 时,ε_t 不存在自相关或无自相关。

为了以后使用的方便,下面我们将推导当 ε_t 为一阶线性自回归形式的自相关时,其期望值、方差与协方差公式。我们对式(6-15)等号左右两边同时求期望,可得:

$$E(\varepsilon_t) = E(\rho \varepsilon_{t-1} + v_t) = \rho E(\varepsilon_{t-1}) + E(v_t) \tag{6-16}$$

假定 ε_t 为平稳序列,则有 $E(\varepsilon_t) = E(\varepsilon_{t-1})$。我们把该等式代入式(6-16)中,整理可得:

$$
\begin{aligned}
E(\varepsilon_t) &= \frac{E(v_t)}{1-\rho} = 0 \\
\mathrm{Var}(\varepsilon_t) &= E(\varepsilon_t)^2 \\
&= E(\rho \varepsilon_{t-1} + v_t)^2 \\
&= E(\rho^2 \varepsilon_{t-1}^2 + 2\rho \varepsilon_{t-1} v_t + v_t^2) \\
&= \rho^2 E(\varepsilon_{t-1}^2) + 2\rho E(\varepsilon_{t-1} v_t) + E(v_t^2)
\end{aligned} \tag{6-17}
$$

因为 ε_{t-1} 发生在 v_t 之前,所以两者不相关,故有 $E(\varepsilon_{t-1} v_t) = 0$。因为 ε_t 为平稳序列,所以:

$$\mathrm{Var}(\varepsilon_{t-1}) = E(\varepsilon_{t-1})^2 = \mathrm{Var}(\varepsilon_t) \tag{6-18}$$

我们把这些结论代入式(6-17),可得:

$$\mathrm{Var}(\varepsilon_t) = \rho^2 \mathrm{Var}(\varepsilon_t) + \sigma_v^2 \tag{6-19}$$

继而得到 ε_t 的方差计算公式:

$$\sigma_\varepsilon^2 = \mathrm{Var}(\varepsilon_t) = \frac{\sigma_v^2}{1-\rho^2} \tag{6-20}$$

我们接下来计算 ε_t,ε_{t-1} 的协方差:

$$
\begin{aligned}
&\mathrm{Cov}(\varepsilon_t, \varepsilon_{t-1}) \\
&= E(\varepsilon_t \varepsilon_{t-1}) \\
&= E[(\rho \varepsilon_{t-1} + v_t)\varepsilon_{t-1}] \\
&= E(\rho \varepsilon_{t-1}^2 + \varepsilon_{t-1} v_t)
\end{aligned} \tag{6-21}
$$

$$= \rho E(\varepsilon_{t-1}^2) + E(\varepsilon_{t-1} v_t)$$
$$= \rho \mathrm{Var}(\varepsilon_{t-1})$$
$$= \rho \sigma_\varepsilon^2$$

而 ε_t 和 ε_{t-2} 的协方差为：

$$\mathrm{Cov}(\varepsilon_t, \varepsilon_{t-2}) = \rho^2 \sigma_\varepsilon^2 \tag{6-22}$$

同理可得：

$$\mathrm{Cov}(\varepsilon_t, \varepsilon_{t-s}) = \rho^s \sigma_\varepsilon^2 \, (s \neq 0) \tag{6-23}$$

根据以上计算结果，且令：

$$\varepsilon = (\varepsilon_1, \varepsilon_2, \cdots, \varepsilon_n)' \tag{6-24}$$

ε 的方差协方差矩阵为：

$$\mathrm{Var}(\varepsilon \mid X) = E(\varepsilon\varepsilon') = \sigma_\varepsilon^2 \begin{bmatrix} 1 & \rho & \rho^2 & \cdots & \rho^{n-1} \\ \rho & 1 & \rho & \cdots & \rho^{n-2} \\ \rho^2 & \rho & \cdots & \cdots & \rho^{n-3} \\ \cdots & \cdots & \cdots & \cdots & \rho \\ \rho^{n-1} & \rho^{n-2} & \cdots & \rho & 1 \end{bmatrix} \tag{6-25}$$

由式(6-23)可知，当 ε_t 存在一阶自相关时：

$$\mathrm{Cov}(\varepsilon_t, \varepsilon_{t-s}) \neq 0, \ s \neq 0 \tag{6-26}$$

同理也可以证明当 ε_t 存在高阶自回归时，仍有：

$$\mathrm{Cov}(\varepsilon_t, \varepsilon_{t-s}) \neq 0, \ s \neq 0 \tag{6-27}$$

第二节　自相关的来源和后果

一、自相关的来源

自相关在时间序列数据中比较常见。横截面数据一般来讲不容易存在自相关，但也有例外。除此之外，还有其他一些原因也有可能导致自相关的存在。具体而言，自相关有以下来源：

（1）经济活动的惯性。这主要是因为经济活动通常具有某种连续性和持久性。GDP 增长率、消费、储蓄、投资等变量，在经济体没有出现重大事件时，一般不会出现快速的上升或下降。因此，在涉及时间序列的回归中，相继的观测值很可能是相互依赖的。

例如，绝对收入假设下居民总消费函数模型为：

$$c_t = \beta_0 + \beta_1 y_t + \varepsilon_t \tag{6-28}$$

由于人们消费习惯的影响被包含在随机误差项中，因此，随机误差项可能出现序列相关性（往往是正相关）。

（2）模型设定偏误（misspecification）。这种由于设定误差导致的自相关，即使在横截面数据中也可能存在。它又分以下两种情况：

第一种情况是模型所用的数学模型和变量之间真实的关系不一致。例如，根据经济理论，边际成本和产量之间呈抛物线关系，回归模型应为：

$$y_t = \beta_0 + \beta_1 x_t + \beta_2 x_t^2 + \varepsilon_t \tag{6-29}$$

式（6-29）中：y 为边际成本；x 为产出。

但建模时却错误地利用了线性模型：

$$y_t = \beta_0 + \beta_1 x_t + \upsilon_t \tag{6-30}$$

因此，$\upsilon_t = \beta_2 x_t^2 + \varepsilon_t$。随机误差项 υ_t 包含了产出平方的系统性影响，从而呈现序列相关性。

第二种情况是回归模型中遗漏了重要解释变量。例如，我们有以下需求模型：

$$y_t = \beta_0 + \beta_1 x_{1t} + \beta_2 x_{2t} + \beta_3 x_{3t} + \varepsilon_t \tag{6-31}$$

式（6-31）中：y 为牛肉需求量；x_1 为牛肉价格；x_2 为消费者收入；x_3 为猪肉价格。但是因为某种原因，我们做了下述回归：

$$y_t = \beta_0 + \beta_1 x_{1t} + \beta_2 x_{2t} + \upsilon_t \tag{6-32}$$

因此，$\upsilon_t = \beta_3 x_{3t} + \varepsilon_t$。如果 x_3 确实影响 y，则随机误差项 υ_t 将反映出一种系统性模式，从而出现序列相关。

（3）数据处理（data manipulation）。在实证分析中，原始数据通常需要加工才能继续使用。有些数据处理方法，如移动平均（moving average）、内插值（interpolation）、季节调整（seasonal adjustment）等，很容易导致计量模型呈现自相关。典型的一个例子是，当利用移动平均法从月度数据得到季度数据时，相邻两期或者多期的季度数据往往呈现较高的相关关系，继而导致包含季度数据的模型可能存在自相关。

（4）空间自相关。当相邻的横截面单位之间存在溢出效应（spillover effect or neighborhood effect）时，往往就会导致自相关的存在，这种自相关称为空间自相关（spatial autocorrelation）。常见的例子有：相邻的省份、国家之间的经济活动相互影响，相邻地区的农业产量受到类似天气变化的影响等。

二、自相关的后果

如果计量模型存在自相关性，那么高斯-马尔科夫定理将不再成立，最小二乘估计量也不再是 BLUE 估计量。具体来讲，在自相关存在的情况下，模型会出现以下四种后果：

（1）OLS 估计量依然是线性无偏估计量，且具备一致性。因为在证明这些性质的时候，并未用到无自相关的假定。

(2) OLS 估计量将不再具备有效性，即此时无法证明 OLS 估计量的方差在所有同一参数的线性无偏估计量中是最小的。我们将利用一元线性回归模型中的斜率估计量来做一简单说明。

假定有如下一元线性回归模型：

$$y_t = \beta_0 + \beta_1 x_t + \varepsilon_t \tag{6-33}$$

斜率估计量 b_1 的方差为：

$$\begin{aligned} \mathrm{Var}(b_1) &= E[b_1 - E(b_1)]^2 \\ &= E(b_1 - \beta_1)^2 \\ &= E(\beta_1 + \sum_t \lambda_t \varepsilon_t - \beta_1)^2 \\ &= E(\sum_t \lambda_t \varepsilon_t)^2 \\ &= E(\lambda_1^2 \varepsilon_1^2 + 2\lambda_1 \varepsilon_1 \lambda_2 \varepsilon_2 + 2\lambda_1 \varepsilon_1 \lambda_3 \varepsilon_3 + \cdots + \lambda_n^2 \varepsilon_n^2) \\ &= \sum_t \lambda_t^2 E(\varepsilon_t)^2 + \sum_{t \neq s} \lambda_t \lambda_s E(\varepsilon_t \varepsilon_s) \end{aligned} \tag{6-34}$$

因为同方差性仍然满足：

$$E\varepsilon_t^2 = \sigma^2 \tag{6-35}$$

在不存在自相关的前提下：

$$\mathrm{Cov}(\varepsilon_t, \varepsilon_s) = E\varepsilon_t \varepsilon_s = 0 \text{（当 } t \neq s \text{ 时）}$$

$$\sum_{t \neq s} \lambda_t \lambda_s E(\varepsilon_t \varepsilon_s) = 0 \tag{6-36}$$

所以：

$$\mathrm{Var}(b_1) = \frac{\sigma^2}{\sum_t (x_t - \bar{x})^2} \tag{6-37}$$

但是，当模型 (6-33) 存在自相关性时：

$$\sum_{t \neq s} \lambda_t \lambda_s E(\varepsilon_t \varepsilon_s) \neq 0 \tag{6-38}$$

其斜率估计量方差的计算公式为：

$$\mathrm{Var}(b_1) = \frac{\sigma^2}{\sum (x_t - \bar{x})} + \sum_{t \neq s} \lambda_t \lambda_s E(\varepsilon_t \varepsilon_s) \tag{6-39}$$

此时，不能再利用以前的方法证明公式 (6-39) 是最小方差。而且，由于实例中的自相关多为正自相关，所以有 $\sum_{t \neq s} \lambda_t \lambda_s E(\varepsilon_t \varepsilon_s) > 0$。如果仍然用普通最小二乘法公式 (6-37) 表示 b_1 的方差，那么，它将是真实方差公式 (6-39) 的一部分，将低估 b_1 的方差。

同样的，在多元回归模型中，我们用普通最小二乘法得到的 b_1 的方差往往会低估真实的方差值。

（3）通常的 t 检验，F 检验不再可靠。由于在模型存在自相关的情况下，往往会低估回归参数估计量的方差，这等于夸大了回归参数的抽样精度，过高地估计了统计量的 t 值，从而使本不显著的变量得以保留在模型中。这其实意味着显著性 t 检验不再可靠。同样，由于 F 统计量也构建于回归参数估计量的方差基础之上，所以，利用 F 统计量进行显著性检验也不再可靠。

（4）常用的随机误差项方差的估计公式是真实随机误差项方差的有偏估计。

当随机误差项 ε_t 不存在自相关时，其方差的估计公式为：

$$S^2 = \frac{\sum e_t^2}{n - k - 1} \tag{6-40}$$

可以证明，当 ε_t 存在一阶自相关时，式（6-40）往往会低估 ε_t 的真实方差。

第三节　自相关的检验

自相关是计量模型的随机误差项所表现出的特性，所以，如果已知随机误差项 ε_t，则可以通过对随机误差项进行检测，从而判断模型是否存在自相关。关键问题是，真实的随机误差项并不可得。所以，与异方差时候的情形相同，自相关检验往往需要利用随机误差项的估计值残差 e_t 进行估计或检验。下面我们介绍的几种检验自相关的方法，都是构建在模型残差 e_t 的基础之上。

一、图形法

有多种用于检验模型是否存在自相关的残差图形。一种是利用残差 e_t 对观测值的 ID（或时间）作图，这种图形称为时序图（time-sequence plot）。如果作出的残差散点图存在明显的系统模式，如类似于图 6-1(a)、图 6-1(b) 和图 6-1(c)，则表明存在自相关；而如果作出的图形类似于图 6-1(d)，则表明不存在自相关。

另外一种用于检验自相关的残差图形是利用 t 期残差 e_t 对 $(t-1)$ 期残差 e_{t-1} 作图。如果作出的图形类似于图 6-2(a)，则表明存在正自相关；如果图形类似于图 6-2(b)，则表明存在负自相关。

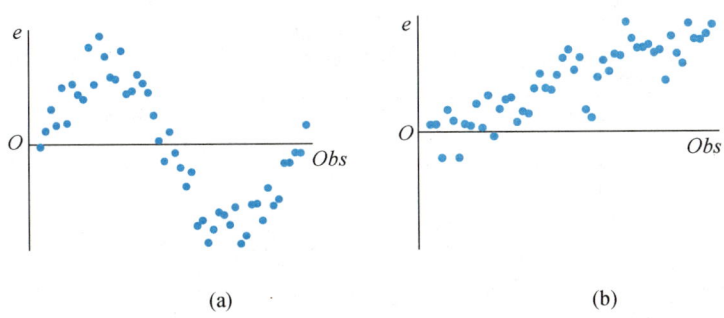

(a)　　　　　　　　　　　(b)

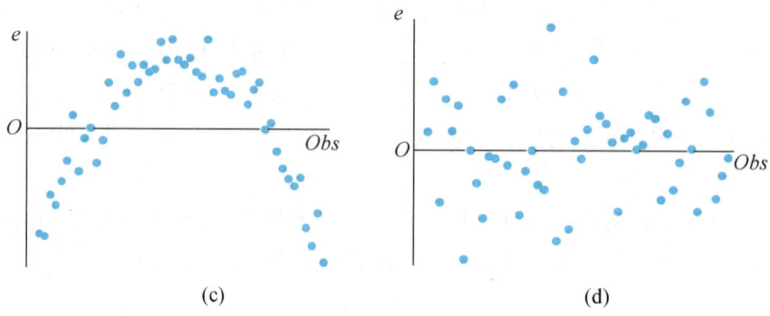

图 6-1　模型存在自相关时几种常见的散点图

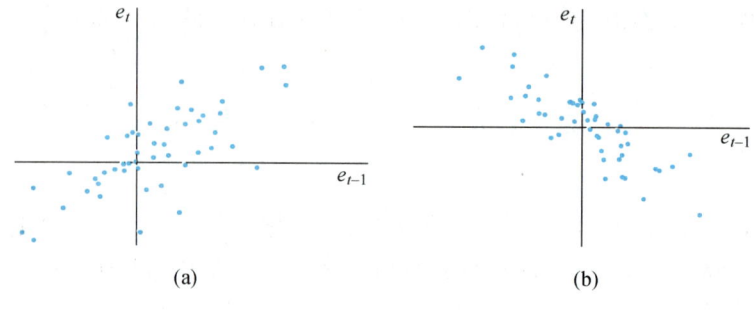

图 6-2　正负自相关散点图

下面我们利用美国商业部门真实工资决定一例[1]来说明如何利用残差图形判断模型是否存在自相关。我们利用美国 1959—2002 年的商业部门真实工资（小时工资）对劳动生产率（所有工人的小时产出）进行一元回归,可得：

$$\widehat{rwages} = -29.57 + 0.700\,6\,product$$
$$(20.25)\quad(40.92)$$
$$R^2 = 0.98,\ F = 1\,674.30,\ DW = 0.213\,7 \qquad (6\text{-}41)$$

模型式(6-41)中,括号内的数字为 t 统计量值。很显然,在 5% 显著性水平下,截距和斜率均显著。我们得到残差,然后利用残差对观测值（此处为年份）作散点图。

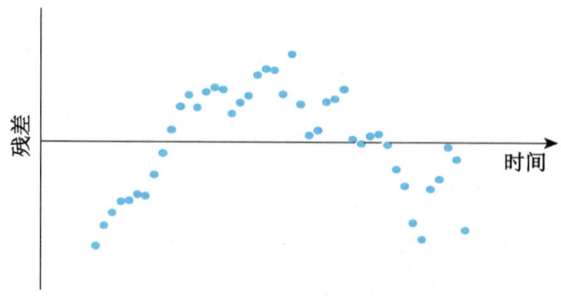

图 6-3　美国商业部门真实工资决定一例的残差散点图

---

①　本例子来自达莫达尔 N. 古扎拉蒂的《经济计量学精要》,第 237 页。

图 6-3 的散点形状非常类似于图 6-1(c),所以,我们认为模型式(6-41)存在自相关。我们进一步作残差 e_t 对残差 e_{t-1} 的散点图。

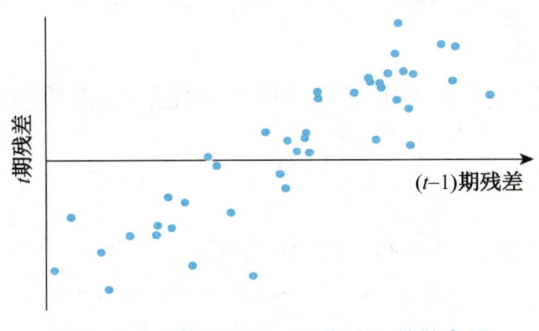

图 6-4 t 期残差对 $(t-1)$ 期残差的散点图

图 6-4 类似于图 6-2(a),这说明,模型式(6-41)存在正的一阶自相关。

二、德宾-沃森检验

德宾-沃森(DW)检验是出现较早的自相关检验方法。它利用残差 e_t 构造的统计量推断随机误差项 ε_t 是否存在自相关。DW 检验的最大优点是简单易行,而且许多回归软件也给出了 DW 统计量。但 DW 检验法也具有极大的局限性,因为在使用 DW 检验时,要满足诸多苛刻的条件。

1. DW 检验的假定条件

(1) DW 检验只能检验一阶自相关,而不能检验高阶自相关,而且往往假定如下扰动项 ε_t 的生成机制为:

$$\varepsilon_t = \rho\varepsilon_{t-1} + v_t, \ -1 \leqslant \rho \leqslant 1 \tag{6-42}$$

(2) 被解释变量的滞后值不能作为解释变量出现在回归模型中。例如,对如下模型则不适合使用 DW 检验:

$$y_t = \beta_0 + \beta_1 x_{1t} + \beta_2 x_{2t} + \cdots + \beta_k x_{kt} + \rho y_{t-1} + \varepsilon_t \tag{6-43}$$

式(6-43)中:y_{t-1} 是被解释变量 y_t 的滞后一期项。如果对式(6-43)使用 DW 检验,那么,不论其是否存在自相关,DW 统计值往往接近 2,即意味着模型不存在自相关。

(3) 回归模型必须包含截距项。这意味着 DW 检验不能检验无截距的模型。

(4) 回归模型的解释变量必须满足严格外生性条件(后面将介绍的 BG 检验则没有此限制)。

2. DW 检验的原理

线性回归模型为:

$$y_t = \beta_0 + \beta_1 x_{1t} + \cdots + \beta_k x_{kt} + \varepsilon_t, \ \varepsilon_t = \rho\varepsilon_{t-1} + v_t \tag{6-44}$$

式(6-44)中:v_t 是均值为 0 的独立同分布随机变量。

德宾和沃森构造了一个统计量:

$$DW = \frac{\sum_{t=2}^{n} (e_t - e_{t-1})^2}{\sum_{t=1}^{n} e_t^2} \tag{6-45}$$

DW 统计量的一个优点是，它仅依赖于模型的残差值，而残差值在回归分析中都已被算出。

根据 ε_t 和 v_t 的性质，则：

$$
\begin{aligned}
E[\varepsilon_t \varepsilon_{t-1}] &= E[(\rho \varepsilon_{t-1} + v_t)\varepsilon_{t-1}] \\
&= \rho E[\varepsilon_{t-1}^2] + E[\varepsilon_{t-1} v_t] \\
&= \rho E[\varepsilon_{t-1}^2] \approx \rho E[\varepsilon_t^2]
\end{aligned} \tag{6-46}
$$

$$\rho = \frac{E[\varepsilon_t \varepsilon_{t-1}]}{E[\varepsilon_t^2]} \tag{6-47}$$

因此：

$$\hat{\rho} = \frac{\sum_{t=1}^{n} e_t e_{t-1}}{\sum_{t=1}^{n} e_t^2} \tag{6-48}$$

当 t 较大时，则：

$$\sum_{t=2}^{n} e_t^2 \approx \sum_{t=2}^{n} e_{t-1}^2 \approx \sum_{t=1}^{n} e_t^2 \tag{6-49}$$

DW 统计量与 $\hat{\rho}$ 之间的关系为：

$$
\begin{aligned}
DW &= \frac{\sum_{t=2}^{n} (e_t - e_{t-1})^2}{\sum_{t=1}^{n} e_t^2} \\
&= \frac{\sum_{t=2}^{n} e_t^2 + \sum_{t=2}^{n} e_{t-1}^2 - 2\sum_{t=2}^{n} e_t e_{t-1}}{\sum_{t=1}^{n} e_t^2} \\
&\approx 2 - 2\frac{\sum_{t=2}^{n} e_t e_{t-1}}{\sum_{t=1}^{n} e_t^2} \\
&= 2(1 - \hat{\rho})
\end{aligned} \tag{6-50}
$$

如果存在完全一阶正相关，即 $\hat{\rho} = 1$，则 DW $= 0$；如果存在完全一阶负相关，即

$\hat{\rho} = -1$，则 DW＝4；如果不存在一阶自相关，即 $\hat{\rho} = 0$，则 DW＝2。

DW 取值在[0，4]。DW 值越接近于 0，正相关的迹象越明显；越接近于 4，负相关的迹象越明显。DW 和 $\hat{\rho}$ 之间的一一对应关系，如表 6-1 所示。

表 6-1 $\hat{\rho}$ 与 DW 值之间的对应关系表

$\hat{\rho}$	DW	ε_t 的自相关特性
$\hat{\rho} = -1$	$DW = 4$	完全负自相关
$-1 < \hat{\rho} < 0$	$2 < DW < 4$	负自相关
$\hat{\rho} = 0$	$DW = 2$	无自相关
$0 < \hat{\rho} < 1$	$0 < DW < 2$	正自相关
$\hat{\rho} = 1$	$DW = 0$	完全正自相关

3. DW 检验的临界值和判别规则

那么，怎么才能利用 DW 值来判断模型是否存在自相关呢？实践表明，推导出 DW 的精确抽样分布是困难的，因为 DW 统计量是依据残差 e_t 计算的，而 e_t 的值又与 x_t 有关。但是，德宾和沃森成功地导出了（给定显著性水平 α）临界值的下限 d_L 和上限 d_U，且这些上下限只与样本的容量 n 和解释变量的个数 k 有关，而与解释变量 x 的取值无关。我们利用 DW 值下限值 d_L 和上限值 d_U 将区间[0，4]分成 5 个小区间，每一个小区间对应着 ε_t 不同的自相关特性。

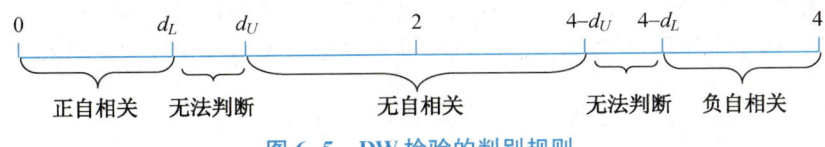

图 6-5 DW 检验的判别规则

图 6-5 显示：

（1）若 $0 < DW < d_L$，模型存在一阶正自相关。

（2）若 $d_L < DW < d_U$，无法判断模型是否存在自相关。

（3）若 $4 - d_U < DW < d_U$，模型不存在自相关。

（4）若 $4 - d_U < DW < 4 - d_L$，无法判断模型是否存在自相关。

（5）若 $4 - d_L < DW < 4$，模型存在一阶负自相关。

4. DW 检验的步骤

（1）给出原假设和备择假设：$H_0 : \rho = 0$（ε_t 不存在自相关），$H_1 : \rho \neq 0$（ε_t 存在一阶自相关）。

（2）做 OLS 回归并获取残差，计算 DW 统计量的值。

（3）根据样本容量 n 和解释变量个数 k 查 DW 分布表，得到临界值 d_L 和 d_U。

（4）按照 DW 检验的判断准则，考察计算得到的 DW 值，以判断模型的自相关状态。

例如，美国商业部门真实工资决定一例，其 DW 值为 0.213 7。在 5％ 显著性水平下，我们根据 $k = 1$，$n = 44$，查表可得 $d_L = 1.475$ 和 $d_U = 1.566$。由于 $0 < DW < d_L$，本

模型存在正的一阶自相关。

从判断准则看到,存在两个无法判断自相关的 DW 值区域,这也是这种检验方法的一大缺陷。但是,随着样本容量的扩大,不能判断的区域将逐渐变小。针对这个问题,我们往往采用两种方法来处理:一是加大样本容量,重做 DW 检验。二是选用其他检验方法。

三、BG 检验

DW 检验只适合于一阶自相关,而 BG 检验(Breusch-Godfrey)既适用于一阶自相关,又适用于高阶自相关。BG 检验又称为拉格朗日乘子检验(LM 检验),由 Breusch-Godfrey 提出。

多元回归模型为:

$$y_t = \beta_0 + \beta_1 x_{1t} + \beta_2 x_{2t} + \cdots + \beta_k x_{kt} + \varepsilon_t \tag{6-51}$$

随机误差项 ε_t 具有高阶自相关:

$$\varepsilon_t = \rho_1 \varepsilon_{t-1} + \cdots + \rho_p \varepsilon_{t-p} + v_t \tag{6-52}$$

式(6-52)中:v_t 满足所有古典假定。针对式(6-52),BG 检验的原假设为 $H_0 : \rho_1 = \rho_2 = \cdots = \rho_p = 0$,即原模型(6-51)不存在高阶自相关。由于扰动项 ε 不可观测,我们用残差 e 来代替,并引入原模型(6-51)中的所有解释变量,考虑如下辅助回归:

$$e_t = \rho_1 e_{t-1} + \rho_2 e_{t-2} + \cdots + \rho_p e_{t-p} + \beta_0 + \beta_1 x_{1t} + \cdots + \beta_k x_{kt} + v_t \tag{6-53}$$

由于式(6-53)使用了滞后残差值 e_{t-p},损失了 p 个样本值,因此辅助回归的样本容量仅为 $(n-p)$。我们估计模型式(6-53),得到判定系数 R^2,并计算 LM 统计量:

$$LM = (n-p)R^2 \xrightarrow{d} \chi^2(p) \tag{6-54}$$

在原假设成立的条件下,LM 统计量渐进服从 $\chi^2(p)$。在显著性水平 α 下,我们通过查表得到临界值 $\chi_\alpha^2(p)$:若 $LM \leqslant \chi_\alpha^2(p)$,则不能拒绝原假设 H_0;若 $LM > \chi_\alpha^2(p)$,则拒绝原假设。

对于美国商业部门真实工资决定一例,在设定为一阶滞后期的前提下,$LM = (n-p)R^2 = 31.43$。在 5‰ 显著性水平下,查表可得 $\chi_{0.05}^2(1) = 3.8415$。由于 $LM > \chi_{0.05}^2(1)$,所以拒绝原模型不存在自相关的 0 假设。

第四节 自相关的处理

因为自相关会导致最小二乘估计量不再具备优良特性,因此,如果经过一种或者多种检验方法确认模型存在自相关,则需要采取一些方法进行处理。下面我们介绍四种常用的方法。

一、针对问题,改进模型

在很多情况下,导致自相关产生的原因是模型本身的设定误差。例如,遗漏了解释变量,或者将动态模型(即解释变量中包含被解释变量的滞后值)错误地设置为静态模型,而后者也可以看作遗漏了解释变量。

例如,真实模型为 $y_t = \beta_0 + \beta_1 x_{1t} + \beta_2 x_{2t} + \cdots + \beta_k x_{kt} + \rho y_{t-1} + \varepsilon_t$,由于 y_t 是 y_{t-1} 的函数,所以我们可以判断 y_t 存在自相关。如果 y_{t-1} 被错误地遗漏掉,则模型变为 $y_t = \beta_0 + \beta_1 x_{1t} + \beta_2 x_{2t} + \cdots + \beta_k x_{kt} + v_t$,那么,$\rho y_{t-1}$ 将被纳入扰动项 v_t 中,从而导致 v_t 存在自相关。此时,如果将 ρy_{t-1} 重新引入模型,则可很容易地消除自相关。这个例子说明,对于由于模型设定误差所导致的自相关,可以根据设定误差的类型来修正模型,从而进一步消除自相关。怎样才能断定自相关是由于模型设定误差所致? 设定误差是错误地设定模型的数学形式,还是遗漏了重要解释变量?

1. 模型使用了错误的数学形式

我们可以用原模型的残差对解释变量的较高次幂进行回归,然后对新的残差做 DW 检验,如果新模型不存在自相关,则说明原模型存在设定误差,且使用了错误的函数形式。此时,消除自相关的方法就是修正模型,从而使用正确的函数形式。

2. 模型忽略了重要解释变量

我们可以用原模型的残差对那些可能影响被解释变量但又未被列入模型的解释变量做回归,并做显著性检验。如果这些解释变量显著,则应该将其纳入模型,从而消除自相关。

二、广义差分法

广义差分法是广义最小二乘法(generalized least squares,GLS)的一种,所以,广义差分估计量也称为广义最小二乘估计量。下面我们将以一元线性回归模型和一阶自相关为例介绍广义差分法。需要特别指出的是,广义差分法同样适用多元线性回归模型和高阶自相关。

假定原线性回归模型为:

$$y_t = \beta_0 + \beta_1 x_t + \varepsilon_t \tag{6-55}$$

具有一阶自相关,并假设公式(6-55)中的随机误差项 ε_t 服从 $AR(1)$ 过程:

$$\varepsilon_t = \rho \varepsilon_{t-1} + v_t \tag{6-56}$$

式(6-56)中:v_t 为一阶自回归模型的扰动项,满足所有的古典假定;ρ 为自回归系数,且假定为已知。

式(6-55)取其滞后一期形式,并在等式两边同乘 ρ:

$$\rho y_{t-1} = \rho \beta_0 + \rho \beta_1 x_{t-1} + \rho \varepsilon_{t-1} \tag{6-57}$$

式(6-55)左右两边同时减去式(6-57)后,可得:

$$y_t - \rho y_{t-1} = \beta_0(1-\rho) + \beta_1(x_t - \rho x_{t-1}) + (\varepsilon_t - \rho \varepsilon_{t-1}) \tag{6-58}$$

如果令 $y_t^* = y_t - \rho y_{t-1}$,$x_t^* = x_t - \rho x_{t-1}$,$\beta_0^* = \beta_0(1-\rho)$,那么式(6-58)可表示为:

$$y_t^* = \beta_0^* + \beta_1 x_t^* + v_t \tag{6-59}$$

式(6-58)或式(6-59)称为广义差分方程(generalized difference equation),而其回归系数的估计结果称为相应系数的广义最小二乘估计量。由于式(6-56)的随机误差项 v_t 满足所有古典假定,所以模型式(6-58)不再具有自相关性,如果对其使用 OLS 方法,则得到 BLUE 估计量。模型式(6-58)估计完毕,则可以根据式(6-58)和式(6-55)之间回归系数的对应关系,得到模型式(6-55)的估计结果。

广义差分变换中,由于第一个观测值不存在前期值,所以变换以后将失去一个样本值。为了避免样本值的缺失,我们可令样本的第一期观测值取:

$$y_1^* = \sqrt{1-\rho^2}\, y_1$$
$$x_1^* = \sqrt{1-\rho^2}\, x_1$$
$$\tag{6-60}$$

这一变换称为普瑞斯-温斯顿变换(Prais-Winsten transformation)。在实践中,如果样本容量足够大,则无须进行这种变换,可以直接使用式(6-58)。但是对于小样本而言,排除第一个观测值很可能会影响到回归结果。

另外,当使用广义差分法回归的结果仍然存在自相关时,我们可以对广义差分变换以后的模型继续进行广义差分,直至回归模型中不存在自相关为止。

以上广义差分变换中,假定真实的自相关系数 ρ 是已知的。当然,这一假定并不成立。因此,如果我们要使用广义差分法,必须通过一些方法估计未知参数 ρ,得到 $\hat{\rho}$。下面我们探讨一些对 ρ 进行估计的方法。

1. 用 DW 统计量的值计算 $\hat{\rho}$

根据式(6-50),我们可很容易推导出:

$$\hat{\rho} \approx 1 - \frac{DW}{2} \tag{6-61}$$

由于绝大部分统计软件给出 DW 值,所以,我们可以根据式(6-61)得到 ρ 的近似估计值。

2. 根据原模型的残差估计得到 $\hat{\rho}$

原模型式(6-55)假定具有一阶自回归形式的自相关:

$$\varepsilon_t = \rho\, \varepsilon_{t-1} + v_t \tag{6-62}$$

式(6-62)中,ε_t 无法直接观测到,因此,可以用残差 e_t 代替,并进行如下回归:

$$e_t = \rho\, e_{t-1} + v_t \tag{6-63}$$

式(6-63)中:$\hat{\rho}$ 即为 ρ 的估计量。统计理论表明,尽管对小样本而言,$\hat{\rho}$ 是 ρ 的有偏估计量,但随着样本容量的增加,这个偏差会逐渐消失。

下面我们利用美国商业部门真实工资决定一例说明广义差分法的使用。我们利用 DW 值计算 $\hat{\rho}$ 可得:

$$\hat{\rho} \approx 1 - \frac{DW}{2} = 1 - \frac{0.213\,7}{2} = 0.89 \tag{6-64}$$

那么,本例的广义差分方程为:

$$rwages_t - 0.89 rwages_{t-1} = (1-0.89)\beta_0 + \beta_1(product_t - 0.89\, product_{t-1}) + v_t$$
$$(6\text{-}65)$$

由于美国商业部门真实工资一例的样本容量为 44,足够大,所以不做普瑞斯-温斯顿变换。估计模型式(6-65)可得:

$$\widehat{rwages_t - 0.89 rwages_{t-1}} = 4.89 + 0.55 * (product_t - 0.89\, product_{t-1}) \quad (6\text{-}66)$$

根据模型式(6-65)和原模型参数之间的对应关系,我们得到原模型的最终估计结果为:

$$\widehat{rwages} = 44.45 + 0.55 * product \tag{6-67}$$

三、杜宾两步法

杜宾两步法的思路是先估计 ρ 的值,再对广义差分模型进行估计。
假定原线性回归模型为:

$$y_t = \beta_0 + \beta_1 x_t + \varepsilon_t \tag{6-68}$$

随机误差项 ε_t 具有高阶自相关:

$$\varepsilon_t = \rho_1\varepsilon_{t-1} + \rho_2\varepsilon_{t-2} + \cdots + \rho_l\varepsilon_{t-l} + v_t \tag{6-69}$$

则广义差分模型为:

$$y_t - \rho_1 y_{t-1} - \rho_2 y_{t-2} - \cdots - \rho_l y_{t-l}$$
$$= \beta_0(1-\rho_1-\rho_2-\cdots\rho_l) + \beta_1(x_t - \rho_1 x_{t-1} - \rho_2 x_{t-2} - \cdots - \rho_l x_{t-l}) + v_t$$
$$(6\text{-}70)$$

第一步:变换广义差分模型为:

$$y_t = \beta_0(1-\rho_1-\rho_2-\cdots\rho_l) + \rho_1 y_{t-1} + \rho_2 y_{t-2} + \cdots + \rho_l y_{t-l} + \tag{6-71}$$
$$\beta_1 x_t - \beta_1\rho_1 x_{t-1} - \beta_1\rho_2 x_{t-2} - \cdots - \beta_1\rho_l x_{t-l} + v_t$$

我们对该模型进行 OLS 估计,得到 y_{t-1},y_{t-2},$\cdots$,y_{t-l} 前的系数 ρ_1,ρ_2,$\cdots$,ρ_l 的估计值 $\hat\rho_1$,$\hat\rho_2$,$\cdots$,$\hat\rho_l$。

第二步:将估计的 $\hat\rho_1$,$\hat\rho_2$,$\cdots$,$\hat\rho_l$ 代入广义差分模型,可得:

$$y_t - \hat\rho_1 y_{t-1} - \hat\rho_2 y_{t-2} - \cdots - \hat\rho_l y_{t-l}$$
$$= \beta_0(1-\hat\rho_1-\hat\rho_2-\cdots\hat\rho_l) + \beta_1(x_t - \hat\rho_1 x_{t-1} - \hat\rho_2 x_{t-2} - \cdots - \hat\rho_l x_{t-l}) + v_t$$
$$(6\text{-}72)$$

我们对该模型进行 OLS 估计,得到参数 $\beta_0(1-\hat\rho_1-\hat\rho_2-\cdots\hat\rho_l)$ 的估计量 $\hat\beta_0^*$,β_1 的估计量 $\hat\beta_1^*$。于是,$\hat\beta_0 = \hat\beta_0^*/(1-\hat\rho_1-\hat\rho_2-\cdots\hat\rho_l)$,$\hat\beta_1 = \hat\beta_1^*$。

四、科-奥迭代法

科-奥(Cochrane-Orcutt)迭代法是一系列的迭代过程的一种方法。其每一次迭代产生的 ρ 的估计都比前一次迭代的 ρ 的估计更接近真实的参数值。

假定原线性回归模型为：

$$y_t = \beta_0 + \beta_1 x_t + \varepsilon_t \tag{6-73}$$

随机误差项 ε_t 具有高阶自相关：

$$\varepsilon_t = \rho_1 \varepsilon_{t-1} + \rho_2 \varepsilon_{t-2} + \cdots \rho_l \varepsilon_{t-l} + v_t \tag{6-74}$$

(1) 估计模型：

$$y_t = \beta_0 + \beta_1 x_t + \varepsilon_t \tag{6-75}$$

我们得到 $\hat{\beta}_0$ 和 $\hat{\beta}_1$，计算出残差，再估计模型：

$$e_t = \rho_1 e_{t-1} + \rho_2 e_{t-2} + \cdots \rho_l e_{t-l} + v_t \tag{6-76}$$

我们得到 $\hat{\rho}_1$，$\hat{\rho}_2$，$\cdots$，$\hat{\rho}_l$ 作为随机误差项相关系数 ρ_1，ρ_2，$\cdots$，ρ_l 的第一次估计值。

(2) 将 $\hat{\rho}_1$，$\hat{\rho}_2$，$\cdots$，$\hat{\rho}_l$ 代入广义差分模型，可得：

$$
\begin{aligned}
&y_t - \hat{\rho}_1 y_{t-1} - \hat{\rho}_2 y_{t-2} - \cdots - \hat{\rho}_l y_{t-l} \\
&= \beta_0 (1 - \hat{\rho}_1 - \hat{\rho}_2 - \cdots \hat{\rho}_l) + \beta_1 (x_t - \hat{\rho}_1 x_{t-1} - \hat{\rho}_2 x_{t-2} - \cdots - \hat{\rho}_l x_{t-l}) + v_t
\end{aligned} \tag{6-77}
$$

我们得到 $\hat{\hat{\beta}}_0$ 和 $\hat{\hat{\beta}}_1$，把它们代回到原模型，得到新的残差。我们用新的残差代替 e_t 估计模型式(6-76)。我们得到 $\hat{\hat{\rho}}_1$，$\hat{\hat{\rho}}_2$，$\cdots$，$\hat{\hat{\rho}}_l$ 作为随机误差项相关系数 ρ_1，ρ_2，$\cdots$，ρ_l 的第二次估计值。类似地，可进行第三次、第四次迭代。我们将这个迭代过程一直持续下去，直到参数估计值的精度满足要求为止。通常的做法是，当 ρ 的新估计值与前一次的估计值的差小于设定的精度，如 0.01 或 0.05 为止，或者当迭代的次数达到 50 次或 100 次时，即停止迭代。需要注意的是，迭代法所得到的 ρ 的最后估计值可能是局部最小值，而不是整体最小值。

第五节　EViews 实例

我们研究中国商品进口与国内生产总值之间的关系，使用的是 1978—2001 年的时间序列数据(见表 6-2)。我们建立一个一元线性回归模型：

$$M_t = \beta_0 + \beta_1 GDP_t + \varepsilon_t \tag{6-78}$$

式(6-78)中：被解释变量为 M (商品进口额)；解释变量为 GDP(国内生产总值)。

表 6-2　1978—2001 年中国商品进口与国内生产总值

	国内生产总值 GDP(亿元)	商品进口 M(亿美元)		国内生产总值 GDP(亿元)	商品进口 M(亿美元)
1978	3 624.1	108.9	1990	18 547.9	533.5
1979	4 038.2	156.7	1991	21 617.8	637.9
1980	4 517.8	200.2	1992	26 638.1	805.9
1981	4 862.4	220.2	1993	34 634.4	1 039.6
1982	5 294.7	192.9	1994	46 759.4	1 156.1
1983	5 934.5	213.9	1995	58 478.1	1 320.8
1984	7 171.0	274.1	1996	67 884.6	1 388.3
1985	8 964.4	422.5	1997	74 462.6	1 423.7
1986	10 202.2	429.1	1998	78 345.2	1 402.4
1987	11 962.5	432.1	1999	82 067.5	1 657.0
1988	14 928.3	552.7	2000	89 442.2	2 250.9
1989	16 909.2	591.4	2001	95 933.3	2 436.1

资料来源:《中国统计年鉴》(1995,2000,2002)。

一、用 OLS 法估计中国商品进口方程

EViews 软件给出的结果(见表 6-3)。

表 6-3　OLS 估计结果

Dependent Variable：M
Method：Least Squares
Date：02/23/20　Time：20:37
Sample：1978 2001
Included observations：24

Variable	Coefficient	Std. Error	t-Statistic	Prob.
C	152.905 8	46.078 49	3.318 376	0.003 1
GDP	0.020 394	0.001 014	20.116 80	0.000 0

R-squared	0.948 440	Mean dependent var	826.954 2
Adjusted R-squared	0.946 096	S. D. dependent var	667.436 5
S. E. of regression	154.960 1	Akaike info criterion	13.003 87
Sum squared resid	528 277.7	Schwarz criterion	13.102 04
Log likelihood	−154.046 4	Hannan-Quinn criter.	13.029 91
F-statistic	404.685 8	Durbin-Watson stat	0.627 922
Prob(F-statistic)	0.000 000		

$$\hat{M}_t = 152.906 + 0.020\ 4GDP_t$$
$$t = (3.318)\quad (20.117)$$
$$R^2 = 0.948 \quad F = 404.686 \quad DW = 0.678 \tag{6-79}$$

二、进行序列相关性检验

1. 图形法

我们作出残差的时序图(见图 6-6)和 e_{t-1} — e_t 散点图(见图 6-7),发现散点形态与一阶正自相关比较吻合。

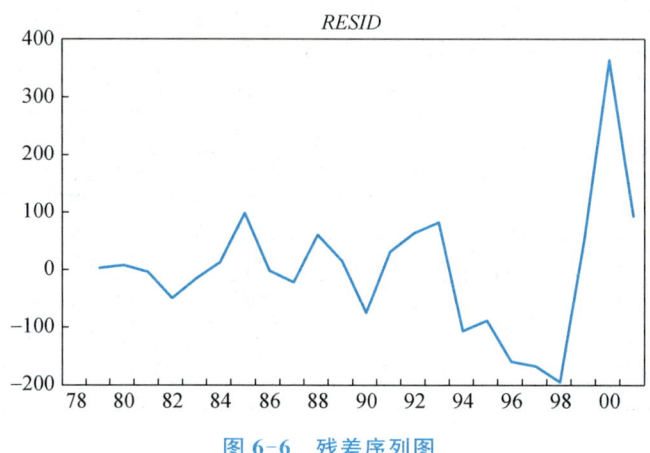

图 6-6　残差序列图

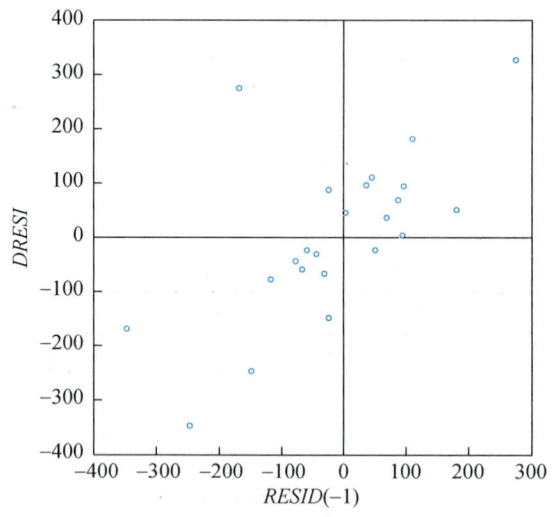

图 6-7　t 期残差对 $t-1$ 期残差的散点图

2. DW 检验

我们取 $n = 24$,$k = 1$,$\alpha = 0.05$,查表得到 $d_L = 1.27$,$d_U = 1.45$ 。由于 $DW = 0.628 < d_L = 1.27$,因此随机误差项存在一阶正自相关。

3. BG 检验

我们在回归结果的窗口依次选择"Residual Diagnostics""Serial Correlation LM Test",如图(6-8)所示。

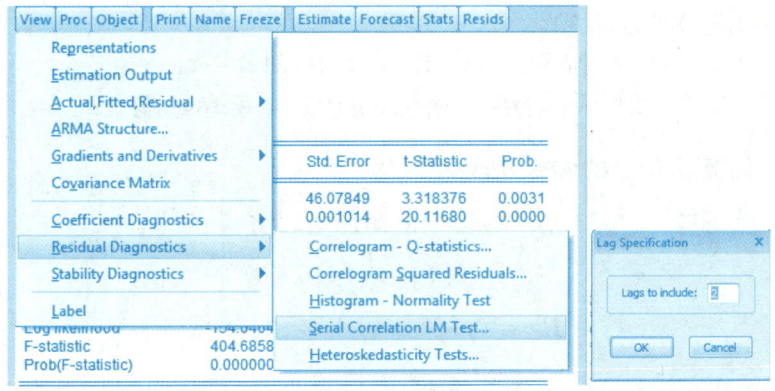

图 6-8　BG 检验的菜单程序

滞后阶数选择 2,得到如下结果:

$$\hat{e}_t = 6.593 - 0.000\ 3GDP_t + 1.094e_{t-1} - 0.786e_{t-2}$$
$$t = (0.23) \quad (-0.50) \quad (6.23) \quad (-3.69) \quad R^2 = 0.661\ 4$$

$$\tag{6-80}$$

于是:
$$LM = 22 \times 0.661\ 4 = 14.55 \tag{6-81}$$

我们取 $\alpha = 5\%$,χ^2 分布的临界值 $\chi^2_{0.05}(2) = 5.991$,则:

$$LM > \chi^2_{0.05}(2) \tag{6-82}$$

故存在正自相关,且存在二阶序列相关。

滞后阶数选择 3,得到如下结果:

$$\hat{e}_t = 6.692 - 0.000\ 3GDP_t + 1.108e_{t-1} - 0.819e_{t-2} + 0.032e_{t-3}$$
$$t = (0.22) \quad (-0.497) \quad (4.541) \quad (-1.842) \quad (0.087) \quad R^2 = 0.661\ 5$$

$$\tag{6-83}$$

$$LM = 21 \times 0.661\ 5 = 13.89 \tag{6-84}$$

我们取 $\alpha = 5\%$,χ^2 分布的临界值 $\chi^2_{0.05}(3) = 7.851$,则:

$$LM > \chi^2_{0.05}(3) \tag{6-85}$$

故存在阶正自相关。但 e_{t-3} 的参数不显著,说明不存在 3 阶序列自相关。

三、处理序列相关

1. 杜宾两步法

第一步:估计模型。

$$\hat{M}_t = 78.09 + 0.938M_{t-1} - 0.469M_{t-2} + 0.055GDP_t - 0.096GDP_{t-1} + 0.054GDP_{t-2}$$
$$t = (1.76) \quad (6.64) \quad (-1.76) \quad (5.88) \quad (-5.19) \quad (5.30)$$
$$R^2 = 0.988\ 6 \quad DW = 2.31$$

$$\tag{6-86}$$

第二步:作广义差分变换。

$$M_t^* = M_t - 0.938M_{t-1} + 0.469M_{t-2}$$
$$GDP_t^* = GDP_t - 0.938GDP_{t-1} + 0.469GDP_{t-2}$$

(6-87)

则 M^* 关于 GDP^* 的 OLS 估计结果为:

$$\hat{M}_t^* = 86.18 + 0.020GDP_t^*$$
$$t = (2.76) \quad (16.46)$$
$$\overline{R}^2 = 0.927\,9 \quad DW = 1.583$$

(6-88)

我们取 $n = 22$, $k = 1$, $\alpha = 0.05$,查表得到 $d_U = 1.43$。
$DW > d_U$,模型式(6-88)已经不存在自相关。

为了与最初的 OLS 估计结果对比,我们计算 $\hat{\beta}_0$:

$$\hat{\beta}_0 = \hat{\beta}_0^* / (1 - \hat{\rho}_1 - \hat{\rho}_2) = 86.18/(1 - 0.938 + 0.469) = 162.30$$

(6-89)

于是,原模型为:

$$\hat{M}_t = 162.30 + 0.020\,4GDP_t$$

(6-90)

式(6-90)与 OLS 估计结果 $\hat{M}_t = 152.906 + 0.020\,4GDP_t$ 相比,差别只在截距项。

2. 科奥迭代法

二阶广义差分的结果为:

$$\hat{M}_t = 169.32 + 0.020GDP_t + 1.108AR[1] - 0.801AR[2]$$
$$t = (3.81) \quad (18.45) \quad (6.11) \quad (-3.61)$$
$$\overline{R}^2 = 0.979 \quad DW = 1.85$$

(6-91)

$\alpha = 0.05$, $DW > d_U = 1.66$,模型式(6-91)已经不存在自相关。

本章小结

本章主要介绍了误差项自相关的后果以及检验和处理的方法,并使用 EViews 软件给出了具体的实例。

关键术语

自相关 广义差分法 广义最小二乘法 相关系数 一阶自回归 DW 检验 BG 检验 普瑞斯-温斯顿变换 科-奥迭代法

一、名词解释

1. 自相关。

2. DW 检验。

3. 一阶自相关。

4. 广义差分法。

二、判断题

1. 任何情况下都可以用一阶差分法消除序列相关。 （　　）

2. 存在误差序列相关时,OLS 估计量仍然是无偏的。 （　　）

3. DW 检验的值在 0~4,数值趋于 4 说明模型随机误差项的自相关度越小。

（　　）

4. 在实践中,如果样本容量足够大,则无须进行普瑞斯-温斯顿变换。 （　　）

5. 如果计量模型存在自相关性,那么最小二乘估计量不再是 BLUE 估计量。

（　　）

三、单选题

1. 在序列自相关的情况下,参数估计值的方差不能正确估计的原因是（　　）。

A. $E(\varepsilon_i^2) \neq \sigma^2$ 　　　　　　B. $E(\varepsilon_i \varepsilon_j) \neq 0 (i \neq j)$

C. $E(x_i \varepsilon_i) \neq 0$ 　　　　　　D. $E(\varepsilon_i) \neq 0$

2. 设 ε_t 为随机误差项,则一阶线性自相关是指（　　）。

A. $\mathrm{Cov}(\varepsilon_t, \varepsilon_s) \neq 0 \ (t \neq s)$ 　　B. $\varepsilon_t = \rho \varepsilon_{t-1} + v_t$

C. $\varepsilon_t = \rho_1 \varepsilon_{t-1} + \rho_2 \varepsilon_{t-2} + v_t$ 　　D. $\varepsilon_t = \rho^2 \varepsilon_{t-1} + v_t$

3. 如果回归模型违背了无自相关假定,最小二乘估计量是（　　）。

A. 无偏的,有效的 　　　　　　B. 有偏的,非有效的

C. 无偏的,非有效的 　　　　　　D. 有偏的,有效的

4. 若使用普通最小二乘法估计模型,残差的一阶自相关系数为 0.8,则 DW 统计量的值近似为（　　）。

A. 0.2　　　　　B. 0.4　　　　　C. 0.8　　　　　D. 1.6

5. 应用 DW 检验方法时应满足该方法的假定条件,下列各项中,不是其假定条件的是（　　）。

A. 被解释变量为非随机的

B. 解释变量为非随机的

C. 线性回归模型中不能含有滞后内生变量

D. 随机误差项服从一阶自回归

6. 在下列引起序列自相关的原因中,不正确的是（　　）。

A. 经济变量具有惯性作用

B. 解释变量之间的共线性

C. 设定偏误

D. 经济行为的滞后性

7. 已知模型的形式为 $y_t = \beta_0 + \beta_1 x_t + \varepsilon_t$,在用实际数据对模型的参数进行估计的

时候,测得 DW 统计量为 0.645 3,则广义差分变量是(　　)。

A. $y_t - 0.645\ 3y_{t-1}$,$x_t - 0.645\ 3x_{t-1}$

B. $y_t - 0.677\ 4y_{t-1}$,$x_t - 0.677\ 4x_{t-1}$

C. $y_t - y_{t-1}$,$x_t - x_{t-1}$

D. $y_t - 0.05y_{t-1}$,$x_t - 0.05x_{t-1}$

8. 广义差分法是对(　　)用最小二乘法估计其参数。

A. $y_t = \beta_0 + \beta_1 x_t + \varepsilon_t$

B. $y_t = \beta_0 + \beta_1 x_{t-1} + \varepsilon_{t-1}$

C. $\rho y_t = \rho\beta_0 + \rho\beta_1 x_t + \rho\varepsilon_t$

D. $y_t - \rho y_{t-1} = \beta_0(1-\rho) + \beta_1(x_t - \rho x_{t-1}) + (\varepsilon_t - \rho\varepsilon_{t-1})$

9. 在 DW 检验中,当 DW 统计量为 4 时,表明(　　)。

A. 存在完全的正自相关　　　　　　　B. 存在完全的负自相关

C. 不存在自相关　　　　　　　　　　D. 不能判定

10. 根据 20 个观测值估计的结果,一元线性回归模型的 $DW = 2.3$;在样本容量 $n=20$,解释变量 $k=1$,显著性水平为 0.05 时,查得 $d_L = 1$,$d_U = 1.41$,则可以判断(　　)。

A. 不存在一阶自相关　　　　　　　　B. 存在正的一阶自相关

C. 存在负的一阶自相关　　　　　　　D. 无法确定

四、计算分析题

1. 根据某地区居民对农产品的消费 y 和居民收入 x 的样本资料,应用最小二乘法估计模型,估计结果如下,拟合效果(见图 6-9)。

$$\hat{y} = 27.912\ 3 + 0.352\ 4x$$

$$(14.934\ 3)\quad(64.072\ 8)$$

$$R^2 = 0.996\ 6,\ \sum_{i=1}^{16} e_i^2 = 22.050\ 6,\ DW = 0.680\ 0,\ F = 4\ 122.531$$

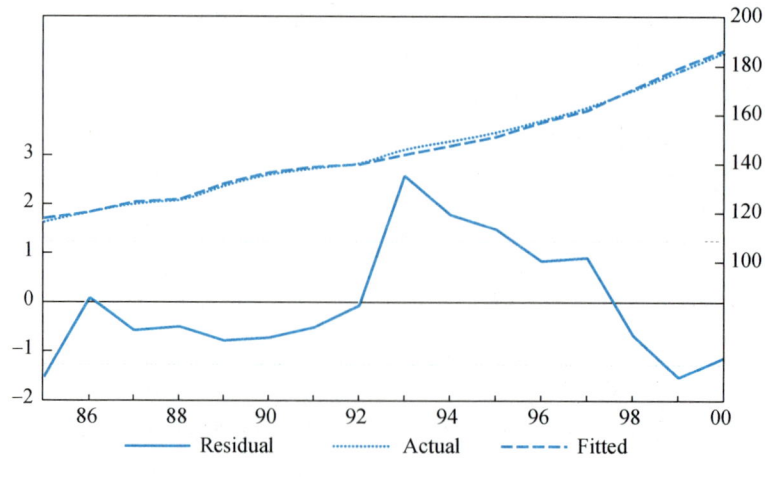

图 6-9　拟合效果

由所给资料完成以下问题：

(1) 在 $n=16$，$\alpha=0.05$ 的条件下，查 DW 表得临界值分别为 $d_L=1.106$，$d_U=1.371$，试判断模型中是否存在自相关。

(2) 如果模型存在自相关，求出相关系数 $\hat{\rho}$，并利用广义差分变换写出无自相关的广义差分模型。

2. 用家庭消费支出 (Y)、可支配收入 (X_1)、个人财富 (X_2) 设定模型如下：$Y_i=\beta_0+\beta_1 X_{1i}+\beta_2 X_{2i}+\varepsilon_i$，回归分析结果（见表 6-4）。

表 6-4 回归分析结果

Dependent Variable：Y
Method：Least Squares
Included observations：10

Variable	Coefficient	Std. Error	t-Statistic	Prob.
C	24. 407 0	6. 997 3	3. 488 1	0. 010 1
$X1$	−0. 340 1	0. 478 5	−0. 710 8	0. 500 2
$X2$	0. 082 3	0. 045 8	1. 796 9	0. 115 2

R-squared	0. 961 5	Mean dependent var	111. 125 6
Adjusted R-squared	0. 950 5	S. D. dependent var	31. 428 9
S. E. of regression	6. 543 6	Akaike info criterion	4. 133 8
Sum squared resid	342. 548 6	Schwarz criterion	4. 224 6
Log likelihood	−31. 858 5	F-statistic	87. 333 6
Durbin-Watson stat	2. 438 2	Prob(F-statistic)	0. 000 000

其中已知，在 $n=10$，$\alpha=0.05$ 的条件下，$d_L=0.697$，$d_U=1.641$。

(1) 在 0.05 的显著性水平下，判断模型中随机误差项是否存在自相关性。

(2) 计算随机误差项的一阶自相关系数的估计值。

第 七 章

多重共线性

◎ **学习目的与要求**

（1）理解多重共线性的基本概念。

（2）了解多重共线性导致的后果。

（3）掌握多种多重共线性的检验方法。

（4）掌握多种对多重共线性的处理方法。

◎ **重点**

掌握多重共线性的检验方法和处理方法。

◎ **难点**

掌握多重共线性导致的后果和对多重共线性的处理方法。

微课：多重共线性

　导　读

　　我们在第三章中曾指出，古典线性回归模型假定之一是模型不存在严格多重共线性(perfect multicollinearity)。这要求模型中的解释变量之间不存在严格的线性关系。本章将详细地阐述多重共线性的概念和多重共线性导致的后果，然后介绍多重共线性的检验，以及对多重共线性的处理，并用 EViews 软件给出具体的例子。

第一节　多重共线性的概念

　　多重共线性可以分为严格多重共线性和近似多重共线性。如果多元线性回归模型中某一个解释变量可以由其他解释变量线性表示，则称存在严格多重共线性。对于严格多重共线性的识别是非常容易的，因为，如果模型存在严格多重共线性，X 不满列秩，则 $(X'X)^{-1}$ 不存在，最小二乘估计量 $b = (X'X)^{-1}X'y$ 将无法估计，因此，模型的参数将无法识别，或者说根本就无法得到模型参数的回归估计值。例如，变量 x_2 正好是 x_3 的 2 倍，当变量 x_3 变化时，不可能保持变量 x_2 不变，这意味着在模型中，无法解释变量 x_3 的系数的含义，也无法区分变量 x_2 和变量 x_3 对被解释变量 y 的影响，实际上，模型也根本无法估计。

　　严格多重共线性在现实数据中很少出现，它更多的是在模型设定中出现的问题，如把有严格相互联系的解释变量引入同一个模型或者虚拟变量设置不当。在模型中比较常见的是近似多重共线性，即在多元线性回归模型中，两个或多个变量之间高度相关但不完全相关，我们称之为近似多重共线性，简称多重共线性。近似多重共线性更多情况下是样本数据问题，总体回归模型在设立的时候，一般认为模型中所有解释变量对被解释变量都有独立的影响，解释变量之间没有相关性。但这仅仅是一种总体上的情况，由于大多数经济数据都不是通过实验获得的，实际的样本常常与总体有较大偏差，从而导致样本回归模型的解释变量之间存在较高的相关性，并导致近似多重共线性的出现。

　　在近似多重共线性存在的情况下，依然可以通过最小二乘法得到回归参数的估计值，但此时对变量系数的解释却会遇到一些困难。例如，某个模型的多重共线性问题是由于两个解释变量 x_2 和 x_3 高度相关引起的。因为变量 x_2 的斜率系数表示在其他变量保持不变时，由 x_2 的变动所引起的 y 的变化量。但因为 x_2 和 x_3 高度相关，所以在 x_2 变化时假定 x_3 不变是有些牵强的。正是由于以上原因，如果模型存在近似多重共线性，那么样本数据中的信息将不足以对估计结果给出令人信服的解释，后面我们所说的多重共线性如果没有特别说明,通常指近似多重共线性。

第二节　多重共线性的后果

现实模型中解释变量之间往往存在较高的相关性,使得多重共线性成为普遍存在的现象。如一些宏观经济变量由于在时间上有共同的变动趋势,在经济高涨时普遍上涨,在经济衰退时普遍下跌,这导致了多重共线性;又如在消费函数中,解释变量除了包含当期收入外,通常还包括前期收入,而这常常导致多重共线性问题。

多元线性回归模型如果存在多重共线性,会产生以下后果:

(1) 在多重共线性情况下,OLS 估计量仍然是最佳线性无偏估计量(BLUE),高斯-马尔科夫定理并未排除多重共线性,因此,OLS 估计量在所有线性无偏的估计量当中相对而言方差仍然是最小的。

(2) 多重共线性使得 OLS 估计量的方差在绝对意义上变大,系数估计值的符号与理论预期不一致,OLS 估计量对数据的微小变化非常敏感,即如果样本数据发生微小变化,回归结果将发生较大的变化。

我们可以证明对于多元线性回归模型 $y_i = \beta_0 + \beta_1 x_{i1} + \beta_2 x_{i2} + \cdots + \beta_k x_{ik} + \varepsilon_i (i = 1, \cdots, n)$,$x_k$ 系数 b_k 的方差的计算公式为:

$$\begin{aligned}\mathrm{Var}(b_k \mid X) &= \frac{\sigma^2}{SST_k \left(1 - \dfrac{SSE_k}{SST_k}\right)} \\ &= \frac{\sigma^2}{SST_k (1 - R_k^2)}\end{aligned} \tag{7-1}$$

式(7-1)中:R_k^2 是解释变量 x_{ik} 对模型中其余解释变量进行回归的决定系数;SST_k 为解释变量 x_{ik} 的离差平方和。R_k^2 越大,即模型中其余解释变量对 x_{ik} 的解释力越高,则解释变量 x_{ik} 与模型中其余解释变量的共线性就越高。由式(7-1)可知,R_k^2 越大,b_k 的方差就越大。而随着 b_k 的方差变大,导致 OLS 估计量不稳定,对数据的微小变化非常敏感,或者系数估计值的符号与理论预期不一致。

(3) 多重共线性导致 t 检验失去意义。由于多重共线性使得 OLS 估计量的方差变大,使得参数的 t 检验统计量变小,从而增加了接受原假设的可能,继而增大了舍去重要解释变量的可能性,导致 t 检验失去意义。存在多重共线性的模型常常出现多个解释变量 t 检验不显著,联合显著性 F 检验显著,且决定系数 R^2 很高的现象。

第三节　多重共线性的检验

尽管多重共线性并不影响模型估计量的 BLUE 性质,但确实对假设检验以及回归结果的分析和应用产生了不利的影响。我们下面介绍几种常用的检验模型是否存在多重共线性的方法。

一、简单相关系数法

简单相关系数常用来衡量两个变量之间的线性相关程度,其计算公式为:

$$r = \frac{\text{cov}(x, y)}{\sqrt{\text{var}(x)\text{var}(y)}} \tag{7-2}$$

简单相关系数的取值范围为 $-1 \leqslant r \leqslant 1$。当 $r = -1$ 时,变量 x 与 y 完全负相关;当 $r = 1$ 时,变量 x 与 y 完全正相关;当 $r = 0$ 时,变量 x 与 y 无线性相关关系。$|r|$ 越接近 1,说明变量 x 与 y 之间的线性相关关系越强。利用简单相关系数检验模型的多重共线性时,根据式(7-2)计算解释变量两两之间的简单相关系数,得到相关系数矩阵,如果矩阵中有简单相关系数的绝对值接近 1,比方说超过 0.9,则认为模型存在多重共线性。

二、综合统计检验法

存在多重共线性的模型常常出现多个解释变量的系数 t 检验不显著,联合显著性 F 检验显著,且决定系数 R^2 很高的现象,我们可以利用这个现象进行多重共线性检验。观察模型的估计结果,如果出现一些解释变量的系数 t 检验不显著,但联合显著性 F 检验表明模型总体是显著的,且决定系数 R^2、调整的决定系数 $\bar{R}^2$ 较高,则认为模型存在多重共线性问题。

三、方差膨胀因子检验

对于多元线性回归模型,式(7-1)中 b_k 的方差可以表示为:

$$\text{Var}(b_k \mid X) = \frac{\sigma^2}{SST_k(1 - R_k^2)} = \frac{\sigma^2}{SST_k}\frac{1}{(1 - R_k^2)} \tag{7-3}$$

而式(7-3)中的因子 $1/(1 - R_k^2)$,正是第 k 个解释变量与其他解释变量之间的相关性导致 b_k 的方差扩大的倍数。我们把这个因子称为方差膨胀因子,表示为:

$$VIF(b_k) = \frac{1}{(1 - R_k^2)} \tag{7-4}$$

这个方差膨胀因子正是反映各个解释变量与其他变量之间的相关性,对参数估计方差和模型有效性影响程度的关键指标,可以用来检验多重共线性的存在以及根源。这种检验方法称为方差膨胀因子检验,是检验多重共线性的常用方法。

通常以方差膨胀因子 VIF 是否大于 10,即 R_k^2 是否大于 0.9,或第 k 个解释变量是否 90% 以上由其他解释变量反映,作为判断 k 个解释变量是否存在必须加以处理的多重共线性的标准。事实上,当解释变量之间存在严重的共线性问题时,相关变量的方差膨胀因子常常会达到几十、上百甚至更大。

利用方差膨胀因子进行多重共线性检验时,基本判断规则是 VIF 越大则说明多重共线性问题越严重。如果一个模型中最大的 VIF，即 $\max\{VIF_1, \cdots, VIF_k\}$，不超过 10，则认为模型不存在多重共线性；而如果任意一个变量的 VIF 超过 10，则认为模型存在多重共线性问题。

第四节　多重共线性的处理

对于多元线性回归模型来讲，多重共线性问题是一个普遍的现象。可以说，对于使用"非实验数据"的多元线性回归模型来讲，多重共线性更倾向于是一个严重程度问题，而不是一个存在与否的问题。所以，如果多重共线性并没有对模型参数的估计和分析造成严重影响，则可以忽略此问题，如果多重共线性确实对模型的分析造成了"不利"影响，那么就需要进行处理。下面我们将介绍几种常用的处理办法，从而能消除多重共线性的"不利"影响。

一、增加样本容量

因为多数多重共线性是一个样本现象，所以，我们通过获取新的或者增加额外的样本数据就可能消除多重共线性的影响。由于近似多重共线性意味着 $\sum_{k=0}^{K}\lambda_{ki} + \chi_{ki} \cong 0$ 对任意 i 都必须成立，若样本容量较小，近似多重共线性的可能性就较大；若样本容量大，多重共线性的可能性就越小，因此，增加样本容量常能降低解释变量之间的多重共线性。增加样本容量是理论上降低多重共线性最简便的方法之一。

但是，增加样本容量并不必然降低多重共线性。首先，事实上如果所增加的数据与原来的数据有基本相同的性质，即也有类似的共线性，那么就完全起不到作用。其次，在许多实际的计量经济分析中，数据数量会受到很大限制，增加样本容量事实上无法实现。因此，增加样本容量的方法在解决多重共线性方面的作用是很有限的。

二、变换模型的形式

因为多重共线性往往是经济变量的共同变化趋势引起的，差分变换或者改成对数线性模型常常能使数据中趋势性部分的比重降低，波动和变化部分的比重加强，从而降低多重共线性问题。总之，我们可以尝试使用不同的模型来消除多重共线性的影响。

三、利用参数的先验信息

先验信息是指根据前期研究所获得的结论和信息。假定这些结论或信息同样适用于当前样本，则可以通过减少模型待估参数的个数来消除多重共线性，或者降低多重共线性的程度。

例如，已知生产函数为：$Y = AL^{a}K^{\beta}$，经过对数变换建立了以下线性回归模型：

$$\log Y = \log A + a\log L + \beta \log K + \varepsilon \tag{7-5}$$

因为劳动力和资本的增长往往有同步性,因此,上述模型往往有多重共线性问题。

不过,有时候根据对经济的实证研究,我们能够预先知道所研究的经济有规模报酬不变的性质,也就是上述模型中的参数 α 和 β 满足 $\alpha+\beta=1$。这种先验信息就可以用来克服多重共线性问题。我们把 $\beta=1-\alpha$ 代入模型式(7-5),化简可得:

$$\log \frac{Y}{K} = \log A + \alpha \log \frac{L}{K} + \varepsilon \tag{7-6}$$

模型式(7-6)是一元回归模型,所以不再存在多重共线性,即通过利用先验信息消除了多重共线性。使用先验信息方法的一个缺陷在于外生的或者先验的信息并不总是可得的。更进一步,我们即使可以得到一些先验信息,也无法保障这些前期的信息在当前依然有效。

四、删减解释变量

因为多重共线性问题主要是由于解释变量之间的高相关性引起的,所以解决多重共线性的最简单的方法就是根据变量系数不显著的程度逐步删除一个或者多个共线性的变量。不过,需要强调的是,从模型中删除变量必须是慎之又慎的方法。因为,以经济理论为基础创建的计量模型往往是一些"正确设定"的模型。根据计量理论,从"正确设定"的模型中删除变量会得到模型参数的有偏估计量。所以,要不要删除解释变量需要根据情况而定。

五、逐步回归法

逐步回归法既是一种建立计量模型的方法,也是处理多重共线性问题的有效方法。逐步回归法的基本思路为:

(1)首先,用被解释变量和每一个解释变量都建立一个一元回归模型。其次,根据一元回归模型的拟合优度 R^2 或者解释变量斜率估计量的 t 值或者 p 值,选择一个一元回归模型作为基本回归方程。

(2)依据解释变量斜率估计量的 t 值或者 p 值向基本回归方程中逐步添加其他解释变量,并重新进行线性回归。如果新添加的解释变量提高了模型的拟合优度,且新模型中所有解释变量均显著,就在模型中保留该解释变量;如果新添加的解释变量没有提高模型的拟合优度,或者导致模型出现了多重共线性,那么就不在模型中保留该变量。我们对其他解释变量都重复以上步骤,那么,最后剩余的模型即为逐步回归法建立的模型。

第五节　EViews 实例

我们利用数据集"ch07a.wf1"建立以下上海社会消费品零售总额模型:

$$sales = \beta_0 + \beta_1 cons\_u + \beta_2 cons\_r + \beta_3 rpi + \beta_4 pop + \beta_5 u\_ratio + \varepsilon \tag{7-7}$$

式(7-7)中：变量 *sales* 为上海市社会消费品零售总额；变量 *cons_u* 为上海市城镇居民消费水平；变量 *cons_r* 为上海市农村居民消费水平；变量 *rpi* 上海市零售商品价格指数；变量 *pop* 为上海市常住人口数；变量 *u_ratio* 为上海市城镇化率。

一、对模型进行多重共线性检验

1. 简单相关系数法

我们计算解释变量两两之间的简单相关系数，在 EViews 软件中打开数据集 "ch07a.wf1"，选择所有的解释变量并作为一个组打开，在菜单中点击"View"选项，选择"Covariance Analysis"选项，再选择"correlation"，点击"OK"按钮可得如下结果。

表 7-1　简单相关系数法检验结果

	CONS_U	CONS_R	RPI	POP	U_RATIO
CONS_U	1.000 000	0.974 568	0.706 486	0.985 991	−0.151 269
CONS_R	0.974 568	1.000 000	0.771 664	0.947 184	−0.107 359
RPI	0.706 486	0.771 664	1.000 000	0.632 170	0.303 946
POP	0.985 991	0.947 184	0.632 170	1.000 000	−0.231 578
U_RATIO	−0.151 269	−0.107 359	0.303 946	−0.231 578	1.000 000

由表 7-1 可知，变量 *con_u* 与变量 *con_r*、*pop* 的简单相关系数的值均大于 0.9，变量 *con_r* 与变量 *pop* 的简单相关系数的值也大于 0.9，高度相关，因此，模型式(7-7)存在多重共线性。

2. 综合统计检验法

我们使用 OLS 对模型式(7-7)进行估计，可得如下估计结果。

表 7-2　模型式(7-7)的 OLS 估计结果

Dependent Variable：SALES
Method：Least Squares
Date：05/21/20　Time：20:53
Sample：1998 2015
Included observations：18

Variable	Coefficient	Std. Error	t-Statistic	Prob.
CONS_U	0.058 690	0.081 524	0.719 913	0.485 4
CONS_R	0.284 569	0.066 082	4.306 281	0.001 0
RPI	91.905 00	23.326 29	3.939 974	0.002 0
POP	0.930 472	1.347 792	0.690 368	0.503 1
U_RATIO	−4.950 229	34.637 60	−0.142 915	0.888 7
C	−10 596.89	3 639.036	−2.912 005	0.013 0

R-squared	0.993 191	Mean dependent var	4 592.937
Adjusted R-squared	0.990 354	S. D. dependent var	2 671.522
S. E. of regression	262.387 3	Akaike info criterion	14.238 72
Sum squared resid	826 165.0	Schwarz criterion	14.535 51
Log likelihood	−122.148 5	Hannan-Quinn criter.	14.279 65
F-statistic	350.060 9	Durbin-Watson stat	2.462 994
Prob(F-statistic)	0.000 000		

由表 7-2 可知，模型式(7-7)的 OLS 估计结果中，F 统计量的值为 350.06，相应的 P 值为 0，模型总体非常显著，决定系数和调整的决定系数均为 0.99，拟合度非常高，变量 $cons\_r$ 与 rpi 的系数 t 检验显著，但变量 $cons\_u$、rpi 与 pop 的系数 t 检不验显著，根据综合统计检验法，模型式(7-7)存在多重共线性。

3. 方差膨胀因子检验法

在表 7-2 方程估计结果窗口，我们在菜单中点击"View"选项，选择"Coefficient Diagnostics"选项，再点击"Variance Inflation Factors"选项可得方差膨胀因子检验的结果。

表 7-3　模型式(7-7)的方差膨胀因子检验结果

Variance Inflation Factors
Date：05/22/20　Time：09：25
Sample：1998 2015
Included observations：18

Variable	Coefficient Variance	Uncentered VIF	Centered VIF
CONS_U	0.006 646	946.776 4	96.513 87
CONS_R	0.004 367	205.799 0	29.289 33
RPI	544.115 9	1 349.507	4.453 151
POP	1.816 543	1 948.729	56.709 43
U_RATIO	1 199.763	2 484.840	1.768 230
C	13 242 584	3 462.260	NA

由表 7-3 可知，模型式(7-7)的方差膨胀因子检验结果中，Centered VIF 这一列值中变量 $cons\_u$、$cons\_r$ 与 pop 的 VIF 值均非常大，远超过10，因此，模型式(7-7)存在多重共线性。简单相关系数法、综合统计检验法和方差膨胀因子检验法三种多重共线性检验方法的结果是一致的。

二、多重共线性的处理

我们介绍删减解释变量方法。由表 7-2 中模型式(7-7)的 OLS 估计结果可知，变量 u_ratio 的系数 t 检验最不显著。首先，在模型中去掉。其次，再做 OLS 估计可得如下结果。

表 7-4　多重共线性的处理

Dependent Variable：SALES
Method：Least Squares
Date：05/22/20　Time：10：09
Sample：1998 2015
Included observations：18

Variable	Coefficient	Std. Error	t-Statistic	Prob.
CONS_U	0.055 798	0.075 939	0.734 775	0.475 5
CONS_R	0.286 682	0.061 932	4.628 949	0.000 5
RPI	90.311 94	19.703 45	4.583 560	0.000 5
POP	0.986 807	1.239 350	0.796 229	0.440 2
C	−10 957.17	2 523.574	−4.341 927	0.000 8

（续 表）

R-squared	0.993 179	Mean dependent var	4 592.937
Adjusted R-squared	0.991 080	S. D. dependent var	2 671.522
S. E. of regression	252.308 0	Akaike info criterion	14.129 31
Sum squared resid	827 571.1	Schwarz criterion	14.376 64
Log likelihood	−122.163 8	Hannan-Quinn criter.	14.163 41
F-statistic	473.229 8	Durbin-Watson stat	2.451 529
Prob(F-statistic)	0.000 000		

由表 7-4 估计结果可知,变量 $cons\_u$ 的系数 t 检验最不显著,在模型中去掉,再做 OLS 估计可得如下结果。

表 7-5　多重共线性的处理(续)

Dependent Variable：SALES
Method：Least Squares
Date：05/21/20　Time：20:54
Sample：1998 2015
Included observations：18

Variable	Coefficient	Std. Error	t-Statistic	Prob.
CONS_R	0.312 529	0.050 129	6.234 490	0.000 0
RPI	93.871 14	18.782 30	4.997 852	0.000 2
POP	1.778 129	0.603 149	2.948 075	0.010 6
C	−11 969.75	2 079.045	−5.757 331	0.000 0

R-squared	0.992 896	Mean dependent var	4 592.937
Adjusted R-squared	0.991 374	S. D. dependent var	2 671.522
S. E. of regression	248.127 3	Akaike info criterion	14.058 89
Sum squared resid	861 940.5	Schwarz criterion	14.256 75
Log likelihood	−122.530 0	Hannan-Quinn criter.	14.086 17
F-statistic	652.228 3	Durbin-Watson stat	2.431 119
Prob(F-statistic)	0.000 000		

由表 7-5 估计结果可知,所有变量系数 t 检验均显著,模型中已不存在多重共线性。

本章小结

本章介绍了多重共线性的概念、后果以及检验和处理的方法,并给出了具体的 EViews 实例。

关键术语

严格多重共线性　近似多重共线性　简单相关系数　方差膨胀因子　逐步回归法

练习题

一、名词解释

1. 近似多重共线性。
2. 简单相关系数。
3. 方差膨胀因子。
4. 逐步回归法。

二、判断题

1. 多重共线性对多元线性回归模型无影响。   (   )
2. 如果存在严格多重共线性,多元线性回归模型仍然可以进行 OLS 估计。 (   )
3. 方差膨胀因子大于 1 时,多元线性回归模型存在多重共线性。   (   )
4. 所有解释变量的方差膨胀因子大于 10 时,多元线性回归模型才存在多重共线性。   (   )
5. 增加样本容量一定降低多重共线性。   (   )

三、单选题

1. 在多元线性回归模型中,若某个解释变量对其余解释变量回归的决定系数接近于 1,则表明该模型存在(   )。

   A. 异方差性   B. 多重共线性
   C. 序列相关性   D. 高拟合优度

2. 简单相关系数法主要用于检验(   )。

   A. 异方差性   B. 自相关性
   C. 随机解释变量   D. 多重共线性

3. 设 x_1, x_2 为解释变量,则严格多重共线性是(   )。

   A. $x_1 + \dfrac{1}{2}x_2 = 0$

   B. $x_1 e^{x_2} = 0$

   C. $x_1 + \dfrac{1}{2}x_2 + v = 0$($v$ 为随机误差项)

   D. $x_1 + e^{x_2} = 0$

4. 设 x_1, x_2 为解释变量,则近似多重共线性是(   )。

   A. $x_1 + \dfrac{1}{2}x_2 = 0$ B. $x_1 e^{x_2} = 0$

   C. $x_1 + \dfrac{1}{2}x_2 + v = 0$($v$ 为随机误差项)   D. $x_1 + e^{x_2} = 0$

5. 在多元线性回归模型中,发现一些变量系数的 t 检验不显著,但模型的 R^2 或 $\bar{R}^2$ 却很大,F 值也很显著,这说明模型存在(   )。

A. 多重共线性　　B. 异方差　　　　C. 自相关　　　　D. 设定偏误

6. 下列各项中,不正确的是（　　）。

A. 多重共线性产生的原因有模型中大量采用滞后变量

B. 多重共线性是样本现象

C. 检验多重共线性的方法有 DW 检验法

D. 处理多重共线性的方法有增加样本容量

7. 下列各项中,（　　）不是处理多重共线性的方法。

A. 删减解释变量法　　　　　　　B. 逐步回归法

C. 变换模型的形式　　　　　　　D. 加权最小二乘法

8. 下列各项中,说法不正确的是（　　）。

A. 利用先验信息可以处理多重共线性问题

B. 增加样本容量可以处理多重共线性问题

C. 全部解释变量的方差膨胀因子都大于10,模型才存在多重共线性问题

D. 全部解释变量的方差膨胀因子都小于10,则模型不存在多重共线性问题

9. 检验多重共线性方法不包括（　　）。

A. 简单相关系数法　　　　　　　B. 综合统计检验法

C. DW 检验　　　　　　　　　　D. 方差膨胀因子检验

10. 多重共线性的后果有（　　）。

A. 参数估计量的方差变大

B. t 检验失去意义

C. 系数估计值的符号与理论预期不一致,OLS 估计量对数据的微小变化非常敏感

D. 出现自相关现象

四、计算分析题

1. 对于美国新车销售模型 $cars = \beta_0 + \beta_1 cprice + \beta_2 cpi + \beta_3 pdi + \beta_4 i + \varepsilon$,基于 1971—1986 年美国新车销售数量 cars 和新车价格指数 cprice、消费价格指数 cpi、个人可支配收入 pdi、利率 i,利用 OLS 法估计得出了下列回归方程（见表7-6）。

表7-6　美国新车销售回归方程

Dependent Variable：CARS
Method：Least Squares
Date：05/23/20　Time：10：16
Sample：1971 1986
Included observations：16

Variable	Coefficient	Std. Error	t-Statistic	Prob.
CPRICE	78.276 88	54.218 69	1.443 725	0.176 7
CPI	−140.349 6	37.007 85	−3.792 429	0.003 0
PDI	9.859 969	2.693 536	3.660 604	0.003 8
I	−20.794 10	106.947 0	−0.194 434	0.849 4
C	11 155.99	2 716.291	4.107 068	0.001 7

（续 表）

R-squared	0. 751 247	Mean dependent var	10 005. 13
Adjusted R-squared	0. 660 791	S. D. dependent var	1 163. 645
S. E. of regression	677. 725 8	Akaike info criterion	16. 125 67
Sum squared resid	5 052 435.	Schwarz criterion	16. 367 10
Log likelihood	−124. 005 4	Hannan-Quinn criter.	16. 138 03
F-statistic	8. 305 132	Durbin-Watson stat	1. 616 010
Prob(F-statistic)	0. 002 438		

（1）对单个系数以及回归显著性进行假设检验（显著性水平 $\alpha = 0.05$ ）。

（2）指出模型中存在的问题，并说明理由。

2. 表（7-7）是基于 1971—1986 年数据的美国新车销售模型 $cars = \beta_0 + \beta_1 cprice + \beta_2 cpi + \beta_3 pdi + \beta_4 i + \varepsilon$ 方差膨胀因子检验的结果。

表 7-7 美国新车销售模型方差膨胀因子检验结果

Variance Inflation Factors
Date：05/23/20 Time：10:20
Sample：1971 1986
Included observations：16

Variable	Coefficient Variance	Uncentered VIF	Centered VIF
CPRICE	2 939. 666	2 854. 162	159. 286 5
CPI	1 369. 581	2 563. 050	251. 576 1
PDI	7. 255 137	900. 591 1	130. 536 0
I	11 437. 66	28. 486 43	2. 607 162
C	7 378 235.	257. 018 5	NA

请指出美国新车销售模型是否存在多重共线性，并说明理由。

第 八 章

工具变量法

◎ **学习目的与要求**

（1）了解内生性问题及其产生的后果。

（2）掌握克服内生性问题的工具变量法。

（3）理解两阶段最小二乘法。

◎ **重点**

掌握工具变量法。

◎ **难点**

理解两阶段最小二乘法。

微课：什么是随机解
释变量问题

导 读

本章讨论的内生性问题是计量经济学建模时经常会遇到的问题。首先,需要了解内生性问题及其产生的后果。其次,掌握针对克服内生性问题的工具变量法。最后,理解两阶段最小二乘法。

第一节　内生性问题及其产生的后果

一、内生性问题

线性回归模型的 OLS 估计能够成立的最重要条件是随机误差项 ε 的条件期望为 0,即随机误差项 ε 满足严格外生性,$E(\varepsilon \mid X) = 0$。否则,OLS 参数估计量将是不一致的,即无论样本容量多大,OLS 参数估计量都不会收敛到真实的总体参数。一般来说,不一致的估计是无法接受的。然而,在实证研究的过程中,随机误差项违反严格外生性条件的情况比比皆是,即解释变量与随机误差项呈现相关性,从而使得 OLS 参数估计量出现有偏非一致性,我们把这种情况称为计量经济学的内生性问题,此时的解释变量成为内生变量。

内生性的来源主要包括遗漏变量偏差、自相关、联立方程偏差(simultaneity bias)和测量误差偏差(measurement error bias)。前两个问题已分别在第四章和第六章讨论,下面我们介绍后两者。

1. 联立方程偏差

例 8-1　考察如下农产品市场均衡模型:

$$\begin{cases} q_t^d = \alpha + \beta p_t + u_t \\ q_t^s = \gamma + \delta p_t + v_t \\ q_t^d = q_t^s \end{cases} \tag{8-1}$$

式(8-1)中:q^d 为农产品需求;q^s 为农产品供给;而 p_t 为农产品价格。市场出清的均衡条件要求 $q_t^d = q_t^s$。令 $q_t \equiv q_t^d = q_t^s$,可得:

$$\begin{cases} q_t = \alpha + \beta p_t + u_t \\ q_t = \gamma + \delta p_t + v_t \end{cases} \tag{8-2}$$

显然,这两个方程的被解释变量与解释变量完全一样。如果直接做回归 $q_t \xrightarrow{OLS} p_t$,

那么估计的究竟是需求函数还是供给函数呢？两者都不是（见图 8-1）！

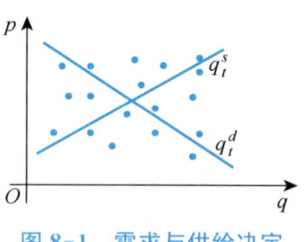

图 8-1 需求与供给决定市场均衡

从数据生成过程的视角，可以把线性方程组式（8-2）的（p_t，q_t）看成是未知数（内生变量），而把（u_t，v_t）看作已知，然后求解（p_t，q_t）为（u_t，v_t）的函数。由此可知，解释变量 p_t 与两个方程的误差项（u_t，v_t）都相关，即 $\text{Cov}(p_t, u_t) \neq 0$，$\text{Cov}(p_t, v_t) \neq 0$。直观来看，一方面对于需求函数的正向冲击（$u_t > 0$），将使得均衡价格 p_t 上升，故两者正相关；另一方面对于供给函数的正向冲击（$v_t > 0$），将使得均衡价格 p_t 下降，故两者负相关。因此，OLS 估计量（$\hat{\beta}$，$\hat{\delta}$）不是（β，δ）的一致估计量，这种偏差称为联立方程偏差。

例 8-2 考察宏观经济模型中的消费函数：

$$\begin{cases} C_t = \alpha + \beta Y_t + \varepsilon_t \\ Y_t = C_t + I_t + G_t + X_t \end{cases} \tag{8-3}$$

式（8-3）中：Y_t，C_t，I_t，G_t，X_t 分别为国内生产总值、总消费、总投资、政府购买与进出口。第一个方程为消费方程。第二个方程为国民收入恒等式。显然，如果单独对消费方程进行 OLS 估计，将存在联立方程偏差，得不到一致估计。

2. 测量误差偏差

导致内生性的另一来源是解释变量的测量误差。

例 8-3 假如真实模型为：

$$y = \beta_0 + \beta_1 x^* + \varepsilon \tag{8-4}$$

式（8-4）中：$\beta_1 \neq 0$，$\text{Cov}(x^*, \varepsilon) = 0$。但 x^* 无法精确观测，而只能观测到 x，两者满足如下关系：

$$x = x^* + u \tag{8-5}$$

式（8-5）中：$\text{Cov}(x^*, u) = 0$（测量误差 u 与被测量变量 x^* 不相关）；$\text{Cov}(u, \varepsilon) = 0$（测量误差与误差项 ε 不相关）。我们将式（8-5）代入式（8-4）中，可得：

$$y = \beta_0 + \beta_1 x + (\varepsilon - \beta_1 u) \tag{8-6}$$

可以证明，新误差项（$\varepsilon - \beta_1 u$）与解释变量 x 存在相关性：

$$\begin{aligned} \text{Cov}(x, \varepsilon - \beta_1 u) &= \text{Cov}(x^* + u, \varepsilon - \beta_1 u) \\ &= \text{Cov}(x^*, \varepsilon) - \beta_1 \text{Cov}(x^*, u) + \text{Cov}(u, \varepsilon) - \beta_1 \text{Cov}(u, u) \\ &= -\beta_1 \text{Var}(u) \neq 0 \end{aligned} \tag{8-7}$$

因此，OLS 参数估计量不一致。由于解释变量测量误差所造成的 OLS 估计偏差称为测量误差偏差。如果被解释变量存在测量误差，后果却不严重。例如，只要被解释变量的测量误差与解释变量不相关，则 OLS 参数估计量依然一致。

二、内生性问题产生的后果

线性回归模型一旦出现内生解释变量,即解释变量与误差项相关的话,如果仍采用普通最小二乘法进行估计,则不同性质的内生解释变量问题会产生不同的后果。下面我们以一元线性回归模型为例进行说明。

从图 8-2 来看,如果内生解释变量 x 与误差项 ε 正相关,则在抽取样本时,容易出现 x 值较小的点在总体回归线下方,而 x 值较大的点在总体回归线上方的情况,因此,拟合的样本回归线则可能低估(underestimate)了截距项,而高估(overestimate)了斜率项;反之,如果内生解释变量 x 与误差项 ε 负相关,则往往导致拟合的样本回归线高估了截距项,而低估了斜率项。

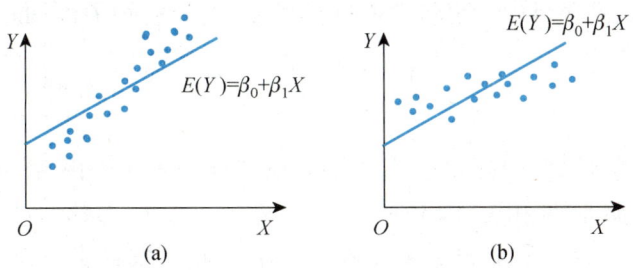

图 8-2　内生解释变量与误差项相关图

一元线性回归模型为:

$$y_i = \beta_0 + \beta_1 x_i + \varepsilon_i (i = 1, \cdots, n) \tag{8-8}$$

根据第二章式(2-22)与式(2-25)可知,最小二乘估计量为:

$$\hat{\beta}_1 = \beta_1 + \sum \lambda_i \varepsilon_i \tag{8-9}$$

式(8-9)中: $\lambda_i = \dfrac{x_i - \bar{x}}{\sum (x_i - \bar{x})^2}$,即 λ_i 是解释变量 x_i 的函数表达式。

根据内生解释变量 x 与误差项 ε 的关系不同,OLS 参数估计量的统计性质也会不同,这可分以下三种不同情况:

(1)如果 x 与 ε 不相关,即 $\mathrm{Cov}(x_i, \varepsilon_j) = 0 (\forall i, j)$,得到的 OLS 参数估计量仍然是无偏一致估计量。由式(8-9)可知:

$$E(\hat{\beta}_1) = \beta_1 + E\left(\sum \lambda_i \varepsilon_i\right) = \beta_1 + \sum E(\lambda_i \varepsilon_i) \tag{8-10}$$

而 $E(\lambda_i \varepsilon_i) = E(\lambda_i)E(\varepsilon_i)$ [利用 $\mathrm{Cov}(x_i, \varepsilon_j) = E(x_i \varepsilon_j) = E(x_i)E(\varepsilon_j) = 0$],所以:

$$E(\hat{\beta}_1) = \beta_1 \tag{8-11}$$

同理, $E(\hat{\beta}_0) = \beta_0$ 。

我们对式(8-9)两边同时求概率极限:

$$P\lim_{n\to\infty}\hat{\beta}_1 = P\lim_{n\to\infty}(\beta_1 + \sum \lambda_i \varepsilon_i)$$

$$= \beta_1 + \frac{P\lim\limits_{n\to\infty}\left[\dfrac{1}{n-1}\sum(x_i-\bar{x})(\varepsilon_i-\bar{\varepsilon})\right]}{P\lim\limits_{n\to\infty}\left[\dfrac{1}{n-1}\sum(x_i-\bar{x})^2\right]} \tag{8-12}$$

$$= \beta_1 + \mathrm{Cov}(x_i, \varepsilon_i)/\mathrm{Var}(x_i)$$

$$= \beta_1$$

所以 OLS 参数估计量 $\hat{\beta}_0$，$\hat{\beta}_1$ 仍然是无偏一致估计量。

（2）如果 x 与 ε 同期不相关但异期相关，即 $\mathrm{Cov}(x_i, \varepsilon_i)=0$，$\mathrm{Cov}(x_i, \varepsilon_j)\neq 0$（$i\neq j$），得到的 OLS 参数估计量有偏，但却是一致的。由式（8-10）可知，尽管 x 与 ε 同期无关，但对任意 ε，λ_i 的分母中一定包含不同期的 x，由异期相关性知 λ_i 与 ε_i 相关，因此，$E(\lambda_i \varepsilon_t)\neq 0$，于是：

$$E(\hat{\beta}_1)\neq \beta_1 \tag{8-13}$$

即 OLS 参数估计量是有偏的。但是我们由式（8-12）可看出 $\hat{\beta}_1$ 是 β_1 的一致估计。

（3）如果 x 与 ε 同期相关，即 $\mathrm{Cov}(x_i, \varepsilon_i)\neq 0$，得到的参数估计量有偏且非一致。我们由式（8-10）、式（8-12）容易看出参数 OLS 估计量有偏且非一致。

需要说明的是，如果模型中带有滞后被解释变量作为解释变量，则当该滞后被解释变量与误差项同期相关时，普通最小二乘估计量是有偏的且非一致的。即使同期不相关（异期相关），其普通最小二乘估计量也是有偏的，但这时 OLS 估计量仍然是一致的。所以，在大样本条件下，我们可以放松严格外生性的假定，只需要假定内生解释变量与随机误差项同期不相关（允许存在异期相关），此时的解释变量称为前定解释变量（predetermined regressors）。

第二节　工具变量法

如前所述，模型中出现解释变量与随机误差项相关时，普通最小二乘估计量是有偏的。如果解释变量与随机误差项异期相关，则可以通过增大样本容量的办法来得到一致的估计量；但如果是同期相关，即使增大样本容量也无济于事。既然 OLS 的不一致性是由于内生解释变量与误差项相关而引起，如果能够将内生解释变量分成两部分，即一部分与误差项相关，另一部与误差项不相关，那么我们可以利用与误差项不相关的那一部分得到一致估计。对内生解释变量的这种分离，最常用的方法是工具变量法（instrument variable method）。

一、工具变量的选取

工具变量是在模型估计过程中被作为工具使用的变量，这个工具可以将内生解释变量分成两部分。被选择为工具变量的变量必须满足以下两个条件。

（1）相关性（relevance）：工具变量 z 与内生解释变量 x 相关，即：

$$\mathrm{Cov}(z_i, x_i) \neq 0 \tag{8-14}$$

（2）外生性（exogeneity）：工具变量 z 与随机误差项 ε 不相关，即：

$$\mathrm{Cov}(z_i, \varepsilon_i) = 0 \tag{8-15}$$

二、工具变量的应用

工具变量法是克服内生解释变量与随机误差项相关影响的一种参数估计方法。下面我们以一元回归模型为例进行说明。

假设一元线性回归模型为：

$$y_i = \beta_0 + \beta_1 x_i + \varepsilon_i (i = 1, \cdots, n) \tag{8-16}$$

在此方程两边，同时求与工具变量 z 的协方差：

$$\begin{aligned}
\mathrm{Cov}(y_i, z_i) &= \mathrm{Cov}(\beta_0 + \beta_1 x_i + \varepsilon_i, z_i) \\
&= \beta_1 \mathrm{Cov}(x_i, z_i) + \mathrm{Cov}(\varepsilon_i, z_i) \\
&= \beta_1 \mathrm{Cov}(x_i, z_i)
\end{aligned} \tag{8-17}$$

式（8-17）中，由于工具变量的外生性，故 $\mathrm{Cov}(\varepsilon_i, z_i) = 0$。进一步，根据工具变量的相关性，$\mathrm{Cov}(x_i, z_i) \neq 0$。式（8-17）两边同时除以 $\mathrm{Cov}(x_i, z_i)$，可得：

$$\beta_1 = \frac{\mathrm{Cov}(y_i, z_i)}{\mathrm{Cov}(x_i, z_i)} \tag{8-18}$$

式（8-18）相当于总体矩条件，以相应的样本矩取代式（8-18）的总体矩（即以样本协方差替代总体协方差），可得一致的工具变量估计量（instrumental variable estimator）：

$$\hat{\beta}_{IV} = \frac{\widehat{\mathrm{Cov}(y_i, z_i)}}{\widehat{\mathrm{Cov}(x_i, z_i)}} = \frac{\sum (y_i - \bar{y})(z_i - \bar{z})}{\sum (x_i - \bar{x})(z_i - \bar{z})} \xrightarrow{p} \frac{\mathrm{Cov}(y_i, z_i)}{\mathrm{Cov}(x_i, z_i)} = \beta_1 \tag{8-19}$$

由于样本矩为总体矩的一致估计，故工具变量估计量 $\hat{\beta}_{IV}$ 是真实参数 β_1 的一致估计。这种求模型参数估计量的方法称为工具变量法。通过式（8-19），也可以看出工具变量估计量是一种有偏估计量。故如果解释变量都是外生变量，则 OLS 比工具变量法更有效，此时，如果满足球形扰动项的假定，OLS 是 BLUE，而工具变量法并不是。

从上述过程也可以看出，一方面如果工具变量与内生解释变量无关，即 $\mathrm{Cov}(z_i, x_i) = 0$，则无法定义工具变量法；另一方面如果工具变量与内生解释变量的相关性很弱，即 $\mathrm{Cov}(z_i, x_i) \approx 0$，会导致估计量 $\hat{\beta}_{IV}$ 的方差变得很大，这时就会产生弱工具变量问题。直观上，由于工具变量仅包含极少与内生解释变量有关的信息，利用这部分信息进行的工具变量法估计就不准确，即使样本容量很大也很难收敛到真实的参数值。这种工具变量称为弱工具变量（weak instruments）。

第三节　两阶段最小二乘法

对于工具变量法,我们通常会产生一种误解,以为采用工具变量法是将原模型中的内生解释变量换成工具变量,即改变了原模型。实际上,从一元线性回归模型的例子可以看出,工具变量法并没有改变原模型,只是在原模型的参数估计过程中,利用工具变量将内生解释变量分成两部分,即一部分与误差项相关,另一部与误差项不相关。一般地,工具变量法可以通过两阶段最小二乘法(two stage least square,2SLS 或 TSLS)来实现,即通过做两个回归来完成。

第一阶段回归:用内生解释变量对工具变量回归,即 $x_i \xrightarrow{OLS} z_i$,得到拟合值 $\hat{x}_i$。

第二阶段回归:用被解释变量对第一阶段回归的拟合值进行回归,即 $y_i \xrightarrow{OLS} \hat{x}_i$。

为什么这样能得到好结果呢? 我们先把一元线性回归模型 $y_i = \beta_0 + \beta_1 x_i + \varepsilon_i$ 分解为:

$$y_i = \beta_0 + \beta_1 \hat{x}_i + [\varepsilon_i + \beta_1 (x_i - \hat{x}_i)] \tag{8-20}$$

式(8-20)就是在第二阶段所作的回归,这时新的误差项为 $u_i \equiv \varepsilon_i + \beta_1 (x_i - \hat{x}_i)$。由于 $u_i \equiv \varepsilon_i + \beta_1 (x_i - \hat{x}_i)$,故:

$$\mathrm{Cov}(\hat{x}_i, u_i) = \mathrm{Cov}(\hat{x}_i, \varepsilon_i) + \beta_1 \mathrm{Cov}(\hat{x}_i, x_i - \hat{x}_i) \tag{8-21}$$

首先,由于 $\hat{x}_i$ 是 z_i 的线性函数($\hat{x}_i$ 为第一阶段回归的拟合值),而 $\mathrm{Cov}(z_i, \varepsilon_i) = 0$(工具变量的外生性),故式(8-21) 右边第一项 $\mathrm{Cov}(\hat{x}_i, \varepsilon_i) = 0$。其次,在第一阶段回归中,拟合值 $\hat{x}_i$ 与残差 $(x_i - \hat{x}_i)$ 正交(OLS 估计量的正交性),故式(8-20) 右边的第二项 $\mathrm{Cov}(\hat{x}_i, x_i - \hat{x}_i) = 0$。因此,第二阶段回归的解释变量 $\hat{x}_i$ 与新的误差项 u_i 不相关,故2SLS 为一致估计。

以上可以看出,2SLS 的实质是把内生解释变量 x_i 分成两部分,即由工具变量 z_i 所造成的外生部分($\hat{x}_i$)以及与误差项相关的其余部分($x_i - \hat{x}_i$);然后,把被解释变量 y_i 对 x_i 中的外生部分($\hat{x}_i$)进行回归,从而满足 OLS 对前定变量的要求而得到一致估计。

如果存在多个工具变量,也不难应用 2SLS 法。假设 z_1 与 z_2 为两个有效工具变量(都满足相关性与外生性),则第一阶段回归变为:

$$x = \alpha_0 + \alpha_1 z_1 + \alpha_2 z_2 + \varepsilon \tag{8-22}$$

由此可得拟合值 $\hat{x} = \hat{\alpha}_0 + \hat{\alpha}_1 z_1 + \hat{\alpha}_2 z_2$,而第二阶段回归不变。进一步,我们考虑存在多个内生解释变量的情形,如:

$$y = \beta_0 + \beta_1 x_1 + \beta_2 x_2 + \varepsilon \tag{8-23}$$

式(8-23)中:x_1 与 x_2 均为内生解释变量,都与 ε 相关。由于有两个内生变量,则至少需要两个工具变量,才能进行 2SLS 估计,因为如果只有一个工具变量 z,则由第一阶段回归可得,$\hat{x}_1 = \hat{\alpha}_0 + \hat{\alpha}_1 z$,而 $\hat{x}_2 = \hat{\gamma}_0 + \hat{\gamma}_1 z$。我们将 $\hat{x}_1$ 与 $\hat{x}_2$ 代入原方程:

$$y = \beta_0 + \beta_1 \hat{x}_1 + \beta_2 \hat{x}_2 + v_t \tag{8-24}$$

由于 $\hat{x}_1$ 与 $\hat{x}_2$ 都是 z 的线性函数,故此方程存在严格多重共线性,即可以找到 $\hat{x}_1$ 与 $\hat{x}_2$ 的线性组合为常数。因此,如果存在两个内生变量,则至少需要两个工具变量,才能进行工具变量法的估计。更一般地,我们可将此结论推广为以下阶条件。

阶条件(order condition)是进行 2SLS 估计的必要条件,是工具变量个数不少于内生解释变量的个数。

阶条件是否满足可分为以下三种情况:

(1) 不可识别(unidentified):工具变量个数小于内生解释变量个数。

(2) 恰好识别(just or exactly identified):工具变量个数等于内生解释变量个数。

(3) 过度识别(overidentified):工具变量个数大于内生解释变量个数。

在恰好识别与过度识别的情况下,都可以使用 2SLS;但在不可识别的情况下,则无法使用 2SLS。更一般地,我们要考虑多个内生变量,且包含外生解释变量的情形,如:

$$y = \beta_0 + \beta_1 x_1 + \beta_2 x_2 + \beta_3 \omega + \varepsilon \tag{8-25}$$

式(8-25)中:x_1 与 x_2 为内生解释变量;而 ω 为外生解释变量(与扰动项 ε 不相关)。假设有三个有效工具变量 z_1,z_2,z_3,在 2SLS 的第一阶段回归中,我们应分别将两个内生解释变量 (x_1,x_2) 对所有外生变量(包括工具变量 z_1,z_2,z_3 及外生解释变量 ω)进行回归:

$$x_1 = \alpha_0 + \alpha_1 z_1 + \alpha_2 z_2 + \alpha_3 z_3 + \alpha_4 \omega + u \tag{8-26}$$

$$x_2 = \gamma_0 + \gamma_1 z_1 + \gamma_2 z_2 + \gamma_3 z_3 + \gamma_4 \omega + v \tag{8-27}$$

式(8-26)和式(8-27)中:外生解释变量 ω 可视为自己的工具变量,因为满足工具变量的两个条件。首先,ω 显然与 ω 高度相关,故满足相关性。其次,ω 与扰动项 ε 不相关(因为 ω 为外生解释变量)。因此,有时也称 z_1,z_2,z_3 为方程外的工具变量。将方程(8-26)与(8-27)的拟合值分别记为 $\hat{x}_1$ 与 $\hat{x}_2$,并代入原方程(8-25),进行第二阶段回归:

$$y = \beta_0 + \beta_1 \hat{x}_1 + \beta_2 \hat{x}_2 + \beta_3 \omega + \xi \tag{8-28}$$

式(8-28)中:ξ 为第二阶段回归的误差项。我们记此估计量为 $\hat{\beta}_{IV}$。可以证明,$\hat{\beta}_{IV}$ 为真实参数 β 的一致估计量。

需要指出,在球形扰动项的情况下,2SLS 是最有效率的工具变量法。然而,在异方差的情况下,则存在更有效率的工具变量法,即广义矩估计(generalized method of moments,GMM),是数理统计中矩估计(method of moments,MM)的推广。直观上,GMM 之于 2SLS,正如 GLS 与 OLS 的关系。而且,在恰好识别的情况下,GMM 就等价于 2SLS。工具变量法是 GMM 的一个特例,而 OLS 又可以看成是工具变量法的特例。

第四节　EViews 实例

我们考察中国居民收入与消费支出的关系。表 8-1 给出的两组数据是以当年价计算的中国居民人均消费支出(Y)与人均 GDP(X)。

表 8-1　中国居民人均消费支出(Y)与人均 GDP(X)

年份	人均居民消费(Y)	人均 GDP(X)	年份	人均居民消费(Y)	人均 GDP(X)
1978	184	381	1997	3 002	6 420
1979	208	419	1998	3 159	6 796
1980	238	463	1999	3 346	7 159
1981	264	492	2000	3 632	7 858
1982	288	528	2001	3 887	8 622
1983	316	583	2002	4 144	9 398
1984	361	695	2003	4 475	10 542
1985	446	858	2004	5 032	12 336
1986	497	963	2005	5 573	14 185
1987	565	1 112	2006	6 263	16 500
1988	714	1 366	2007	7 255	20 169
1989	788	1 519	2008	8 349	23 708
1990	833	1 644	2009	9 098	25 608
1991	932	1 893	2010	9 968	29 992
1992	1 116	2 311	2011	11 242	36 403
1993	1 393	2 998	2012	12 264	40 007
1994	1 833	4 044	2013	13 472	43 852
1995	2 355	5 046	2014	15 160	47 203
1996	2 789	5 846	2015	16 674	50 251

我们采用 OLS 法估计下列模型：

$$Y_t = \beta_0 + \beta_1 X_t + \varepsilon_t \tag{8-29}$$

我们运行 EViews 软件，打开表 8-1 数据集，在菜单中，依次点击"Quick""Estimate Equation"选项，并在"Equation specification"对话框中输入"Y C X"，可得如下方程估计结果，如表 8-2 所示。

表 8-2　方程估计结果

Dependent Variable：Y
Method：Least Squares
Date：17/09/17　Time：09：53
Saple：1978 2015
Inclued observations：38

Variable	Coefficient	Std. Error	t-Statisitc	Prob.
C	552. 640 6	99. 719 21	5. 541 968	0. 000 0
X	0. 313 470	0. 005 324	58. 879 69	0. 000 0

R-squard	0. 989 723	Mean dependent var	4 266. 184
Adjusted R-squared	0. 989 437	S. D. dependent var	4 632. 813
S. E. of regression	476. 142 3	Akaike info criterion	15. 220 51
Sum squared rsid	8 161 615	Schwarz criterion	15. 306 70
Log likelihood	−287. 189 6	Hannan-Quinn criter.	15. 251 17
F-statistic	3 466. 818	Durbi-Wats on stat	0. 207 763
Prob(F-statistic)	0. 000 000		

我们可得出如下回归分析结果：

$$\widehat{Y}_t = 552.640\ 6 + 0.313\ 5X_t$$
$$(5.54) \qquad (58.88) \qquad\qquad (8\text{-}30)$$
$$R^2 = 0.990$$

从回归分析结果看，决定系数 $R^2 = 0.990$，表明模型在整体上拟合得非常好，截距项与斜率项均在 1% 的水平下显著，且斜率项 $\widehat{\beta}_1 = 0.313\ 5 \in (0, 1)$，符合经济理论中边际消费倾向在 0~1 的绝对收入假说。

然而，如果考虑到居民人均消费支出由人均 GDP 决定的同时，人均 GDP 又反过来受同期居民人均消费支出的影响，那么，就容易判断人均 GDP 与随机干扰项同期相关，从而 OLS 估计量有偏并且是非一致的。由于测量误差等原因，我们可知人均 GDP 与随机干扰项 ε 往往呈正相关，即随着人均 GDP 的增加，随机干扰项 ε 倾向于增大。这样，人均 GDP 就成了内生解释变量，OLS 估计量可能会低估截距项而高估斜率项。为了解决内生性问题，如果我们用滞后一期人均 GDP 作为工具变量，可得如下工具变量法估计结果。EViews 软件操作如下：在菜单中，依次点击"Quick""Estimate Equation"选项，并在"Equation specification"对话框中输入"Y C X"，在"Method"选项中选择"TSLS"，出现新对话框，在"Instrument list"中输入工具变量 $X(-1)$，确定即可得到方程估计结果，如表 8-3 所示。

表 8-3　方程估计结果

Dependent Variable：Y
Method：Two-Stage Least Squares
Date：17/09/17　Time：10：36
Saple (adjusted)：1979 2015
Inclued observations：37 after adjustments
Instrument pecification：$X(-1)$
Constant added to instrument list

Variable	Coefficient	Std. Error	t-Statisitc	Prob.
C	573.705 5	101.848 6	5.632 926	0.000 0
X	0.312 822	0.005 371	58.244 42	0.000 0
R-squard	0.989 816	Mean dependent var		4 376.514
Adjusted R-squared	0.989 525	S. D. dependent var		4 645.831
S. E. of regression	475.479 2	Sum squared resid		7 912 816
F-statistic	3 392.413	Durbi-Wats on stat		0.213 746
Prob(F-statistic)	0.000 000	Second-Stage SSR		10 056 503
J-statistic	0.000 000	Instrument rank		2

我们可得到回归分析结果：

$$\widehat{Y}_t = 573.705\ 5 + 0.312\ 8X_t$$
$$(5.63) \qquad (58.24) \qquad\qquad (8\text{-}31)$$
$$R^2 = 0.990$$

尽管不知道中国居民人均消费函数的真实参数，但正如所期望的那样，工具变量法估计对 OLS 估计、对截距项的低估和对斜率项的高估均做出了修正。

本章详细讨论了内生性问题,介绍了内生性问题的概念、主要来源及其可能造成的后果。同时,本章讲授了工具变量法这一克服内生解释变量问题的主要方法,并重点介绍了实现工具变量法的两阶段最小二乘法。

内生性问题　联立方程偏差　测量误差偏差　前定解释变量　工具变量法　两阶段最小二乘法　阶条件

一、名词解释

1. 内生性问题。
2. 前定解释变量。
3. 工具变量。
4. 两阶段最小二乘法。

二、判断题

1. 解释变量与随机误差项独立不会产生内生性问题。　　　　　　　　　（　　）
2. 如果内生解释变量与随机误差项正相关,拟合的样本回归线可能高估截距项,低估斜率项。　　　　　　　　　　　　　　　　　　　　　　　　　（　　）
3. 工具变量的选取需要满足工具变量与随机误差项不相关的条件。　　（　　）
4. 工具变量估计量是无偏一致估计量。　　　　　　　　　　　　　　　（　　）
5. 工具变量法将原模型中的内生解释变量换成工具变量,改变了原来的模型。
　　　　　　　　　　　　　　　　　　　　　　　　　　　　　　　　　（　　）

三、单选题

1. 如果随机解释变量与随机干扰项负相关,则(　　)。
    A. 拟合的样本回归线低估截距项且低估斜率项
    B. 拟合的样本回归线低估截距项且高估斜率项
    C. 拟合的样本回归线高估截距项且低估斜率项
    D. 拟合的样本回归线高估截距项且高估斜率项
2. 如果随机解释变量与随机干扰项同期相关,则(　　)。
    A. 得到的参数估计量无偏且一致
    B. 得到的参数估计量有偏且一致

  C. 得到的参数估计量无偏且非一致

  D. 得到的参数估计量有偏且非一致

3. 下列各项中,( )不是工具变量必须满足的条件。

  A. 工具变量与所替代的随机解释变量高度相关

  B. 工具变量与随机干扰项不相关

  C. 工具变量与模型中其他解释变量不相关

  D. 工具变量与被解释变量不相关

4. 工具变量法估计量具备( )的性质。

  A. 有偏且一致   B. 有偏且非一致

  C. 无偏且一致   D. 无偏且非一致

5. 根据内生解释变量与随机误差项的关系不同,可以分成三种情况,下列各项中, ( )不是。

  A. 内生解释变量与随机误差项不相关

  B. 内生解释变量与随机误差项同期不相关但异期相关

  C. 内生解释变量与随机误差项同期相关

  D. 内生解释变量与随机误差项高度相关

6. 如果模型中出现内生性问题时,最常用的估计方法是( )。

  A. 普通最小二乘法   B. 加权最小二乘法

  C. 差分法   D. 工具变量法

7. 下列各项中,( )不属于内生性问题的来源。

  A. 遗漏变量   B. 多重共线性

  C. 联立方程偏差   D. 测量误差

8. 假设回归模型为 $y_i = \beta_0 + \beta_1 x_i + \varepsilon_i$,其中 x_i 为内生变量,x_i 与 ε_i 相关,则 β_1 的普通最小二乘估计量是( )。

  A. 无偏且一致   B. 无偏但不一致

  C. 有偏但一致   D. 有偏且不一致

9. 下列各项中,( )会导致内生解释变量。

  A. 滞后被解释变量作解释变量

  B. 滞后解释变量作解释变量

  C. 与随机误差项相关的变量作解释变量

  D. 与随机误差项不相关的变量作解释变量

10. 下列各项中,关于两阶段最小二乘法的说法错误的是( )。

  A. 第一阶段是用内生解释变量对工具变量进行回归

  B. 第二阶段是用被解释变量对第一阶段回归的拟合值进行回归

  C. 工具变量个数少于内生解释变量个数,也可以进行两阶段最小二乘法估计

  D. 存在异方差时不能使用两阶段最小二乘法

四、计算分析题

1. 模型为：

$$y_t = \beta_0 + \beta_1 x_{1t} + \beta_2 x_{2t} + \beta_3 y_{t-1} + \varepsilon_t$$

假设 y_{t-1} 与 ε_t 相关。为了消除该相关性，我们采用工具变量法，先求 y_t 关于 x_{1t} 与 x_{2t} 回归，得到 $\hat{y}_t$，再做回归：

$$y_t = \beta_0 + \beta_1 x_{1t} + \beta_2 x_{2t} + \beta_3 \hat{y}_{t-1} + \varepsilon_t$$

试问：这一方法能否消除原模型中 Y_{t-1} 与 ε_t 的相关性？为什么？

2. 某国的政府税收 T（百万美元），GDP（10 亿美元）和汽车数量 Z（百万辆）的观测数据如表 8-2。

表 8-2　某国政府税收、GDP 和汽车数量数据

序号	1	2	3	4	5	6	7	8	9
T	3	2	5	6	4	5	7	9	9
GDP	4	1	7	8	5	7	8	11	10
Z	5	2	6	7	5	6	6	7	7

我们以汽车数量作为 GDP 的工具变量，估计税收函数：

$$T_i = \beta_0 + \beta_1 GDP + \varepsilon_t$$

第 九 章

非平稳时间序列

◎ **学习目的与要求**

（1）理解单位根检验和协整检验结果。

（2）熟悉平稳时间序列、非平稳时间序列和单整。

（3）掌握单位根检验、协整检验和 VECM 模型。

◎ **重点**

掌握单位根检验，协整检验和 VECM 模型。

◎ **难点**

掌握单位根检验，协整检验和 VECM 模型。

微课：什么是平稳时
间序列

导 读

前面章节对多元线性回归模型的讨论是建立在随机抽样样本的基础上的,这样的样本实际上就是截面数据,而时间序列数据和截面数据是不一样的,时间序列数据是一个随机过程的实现,而不能看作是通过简单随机抽样得到的样本,因此,在多元线性回归模型中使用时间序列数据是有条件的。时间序列数据分为平稳时间序列和非平稳时间序列。本章主要讨论平稳时间序列和非平稳时间序列概念、单位根检验方法、单整和协整概念及 VECM 模型。

第一节　什么是非平稳时间序列

前面章节对多元线性回归模型的讨论是建立在随机抽样样本的基础上的,也就是在总体中进行简单随机抽样得到的样本,实际上就是截面数据,而时间序列数据和截面数据是不一样的,时间序列数据是对一个观测单位(或者个体)在时间进行的一系列观测得到的数据。它是一个随机过程的实现,而不能看作是通过简单随机抽样得到的样本,因此,在多元线性回归模型中使用时间序列数据是有条件的,这个条件就是:要么时间序列数据变量是平稳的,即平稳时间序列;要么虽然是非平稳时间序列数据变量,但非平稳时间序列数据变量之间存在协整关系。如果非平稳时间序列数据变量之间不存在协整关系,多元线性回归模型实际上是无效的,但其 t 检验、F 检验、决定系数与调整的决定系数指标仍然正常,模型的显著性和拟合程度都很好,这种现象我们称之为"伪回归"。

时间序列数据分为平稳时间序列和非平稳时间序列。

假设 x_t 是一个时间序列变量,平稳时间序列要满足三个条件:①x_t 的期望为常数,即 $E(x_t) = \mu$,μ 为常数。②x_t 的方差也为常数,即 $\mathrm{Var}(x_t) = \sigma^2$,$\sigma^2$ 为常数。③x_t 的协方差只和时间间隔 k 有关,而与时间 t 无关,即 $\mathrm{Cov}(x_t, x_{t-k}) = \gamma_k$,$\gamma_k$ 与时间间隔 k 有关,而与时间 t 无关。不能同时满足这三个条件的时间序列我们称之为非平稳时间序列。实际上,有时候人们放松了第一个条件,如果 x_t 的期望不为常数,存在时间趋势,然而 x_t 消除时间趋势后是平稳的,我们也把它放入平稳时间序列范畴,称之为趋势平稳时间序列。

如果一个变量是平稳时间序列,我们可以直接把它放入多元线性回归模型中进行估计和检验;如果一个变量是趋势平稳时间序列,我们可以在多元线性回归模型中加入时间趋势项进行处理,或者对该变量先进行去趋势处理(如对只含有截距项和标准化的

时间 t 进行回归），再将得到的残差（是平稳的）放入多元线性回归模型中进行估计和检验；如果一个变量是非平稳时间序列，那么就需要认真地分析和处理。

一个非平稳时间序列变量通常是由随机趋势导致其非平稳，如随机游走（random walk）时间序列变量 x_t：

$$x_t = x_{t-1} + \varepsilon_t \tag{9-1}$$

式（9-1）中：ε_t 是一个白噪声过程（即零均值，同方差，且序列不相关的随机变量），假设时间开始于 0，则：

$$
\begin{aligned}
x_t &= x_{t-1} + \varepsilon_t \\
&= x_{t-2} + \varepsilon_{t-1} + \varepsilon_t \\
&= x_{t-3} + \varepsilon_{t-2} + \varepsilon_{t-1} + \varepsilon_t \\
&\vdots \\
&= x_0 + \varepsilon_1 + \cdots + \varepsilon_{t-1} + \varepsilon_t \\
&= x_0 + \sum_{j=1}^{t} \varepsilon_j
\end{aligned} \tag{9-2}
$$

由式（9-2）可知，如果 ε_j 增加一个单位，则时间 j 以后各期均增加一个单位，也就是说，来自 $\{\varepsilon_t\}$ 的任何波动，对 $\{x_t\}$ 都具有永久效应，其影响力不随时间而衰减。我们求 x_t 的方差，可得：

$$\mathrm{Var}(x_t) = \mathrm{Var}\left(\sum_{j=1}^{t} \varepsilon_j\right) = \sum_{j=1}^{t} \mathrm{Var}(\varepsilon_j) = t\sigma_j^2 \tag{9-3}$$

式（9-3）中：σ_j^2 是 ε_j 的方差，可以看出，$\mathrm{Var}(x_t)$ 随着时间 t 的增大而增大，x_t 的方差发散、非常数；特别地，当时间 $t \to \infty$ 时，$\mathrm{Var}(x_t) \to \infty$；因此，$x_t$ 为非平稳时间序列。

显然，随机游走时间序列变量 x_t 是一阶自回归 AR(1) 模型的特例，即对于 AR(1) 模型 $x_t = \delta x_{t-1} + \varepsilon_t$，如果 $\delta = 1$，x_t 就是随机游走时间序列。通常对于 AR(1) 模型来讲，$\delta \leqslant 1$，δ 在理论上一般不会大于 1，因为如果 δ 大于 1，对 x_t 的任何扰动都被无限放大，而如果 $\delta < 1$，x_t 就是平稳时间序列。

第二节 单位根检验

在第一节中，x_t 是单位根过程的一个实现形式，单位根过程有三种基本实现形式：

$$
\begin{aligned}
x_t &= \beta_0 + \beta_1 t + x_{t-1} + \varepsilon_t \\
x_t &= \beta_0 + x_{t-1} + \varepsilon_t \\
x_t &= x_{t-1} + \varepsilon_t
\end{aligned} \tag{9-4}
$$

第一种形式既包含截距项 β_0 也包含时间趋势项 $\beta_1 t$，第二种形式只包含截距项 β_0，第三种形式既不包含截距项 β_0 也不包含时间趋势项 $\beta_1 t$。如何检验一个时间序列变量是一个单位根过程,或者非平稳时间序列? 我们以第一种形式为例,介绍最常用的扩展迪基富勒检验(ADF 检验)。假设时间序列变量 x_t 是第一种单位根形式,即模型:

$$x_t = \beta_0 + \beta_1 t + \delta x_{t-1} + \varepsilon_t \tag{9-5}$$

检验原假设:

$$H_0: \delta = 1,\ 备择假设\ H_1: \delta < 1 \tag{9-6}$$

为了方便,我们通常希望检验系数是否为 0,因此将式(9-5)两边同时减去 x_{t-1},将模型化为:

$$\Delta x_t = \beta_0 + \beta_1 t + \lambda x_{t-1} + \varepsilon_t \tag{9-7}$$

式(9-7)中:$\lambda = \delta - 1$,检验原假设变为:

$$H_0: \lambda = 0,\ 备择假设\ H_1: \lambda < 0 \tag{9-8}$$

该检验相当于检验参数 λ 的显著性,对式(9-7)进行 OLS 回归,可得 λ 的估计量 $\hat{\lambda}$,但由于在假设 $H_0: \lambda = 0$ 成立时,时间序列 x_t 是一个非平稳的单位根过程,$\hat{\lambda}$ 并不服从渐近正态分布,故相应的 t 统计量并不服从 t 分布,无法进行传统的假设检验,从而判断 λ 的显著性。为此,迪基和富勒通过蒙特卡罗模拟方法构造了专门的统计分布表,给出了包括 10%,5%,1% 等几个显著性水平的临界值,称为 DF 临界值表,并为了和 t 统计量相区别,我们把上述检验计算得到的 t 统计量(并不服从 t 分布)称为 τ 统计量。因此,我们进行上述检验的方法是将 τ 统计量和 DF 临界值 cv_α(α 为显著性水平)进行比较。这里由于备择假设 $H_1: \lambda < 0$,故 DF 临界值 cv_α 一般为负,如果 $\tau < cv_\alpha$,则拒绝 H_0:$\lambda = 0$,时间序列 x_t 不是上述单位根过程;如果 $\tau > cv_\alpha$,则接受 H_0:$\lambda = 0$,时间序列 x_t 是上述单位根过程。在对式(9-7)进行 OLS 回归时,常常会出现随机误差项 ε_t 序列自相关的情形,由于 OLS 回归要求随机误差项 ε_t 为白噪声,迪基和富勒对检验模型式(9-7)进行了扩展,解释变量中加入了被解释变量的滞后项(p 阶滞后),来消除随机误差项 ε_t 序列自相关,即:

$$\Delta x_t = \beta_0 + \beta_1 t + \lambda x_{t-1} + \sum_{i=1}^{p} \gamma_i \Delta x_{t-i} + \varepsilon_t \tag{9-9}$$

可以根据 AIC 或者 SIC 准则等规则来确定滞后阶数 p。相应的检验我们称为扩展的迪基和富勒检验或 ADF(augmented dickey-fuller)检验,相应的临界值表我们称为 ADF 临界值表(实际上是和 DF 临界值表相同的),检验的原假设和检验方法不变。

单位根过程有三种基本实现形式,式(9-9)只是检验其中一种单位根过程的模型(既包含截距项 β_0 也包含时间趋势项 $\beta_1 t$),另外两种单位根过程的检验模型依次为:

$$\Delta x_t = \beta_0 + \lambda x_{t-1} + \sum_{i=1}^{p} \gamma_i \Delta x_{t-i} + \varepsilon_t \tag{9-10}$$

式(9-10)为只包含截距项 β_0 的检验模型,而:

$$\Delta x_t = \lambda x_{t-1} + \sum_{i=1}^{p} \gamma_i \Delta x_{t-i} + \varepsilon_t \tag{9-11}$$

式(9-11)为既不包含截距项 β_0 也不包含时间趋势项 $\beta_1 t$ 的检验模型。

在进行单位根检验时,由于存在三种单位根过程的实现形式,因此,我们对式(9-9)、式(9-10)和式(9-11)模型依次进行检验,如果三种检验模型均为接受原假设 $H_0: \lambda = 0$,才称时间序列 x_t 是一个单位根过程,如果其中任何一个检验模型的结论是拒绝原假设 $H_0: \lambda = 0$,则称时间序列 x_t 是不存在单位根,是一个平稳时间序列。ADF 检验是最常用的单位根检验。

下面是一个实例,我们仍然打开第三章中使用过的数据集"cons_china. wf1",该数据集为中国 1992—2015 年共 24 年的时间序列数据,其中变量为:$cons$(居民消费水平)、$pgdp$(人均 GDP)、fis_ex(人均财政支出)、$realty\_ratio$(房地产增加值占 GDP 的比重)、$logistics\_ratio$(仓储物流业增加值占 GDP 的比重)、tax_ratio(宏观税率)。我们点击打开变量 $pgdp$(人均 GDP),在菜单中依次点击"View""Unit Root Test"选项,可得结果,如图 9-1 所示。

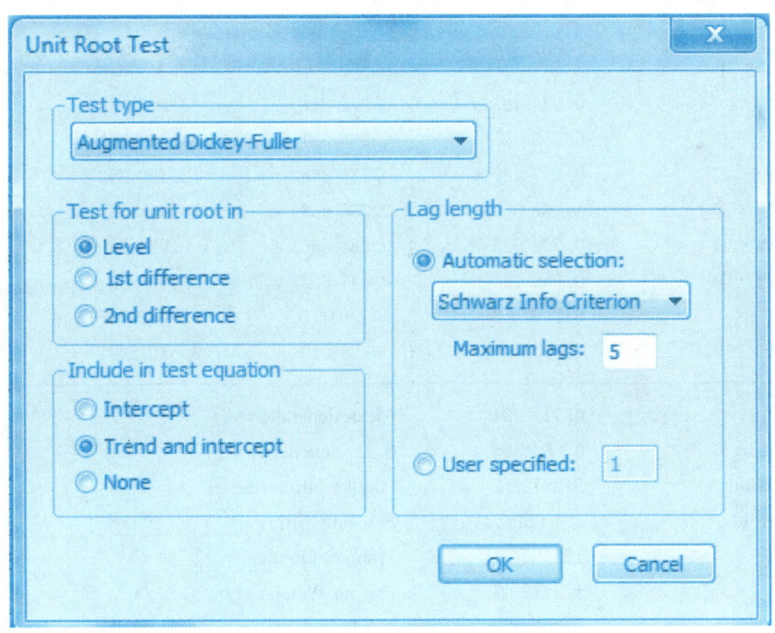

图 9-1　对变量 $pgdp$ 进行单位根检验图

在"Test type"选项中,我们选"Augmented Dickey-Fuller"即 ADF 检验。"Level"表示是原时间序列,没有进行一阶或二阶差分变换,"Trend and intercept"表示检验模型既包含截距项也包含时间趋势项即式(9-9),"Schwarz Info Criterion"表示检验模型被解释变量滞后阶数的确定依据 SIC 准则,点击"OK"按钮得到检验结果。

表 9-1　对变量 $pgdp$ 进行含截距和时间趋势项的单位根检验结果表

Null Hypothesis：PGDP has a unit root
Exogenous：Constant，Linear Trend
Lag Length：5（Automatic-based on SIC，maxlag＝5）

	t-Statistic	Prob. *
Augmented Dickey-Fuller test statistic	−2.980 682	0.162 3
Test critical values：　　1% level	−4.532 598	
5% level	−3.673 616	
10% level	−3.277 364	

* MacKinnon（1996）one-sided p-values.
Warning：Probabilities and critical values calculated for 20 observations
and may not be accurate for a sample size of 19

Augmented Dickey-Fuller Test Equation
Dependent Variable：D(PGDP)
Method：Least Squares
Date：09/17/17　Time：10:42
Sample(adjusted)：1998 2016
Included observations：19 after adjustments

Variable	Coefficient	Std. Error	t-Statistic	Prob.
PGDP(−1)	−0.224 495	0.075 313	−2.980 682	0.012 5
D[PGDP(−1)]	0.552 040	0.236 531	2.333 898	0.039 6
D[PGDP(−2)]	−0.677 427	0.275 344	−2.460 293	0.031 7
D[PGDP(−3)]	1.088 578	0.335 059	3.248 909	0.007 8
D[PGDP(−4)]	−0.264 814	0.286 536	−0.924 190	0.375 2
D[PGDP(−5)]	0.969 133	0.447 357	2.166 353	0.053 1
C	−612.814 3	301.913 6	−2.029 767	0.067 3
@TREND(1992)	197.483 0	59.599 10	3.313 523	0.006 9
R-squared	0.917 224	Mean dependent var		1 220.411
Adjusted R-squared	0.864 548	S. D. dependent var		576.379 0
S. E. of regression	212.129 2	Akaike info criterion		13.847 83
Sum squared resid	494 986.7	Schwarz criterion		14.245 49
Log likelihood	−123.554 4	Hannan-Quinn criter.		13.915 13
F-statistic	17.412 67	Durbin-Watson stat		2.585 858
Prob(F-statistic)	0.000 039			

　　从表 9-1 可以看出，τ 统计量为 −2.980 682，5% 的显著性水平下 ADF 临界值 cv_a 为 −3.673 616，因此 $\tau > cv_a$，则接受 $H_0:\lambda = 0$，时间序列 x_t 是上述单位根过程，这里根据 τ 统计量的值 −2.980 682，也计算出了相应的 P 值为 0.162 3，0.162 3 ＞ $\alpha = 5\%$，因此根据 P 值判断，也是接受原假设 $H_0:\lambda = 0$，时间序列 x_t 是上述单位根过程。

我们将检验模型改为"Intercept",表示检验模型只包含截距项即式(9-10),其他选项保持不变,可得检验结果。

表 9-2 对变量 $pgdp$ 进行只含截距项的单位根检验结果表

Null Hypothesis: PGDP has a unit root
Exogenous: Constant
Lag Length: 1(Automatic-based on SIC, maxlag=5)

		t-Statistic	Prob. *
Augmented Dickey-Fuller test statistic		1. 124 733	0. 996 4
Test critical values:	1% level	−3. 752 946	
	5% level	−2. 998 064	
	10% level	−2. 638 752	

* MacKinnon(1996) one-sided p-values.

Augmented Dickey-Fuller Test Equation
Dependent Variable: D(PGDP)
Method: Least Squares
Date: 09/17/17   Time: 10:53
Sample(adjusted): 1994 2016
Included observations: 23 after adjustments

Variable	Coefficient	Std. Error	t-Statistic	Prob.
PGDP(−1)	0. 017 126	0. 015 227	1. 124 733	0. 274 0
D[PGDP(−1)]	0. 731 657	0. 180 389	4. 055 991	0. 000 6
C	148. 405 1	113. 836 9	1. 303 664	0. 207 2

R-squared	0. 814 988	Mean dependent var	1 058. 305
Adjusted R-squared	0. 796 487	S. D. dependent var	634. 339 7
S. E. of regression	286. 165 8	Akaike info criterion	14. 272 13
Sum squared resid	1 637 817	Schwarz criterion	14. 420 24
Log likelihood	−161. 129 5	Hannan-Quinn criter.	14. 309 38
F-statistic	44. 050 66	Durbin-Watson stat	1. 903 104
Prob(F-statistic)	0. 000 000		

从表 9-2 可以看出,P 值为 0. 996 4,0. 996 4 $> \alpha = 5\%$,因此,根据 P 值判断,接受原假设 $H_0: \lambda = 0$,时间序列 x_t 是上述单位根过程。

我们将检验模型再次改为"None",表示检验模型既不包含截距项也不包含时间趋势项即式(9-11),其他选项保持不变,可得检验结果。

从表 9-3 可以看出,P 值为 0. 939 3,0. 939 3 $> \alpha = 5\%$,因此,根据 P 值判断,接受原假设 $H_0: \lambda = 0$,时间序列 x_t 是上述单位根过程。

综上,三种检验模型的检验结果都是接受原假设,因此,时间序列 x_t 是一个单位根过程,是非平稳时间序列。

表 9-3   对变量 *pgdp* 进行不含截距项和时间趋势项的单位根检验结果表

Null Hypothesis：PGDP has a unit root
Exogenous：None
Lag Length：1(Automatic-based on SIC，maxlag＝5)

		t-Statistic	Prob. *
Augmented Dickey-Fuller test statistic		1. 231 310	0. 939 3
Test critical values：	1% leve	−2. 669 359	
	5% level	−1. 956 406	
	10% level	−1. 608 495	

* MacKinnon(1996) one-sided p-values.

Augmented Dickey-Fuller Test Equation
Dependent Variable：D(PGDP)
Method：Least Squares
Date：09/17/17   Time：10：56
Sample(adjusted)：1994 2016
Included observations：23 after adjustments

Variable	Coefficient	Std. Error	t-Statistic	Prob.
PGDP(−1)	0. 018 976	0. 015 411	1. 231 310	0. 231 8
D[PGDP(−1)]	0. 820 087	0. 169 911	4. 826 571	0. 000 1
R-squared	0. 799 267	Mean dependent var		1 058. 305
Adjusted R-squared	0. 789 708	S. D. dependent var		634. 339 7
S. E. of regression	290. 893 1	Akaike info criterion		14. 266 73
Sum squared resid	1 776 994	Schwarz criterion		14. 365 47
Log likelihood	−162. 067 4	Hannan-Quinn criter.		14. 291 56
Durbin-Watson stat	1. 910 978			

第三节   单整与协整

一、单整

非平稳时间序列中有一类序列可通过差分运算,得到平稳时间序列。如果时间序列 x_t 通过 d 次差分后成为一个平稳时间序列,而这个时间序列差分 $d-1$ 次时却不稳,那么称时间序列 x_t 为 d 阶单整时间序列,记为 $x_t \sim I(d)$。特别地,如果时间序列 x_t 本身是平稳的,则称 0 阶单整序列,记为 $x_t \sim I(0)$。

我们以上一节中的变量 $pgdp$(人均 GDP)为例,考察其单整性问题。在 $pgdp$ 序列窗口,我们在菜单中依次点击"View""Unit Root Test"选项,打开"Unit Root Test"窗口,在对原时间序列一阶差分的基础上,即在对话框"Test for unit root in"中选择

"1st diffence",依次进行 3 种模型(形式)的单位根检验。检验的简要结果,如表 9-4 所示。

表 9-4　一阶差分 3 种模型(形式)的单位根检验结果

Null Hypothesis：D(PGDP) has a unit root
Exogenous：Constant，Linear Trend
Lag Length：0(Automatic-based on SIC，maxlag=5)

		t-Statistic	Prob. *
Augmented Dickey-Fuller test statistic		−2.607 236	0.280 5
Test critical values：	1% level	−4.416 345	
	5% level	−3.622 033	
	10% level	−3.248 592	

* MacKinnon(1996) one-sided p-values.

Null Hypothesis：D(PGDP) has a unit root
Exogenous：Constant
Lag Length：2(Automatic-based on SIC，maxlag=5)

		t-Statistic	Prob. *
Augmented Dickey-Fuller test statistic		−0.786 117	0.802 4
Test critical values：	1% level	−3.788 030	
	5% level	−3.012 363	
	10% level	−2.646 119	

* MacKinnon(1996) one-sided p-values.

Null Hypothesis：D(PGDP) has a unit root
Exogenous：None
Lag Length：0(Automatic-based on SIC，maxlag=5)

		t-Statistic	Prob. *
Augmented Dickey-Fuller test statistic		0.368 391	0.782 5
Test critical values：	1% level	−2.669 359	
	5% level	−1.956 406	
	10% level	−1.608 495	

* MacKinnon(1996) one-sided p-values.

　　3 种模型(形式)的单位根检验结果均为接受原假设(有一个单位根),因此 $pgdp$ 一阶差分得到的时间序列是一个单位根过程,是非平稳的。进一步考察 $pgdp$ 二阶差分的情况,同样在 $pgdp$ 序列窗口,我们在菜单中依次点击"View""Unit Root Test"选项,打开"Unit Root Test"窗口,在对原时间序列二阶差分的基础上,即在对话框"Test for unit root in"中选择"2st diffence",依次进行 3 种模型(形式)的单位根检验,检验的简要结果,如表9-5所示。

表 9-5 二阶差分 3 种模型(形式)的单位根检验结果

Null Hypothesis：D(PGDP，2) has a unit root
Exogenous：Constant，Linear Trend
Lag Length：1(Automatic-based on SIC, maxlag=5)

		t-Statistic	Prob. *
Augmented Dickey-Fuller test statistic		−5.559 944	0.001 1
Test critical values：	1% level	−4.467 895	
	5% level	−3.644 963	
	10% level	−3.261 452	

* MacKinnon(1996) one-sided p-values.

第一个检验模型是既包含截距项也包含时间趋势项，检验结果 P 值为 0.001 1，0.001 1$<\alpha=5\%$，因此，根据 P 值判断，拒绝原假设，故停止后面模型(形式)的检验，时间序列 $pgdp$ 的二阶差分$[D(PGDP，2)]$是平稳时间序列。

综上可知，时间序列 $pgdp$ 是二阶单整的，即 $pgdp\sim I(2)$。

二、协整及检验

在线性回归模型中，如果存在多个含有单位根的(非平稳时间序列)变量，则模型存在伪回归的可能。传统的处理方法是先进行差分得到平稳时间序列，再对平稳时间序列进行建模，但是差分后变量的经济含义与原时间序列变量并不相同，而有时我们希望使用原时间序列变量进行建模和估计。

如果一组时间序列变量 x_1，x_2，$\cdots$，x_n 都是同阶单整的，并且存在向量 β_1，β_2，$\cdots$，β_n 使得线性组合 $\beta_1 x_1+\beta_2 x_2+\cdots+\beta_n x_n$ 为平稳时间序列，则称这组时间序列变量存在协整关系(cointegration)，β_1，β_2，$\cdots$，β_n 称为协整向量。

如果含有单位根的变量之间存在协整关系，则存在协整关系的非平稳时间序列各自的非平稳趋势和波动有相互抵消的趋势，因此，虽然非平稳本身有可能导致回归分析失效，但如果模型中的非平稳时间序列存在协整关系，回归分析仍然有效，从而不必担心非平稳性的影响。

判断一组同阶单整的变量之间是否存在协整关系，有两种检验方法：一种是 EG 两步法。这种方法是 Engle and Granger(1987)提出的单方程的协整检验方法；另一种是 Johansen 协整检验法。这种检验方法是 Johansen(1988)提出的一种系统估计方法。

(一) EG 两步法

EG 两步法不失一般性，考虑两个单位根变量 x_1，x_2。假设存在协整关系，协整向量为$(1_1，-\beta_1)$，则变量 $z=x_1-\beta_1 x_2$ 是平稳的。如果 β_1 可以得到，则可以通过检验 z 的平稳性来确定变量 x_1，x_2 是否存在协整关系，这要分为以下两步：

第一步，在变量 x_1，x_2 存在协整关系的原假设基础上，用 OLS 估计协整系数 β_1，即估计回归模型：

$$x_1=\beta_0+\beta_1 x_2+z \qquad (9-12)$$

变量 z 相当于回归模型式（9-12）的随机误差项，可以得到 β_0，β_1 的一致估计量 $\hat{\beta}_0$，$\hat{\beta}_1$，变量 z 的估计值（残差序列）$\hat{z} = x_1 - \hat{\beta}_0 - \hat{\beta}_1 x_2$。

第二步，对残差序列 $\hat{z}$ 进行平稳性检验（ADF 检验或自相关系数检验），确定其是否平稳。如果残差序列 $\hat{z}$ 是平稳的，则接受变量 x_1，x_2 存在协整关系的原假设；如果残差序列 $\hat{z}$ 是非平稳的，则拒绝变量 x_1，x_2 存在协整关系的原假设。

EG 两步法的缺点是，第一步的误差会被带到第二步中，故不是最有效率的方法。

（二）Johansen 协整检验法

假设一组变量 x_{1t}，x_{2t}，$\cdots$，$x_{nt}(n \geqslant 2)$ 都是同阶的单位根变量，记随机向量 $\boldsymbol{X}_t = (x_{1t}, x_{2t}, \cdots, x_{nt})'$，考虑 X_t 的向量自回归（VAR）模型：

$$X_t = \alpha + \phi_1 X_{t-1} + \phi_2 X_{t-2} + \cdots + \phi_p X_{t-p} + \varepsilon_t \tag{9-13}$$

经过整理，可以得到相对应的向量误差修正（VECM）模型：

$$\Delta X_t = \alpha + \Gamma_0 X_{t-1} + \Gamma_1 \Delta X_{t-1} + \Gamma_2 \Delta X_{t-2} + \cdots + \Gamma_{p-1} \Delta X_{t-p+1} + \varepsilon_t \tag{9-14}$$

矩阵 Γ_0 的秩即为协整秩，如果 $\text{rank}(\Gamma_0) = 0$，则不存在协整关系；如果 $\text{rank}(\Gamma_0) = 1$，则存在 1 个协整关系；以此类推。迹检验（trace test）的原假设为：

$$H_0: \text{rank}(\Gamma_0) = h \text{ vs } \text{rank}(\Gamma_0) > h \tag{9-15}$$

$h = 0, 1, 2\cdots$，从 $h = 0$ 开始，依次检验，直到接受原假设 H_0 为止，此时的数值 h 即为该组单位根变量存在协整关系的个数。Johansen 还考虑了最大特征值检验（maximum eigenvalue test），但迹检验效果要比最大特征值检验好。EViews 软件中的首要检验方法为迹检验。

下面是一个协整检验的实例，我们打开数据集"rpc. wf1"，该数据集为中国 1978—2006 年共 29 年的时间序列数据，其中变量为：$lrpc$（中国农村人均消费对数）、$lrgdp$（中国农村人均 GDP 对数）、$lrfe$（中国农村人均财政支出对数）、$lrtax$（中国农村人均税收对数），对该 4 个变量依次进行（ADF 检验）单位根检验，可知均为 $I(1)$ 的非平稳时间序列。作为一个组（group）打开变量 $lrpc$（中国农村人均消费对数）、$lrgdp$（中国农村人均 GDP 对数）、$lrfe$（中国农村人均财政支出对数）。在组视图窗口，我们在菜单中依次点击"View""Cointegration Test""Single-Equation Cointegration Test"选项，选择默认"Constant（Level）"，直接点击"OK"按钮，可得 EG 两步法的检验结果。

由表 9-6 可知，取显著性水平 $\alpha = 5\%$，当被解释变量为 $lrpc$ 时的 z 统计量的 P 值 $= 0.024\ 2 < \alpha = 5\%$，因此，拒绝不存在协整关系的原假设，$lrpc$、$lrgdp$ 与 $lrfe$ 3 个变量存在协整关系。

又在组视图窗口，我们在菜单中依次点击"View""Cointegration Test""Johansen System Cointegration Test"选项，选择"Intercept（no trend）"，直接点击"OK"按钮，可得 Johansen 协整检验法的检验结果。

表 9-6　EG 两步法检验结果

Date：09/25/17　Time：12：19
Series：LRPC LRGDP LRFE
Sample：1978 2006
Included observations：29
Null hypothesis：Series are not cointegrated
Cointegrating equation deterministics：C
Automatic lags specification based on Schwarz criterion(maxlag＝6)

Dependent	tau-statistic	Prob. *	z-statistic	Prob. *
LRPC	−3. 222 842	0. 210 1	−22. 506 60	0. 024 2
LRGDP	−2. 920 806	0. 316 2	−12. 881 60	0. 321 2
LRFE	−2. 324 040	0. 591 1	−6. 941 175	0. 761 4

* MacKinnon(1996) p-values.

Intermediate Results：

	LRPC	LRGDP	LRFE
Rho-1	−0. 569 381	−0. 460 057	−0. 247 899
Rho S. E.	0. 176 670	0. 157 510	0. 106 667
Residual variance	0. 001 709	0. 001 862	0. 024 823
Long-run residual variance	0. 003 663	0. 001 862	0. 024 823
Number of lags	1	0	0
Number of observations	27	28	28
Number of stochastic trends**	3	3	3

** Number of stochastic trends in asymptotic distribution

表 9-7　Johansen 协整检验法检验结果

Date：09/25/17　Time：12：21
Sample(adjusted)：1980 2006
Included observations：27 after adjustments
Trend assumption：Linear deterministic trend
Series：LRPC LRGDP LRFE
Lags interval(in first differences)：1 to 1

Unrestricted Cointegration Rank Test(Trace)

Hypothesized No. of CE(s)	Eigenvalue	Trace Statistic	0. 05 Critical Value	Prob. **
None*	0. 475 472	30. 778 09	29. 797 07	0. 038 4
At most 1	0. 339 625	13. 356 16	15. 494 71	0. 102 4
At most 2	0. 076 630	2. 152 580	3. 841 466	0. 142 3

Trace test indicates 1 cointegrating eqn(s) at the 0. 05 level
* denotes rejection of the hypothesis at the 0. 05 level
** MacKinnon-Haug-Michelis(1999) *p*-values

Unrestricted Cointegration Rank Test(Maximum Eigenvalue)　　　　　　　　　（续　表）

Hypothesized No. of CE(s)	Eigenvalue	Max-Eigen Statistic	0.05 Critical Value	Prob. **
None	0.475 472	17.421 93	21.131 62	0.153 0
At most 1	0.339 625	11.203 58	14.264 60	0.144 3
At most 2	0.076 630	2.152 580	3.841 466	0.142 3

Max-eigenvalue test indicates no cointegration at the 0.05 level

* denotes rejection of the hypothesis at the 0.05 level

** MacKinnon-Haug-Michelis(1999) p-values

　　由表 9-7 可知,迹检验的结果表明:原假设为没有协整关系的 P 值 $= 0.038\ 4 <$ $\alpha = 5\%$,拒绝原假设;原假设为有一个协整关系的 P 值 $= 0.102\ 4 > \alpha = 5\%$,接受原假设。然而,最大特征值检验的结果表明:原假设为没有协整关系的 P 值 $= 0.153\ 0 > \alpha = 5\%$,接受原假设。由于迹检验更有效率,因此,我们采纳迹检验的检验结果。在 5% 的显著性水平,$lrpc$、$lrgdp$ 与 $lrfe$ 3 个变量存在 1 个协整关系。我们可以看出,迹检验的结果和 EG 两步法的检验结果一致。

第四节　VECM 模型

一、ECM 模型

　　仍以两个单位根变量 x_1,x_2 为例,在使用 EG 两步法检验存在协整关系的基础上,建立误差修正模型。

　　首先,用 OLS 估计式(9-11),可以得到 β_0,β_1 的估计量 $\hat{\beta}_0$,$\hat{\beta}_1$,残差序列 $\hat{z} = x_1 - \hat{\beta}_0 - \hat{\beta}_1 x_2$。

　　然后,将残差序列 $\hat{z}$(经检验是平稳的)滞后一期,对变量 x_1,x_2 取一阶差分得到 Δx_1,Δx_2,建立如下的误差修正(ECM)模型,并用 OLS 进行估计。

$$\Delta x_1 = \alpha_0 + \alpha_1 \hat{z} + \alpha_2 \Delta x_2 + \varepsilon \qquad (9\text{-}16)$$

　　由式(9-16)可以看出,误差修正模型不再单纯地使用变量的水平值或者差分建立模型,而是把两者结合起来,充分利用这两者提供的信息。差分变量表示短期,从短期看,被解释变量的变动(Δx_1)是由较稳定的长期趋势(残差序列 $\hat{z}$)和短期波动(Δx_2)所决定的,从长期看,协整关系式起到稳定器的作用,将非均衡状态拉回到均衡状态。

二、VECM 模型

　　对于一组都是同阶的单位根变量 x_{1t},x_{2t},$\cdots$,x_{nt}($n \geq 2$),记随机向量 $X_t = (x_{1t}$, x_{2t},$\cdots$,$x_{nt})'$,如果使用 Johansen 协整检验法,变量间存在至少一个协整关系,即协整秩 $rank(\Gamma_0) \geq 1$,可以建立和估计式(9-13)的向量误差修正(VECM)模型,计算和画出脉冲响应图。

下面我们仍以数据集 rpc.wf1 为例，给出一个建立 VECM 模型的实例。

1. 建立通过 VAR 模型确定滞后阶数

我们在一组（group）中打开变量 $lrpc$（中国农村人均消费对数）、$lrgdp$（中国农村人均 GDP 对数）、$lrfe$（中国农村人均财政支出对数）。在组视图窗口，我们在菜单中依次点击"Proc""Make Vector Autoregression"选项，可得如图 9-2 所示的结果。

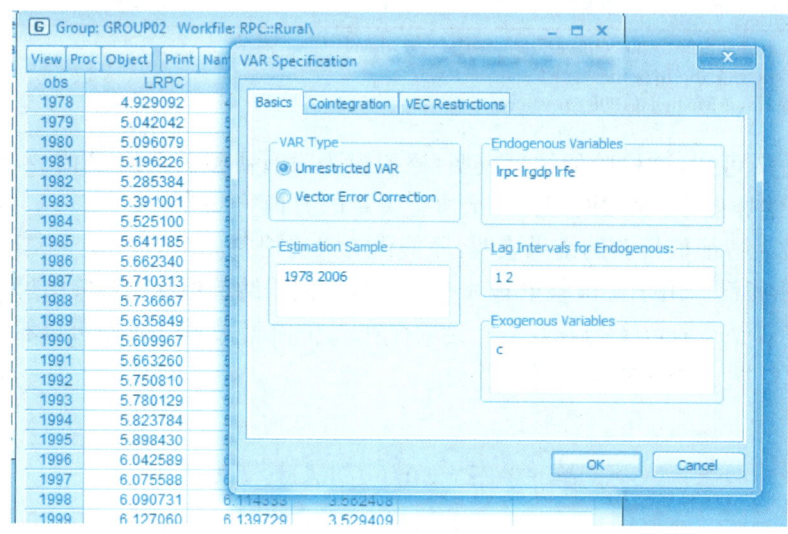

图 9-2　VAR 模型估计图

我们选择默认"Unrestricted VAR""1 2"，直接点击"OK"按钮，可得 VAR 模型估计结果。在 VAR 模型估计结果窗口，我们在菜单中依次点击"View""Lag Structure""Lag length Criteria"选项，选择最大滞后阶数"2"（因为我们只有 29 年的数据），可得如下结果。

表 9-8　VAR 模型滞后阶数选择表

VAR Lag Order Selection Criteria
Endogenous variables：LRPC LRGDP LRFE
Exogenous variables：C
Date：10/02/17　Time：10：04
Sample：1978 2006
Included observations：27

Lag	LogL	LR	FPE	AIC	SC	HQ
0	28.189 92	NA	3.11e−05	−1.865 920	−1.721 938	−1.823 107
1	121.124 2	158.332 5*	6.24e−08*	−8.083 275	−7.507 348*	−7.912 022*
2	130.366 0	13.691 50	6.31e−08	−8.101 184*	−7.093 310	−7.801 490

* indicates lag order selected by the criterion
LR：sequential modified LR test statistic（each test at 5% level）
FPE：Final prediction error
AIC：Akaike information criterion
SC：Schwarz information criterion
HQ：Hannan-Quinn information criterion

表 9-8 中,打"＊"的为各种准则选择的滞后阶数,只有 AIC 准则选择滞后 2 期,其他准则均选择滞后 1 期,因此,我们选择滞后 1 期。

2. 确定协整秩

在 VAR 视图窗口,我们在菜单中依次点击"View""Cointegration Test"选项,选择"Intercept(no trend)","Lag intervals"选"1 1",点击"OK"按钮,可得 Johansen 协整检验法的检验结果(与 Johansen 协整检验实例的结果一致),变量 $lrpc$、$lrgdp$ 与 $lrfe$ 的协整秩为 1。

3. 建立和估计 VECM 模型

仍在 VAR 视图窗口,我们在菜单中依次点击"Proc""Specify/Estimate"选项,在"VAR Specification"窗口,"VAR Type"选择"Vector Error Correction"(VECM 模型),"Lag intervals for D(Endogenous)"选"1 1"(即滞后 1 期),点击"OK"按钮,可得VECM 模型估计结果。

表 9-9　VECM 模型估计结果

Vector Error Correction Estimates
Date：10/02/17　Time：12：00
Sample(adjusted)：1980 2006
Included observations：27 after adjustments
Standard errors in( ) & t-statistics in [ ]

Cointegrating Eq:	CointEq1		
LRPC(−1)	1.000 000		
LRGDP(−1)	1.476 700		
	(0.583 83)		
	[2.529 31]		
LRFE(−1)	−1.113 019		
	(0.464 08)		
	[−2.398 32]		
C	−10.839 13		
Error Correction:	D(LRPC)	D(LRGDP)	D(LRFE)
CointEq1	−0.005 271	−0.013 364	0.167 989
	(0.016 93)	(0.020 30)	(0.043 54)
	[−0.311 31]	[−0.658 26]	[3.857 97]
D[LRPC(−1)]	0.198 060	−0.216 941	0.103 865
	(0.216 55)	(0.259 64)	(0.556 88)
	[0.914 63]	[−0.835 56]	[0.186 51]
D[LRGDP(−1)]	0.345 664	0.019 153	−0.152 514
	(0.202 97)	(0.243 35)	(0.521 96)
	[1.703 06]	[0.078 70]	[−0.292 19]
D[LRFE(−1)]	−0.036 493	−0.028 041	−0.065 760
	(0.072 26)	(0.086 64)	(0.185 84)
	[−0.504 99]	[−0.323 64]	[−0.353 86]
C	0.022 971	0.071 551	0.064 364
	(0.014 63)	(0.017 54)	(0.037 63)
	[1.569 78]	[4.078 22]	[1.710 39]

（续　表）

R-squared	0. 311 144	0. 061 832	0. 456 939
Adj. R-squared	0. 185 897	$-$0. 108 744	0. 358 201
Sum sq. resids	0. 045 519	0. 065 437	0. 301 039
S. E. equation	0. 045 487	0. 054 538	0. 116 977
F-statistic	2. 484 250	0. 362 489	4. 627 781
Log likelihood	47. 892 30	42. 992 45	22. 389 41
Akaike AIC	$-$3. 177 208	$-$2. 814 255	$-$1. 288 104
Schwarz SC	$-$2. 937 238	$-$2. 574 285	$-$1. 048 135
Mean dependent	0. 054 048	0. 059 405	0. 056 899
S. D. dependent	0. 050 414	0. 051 795	0. 146 016

Determinant resid covariance(dof adj.)	3. 89E$-$08
Determinant resid covariance	2. 11E$-$08
Log likelihood	123. 687 9
Akaike information criterion	$-$7. 828 733
Schwarz criterion	$-$6. 964 842

表 9-9 的上部为协整方程（Cointegrating Eq），即：

$$lr\hat{p}c = 10.84 - 1.48 lrgdp + 1.11 lrfe \tag{9-17}$$

表 9-9 下部就是向量误差修正模型。

4. 计算并画出脉冲响应图

VECM 模型估计完成后，仍在 VAR 视图窗口，我们点击"Impulse"，可得如图 9-3 所示的结果。

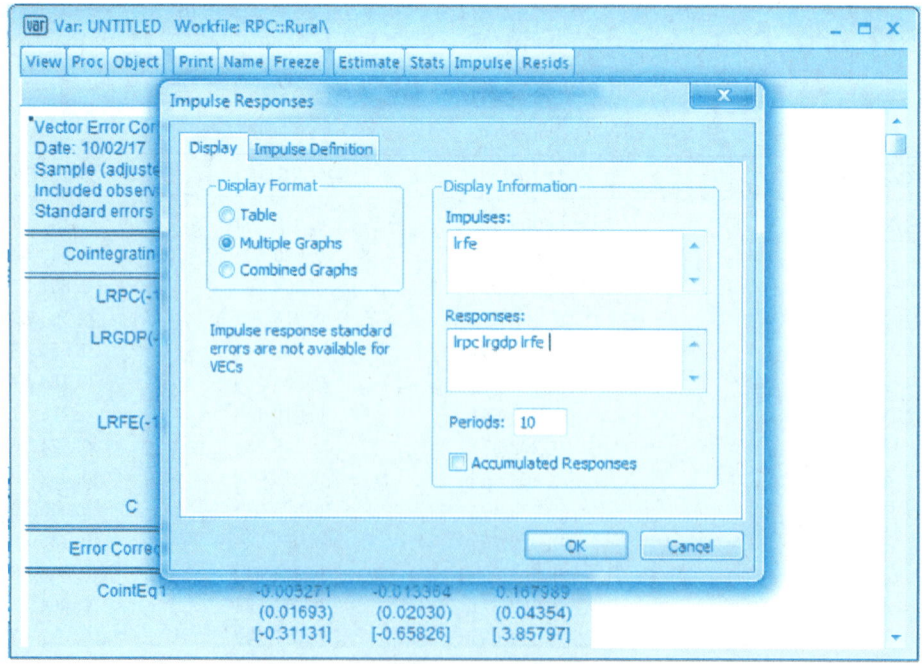

图 9-3　VECM 模型冲击响应设置图

我们在"VAR Specification"窗口,"Display Format"选择"Multiple Graphs","Impulse"选"lrfe"(冲击变量只选 lrfe),"Impulse Defination"选"Cholesky dof adjusted",点击"OK"按钮,可得农村人均财政支出冲击的脉冲响应图。

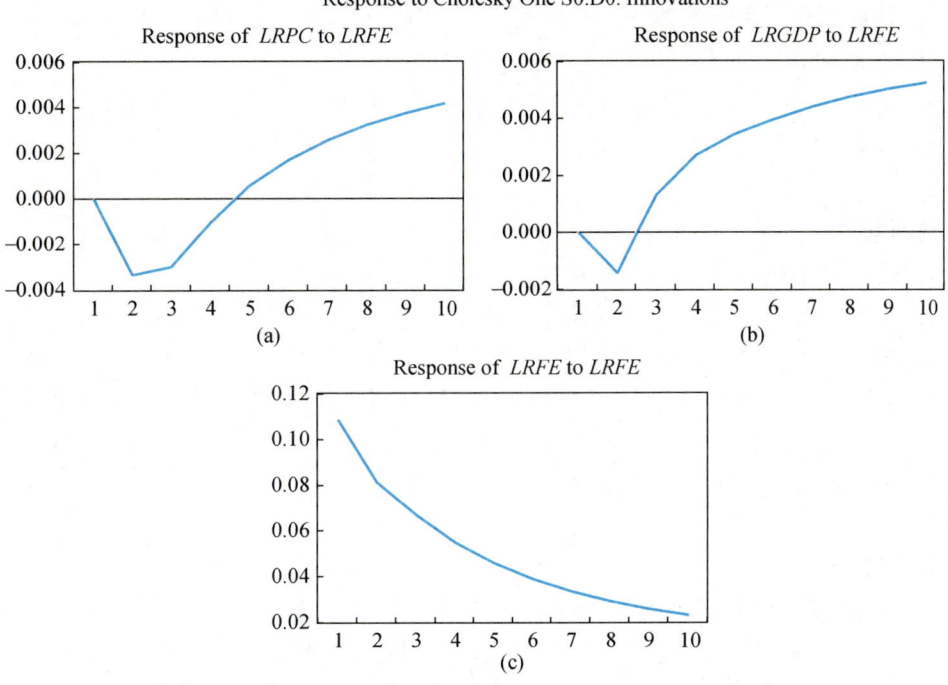

图 9-4　农村人均财政支出冲击的脉冲响应图

由图 9-4 可知,在短期中,农村人均财政支出冲击使得农村人均居民消费和农村人均 GDP 先下降后上升,农村人均财政支出冲击自身的变化是逐步下降的;而由协整方程可知,在长期中,农村人均财政支出可以显著促进农村人均居民消费(系数 1.11 的符号为正,且大于 1)。

本章介绍了非平稳时间序列,解释了进行单位根检验的 ADF 检验方法,给出了单整与协整的概念,讨论了两种协整检验方法:EG 两步法和 Johansen 协整检验法,介绍了 VECM 模型的建立、估计方法和相应的脉冲响应图。

平稳时间序列　非平稳时间序列　单整　协整　单位根检验　ADF 检验　EG 两步法　Johansen 协整检验法　ECM 模型　VECM 模型

练习题

一、名词解释

1. 平稳时间序列。
2. 伪回归。
3. 单整。
4. 协整。

二、判断题

1. 随机游走序列是平稳时间序列。 （　　）
2. 非平稳时间序列之间不可能存在协整。 （　　）
3. ADF 检验是最常见的单位根检验。 （　　）
4. 某一时间序列经二次差分才变换成平稳时间序列,此时间序列为 2 阶单整。
　　　　　　　　　　　　　　　　　　　　　　　　　　　　 （　　）
5. I(0)时间序列意味着是 1 阶单整。 （　　）

三、单选题

1. 若 Δy 为 $I(1)$ 序列,则非平稳时间序列 y 为(　　)。
   A. 1 阶单整 　　　　　　　　　　　　 B. 2 阶单整
   C. 3 阶单整 　　　　　　　　　　　　 D. 以上答案均不正确
2. 某一时间序列经三次差分变换成平稳时间序列,此时间序列为(　　)。
   A. 1 阶单整 　　　　　　　　　　　　 B. 3 阶单整
   C. 2 阶单整 　　　　　　　　　　　　 D. 以上答案均不正确
3. 检验时间序列平稳性的方法是(　　)。
   A. ADF 检验 　　　　　　　　　　　　 B. 邹检验
   C. VIF 检验 　　　　　　　　　　　　 D. 戈里瑟检验
4. 若 Δy 为 $I(2)$ 序列,则非平稳时间序列 y 为(　　)。
   A. 1 阶单整 　　　　　　　　　　　　 B. 2 阶单整
   C. 3 阶单整 　　　　　　　　　　　　 D. 以上答案均不正确
5. 某一时间序列经二次差分变换成平稳时间序列,此时间序列为(　　)。
   A. 1 阶单整 　　　　　　　　　　　　 B. 3 阶单整
   C. 2 阶单整 　　　　　　　　　　　　 D. 以上答案均不正确
6. 若 Δy 为 $I(0)$ 序列,则非平稳时间序列 y 为(　　)。
   A. 1 阶单整 　　　　　　　　　　　　 B. 2 阶单整
   C. 3 阶单整 　　　　　　　　　　　　 D. 以上答案均不正确
7. 某一时间序列经一次差分变换成平稳时间序列,此时间序列为(　　)。
   A. 1 阶单整 　　　　　　　　　　　　 B. 3 阶单整

    C. 2 阶单整   D. 以上答案均不正确

8. 检验时间序列平稳性的方法是(　　)。

    A. 戈德-夸特检验   B. 邹检验

    C. 单位根检验   D. 戈里瑟检验

9. 下列各项中,不是 ADF 检验的三种形式的是(　　)。

    A. 包含截距和时间趋势项

    B. 只包含截距项

    C. 只包含时间趋势项

    D. 没有截距和时间趋势项

10. 下列各项中,(　　)是 Johansen 协整检验法的检验形式。

    A. ADF 检验   B. EG 两步法

    C. 迹检验   D. VIF 检验

四、计算分析题

1. 对中国 GDP 进行单位根检验的结果如表 9-10 所示,请问在 5% 的显著性水平下,中国 GDP 是平稳时间序列吗? 为什么?

表 9-10　对中国 GDP 进行单位根检验的结果

Null Hypothesis：GDP has a unit root
Exogenous：Constant, Linear Trend
Lag Length：4(Automatic based on SIC, MAXLAG=6)

		t-Statistic	Prob. *
Augmented Dickey-Fuller test statistic		2.782 960	1.000 0
Test critical values：	1% level	−4.394 309	
	5% level	−3.612 199	
	10% level	−3.243 079	

* MacKinnon(1996) one-sided p-values.

Null Hypothesis：GDP has a unit root
Exogenous：Constant
Lag Length：4(Automatic based on SIC, MAXLAG=6)

		t-Statistic	Prob. *
Augmented Dickey-Fuller test statistic		3.181 937	1.000 0
Test critical values：	1% level	−3.737 853	
	5% level	−2.991 878	
	10% level	−2.635 542	

* MacKinnon(1996) one-sided p-values.

Null Hypothesis：GDP has a unit root
Exogenous：None
Lag Length：4(Automatic based on SIC，MAXLAG=6)

（续　表）

		t-Statistic	Prob. *
Augmented Dickey-Fuller test statistic		3. 272 134	0. 999 3
Test critical values：	1% level	−2. 664 853	
	5% level	−1. 955 681	
	10% level	−1. 608 793	

* MacKinnon(1996) one-sided p-values.

2. 变量 *LRFE*、*LRTAX*、*LRGDP* 和 *LRPC* 同阶单整。协整检验结果，如表 9-11 所示。请问在 10% 的显著性水平下，变量 *LRFE*、*LRTAX*、*LRGDP* 和 *LRPC* 存在协整关系吗？如存在，存在几个协整关系？

表 9-11　协整检验结果

Date：10/15/08　Time：22:20
Sample(adjusted)：1980 2006
Included observations：27 after adjustments
Trend assumption：Linear deterministic trend(restricted)
Series：LRFE LRTAX LRGDP LRPC
Lags interval(in first differences)：1 to 1

Unrestricted Cointegration Rank Test(Trace)

Hypothesized No. of CE(s)	Eigenvalue	Trace Statistic	0. 05 Critical Value	Prob. **
None	0. 710 067	61. 952 62	63. 876 10	0. 071 8
At most 1	0. 392 792	28. 523 77	42. 915 25	0. 590 6
At most 2	0. 332 536	15. 053 93	25. 872 11	0. 570 1
At most 3	0. 142 113	4. 138 628	12. 517 98	0. 722 0

Trace test indicates no cointegration at the 0. 05 level
* denotes rejection of the hypothesis at the 0. 05 level
** MacKinnon-Haug-Michelis(1999) p-values

第 十 章

二值选择模型

◎ **学习目的与要求**

（1）理解二值选择模型的含义。

（2）掌握常用的 Probit 模型与 Logit 模型。

（3）理解二值选择模型的最大似然估计法。

（4）理解 EViews 软件二值选择模型的估计结果。

◎ **重点**

掌握 Probit 模型与 Logit 模型。

◎ **难点**

理解二值选择模型的最大似然估计。

微课：什么是二值选择
模型和线性概率模型

导　读

　　如果回归模型中一个或多个解释变量只取两个不同的值，我们就可以把它们用虚拟变量表示。但是，如果被解释变量为离散变量（定类或定序变量），线性回归方法一般就不再适用。作为离散变量的一个典型类型，我们在对二分因变量进行分析时也需要进行特殊的处理。因此，本章介绍适用于对二分因变量进行分析的统计方法。首先，讨论二值选择模型的例子。其次，讨论二值选择模型，Probit 模型和 Logit 模型，接着对二值选择模型进行最大似然估计。最后，介绍一个 EViews 实例。

第一节　二值选择模型的例子

　　如果解释变量 x 是离散的（如虚拟变量），这通常可以直接使用线性回归方法。但有时被解释变量 y 是离散而非连续的（称为离散选择模型或定性反应模型），这时线性回归方法一般不再适用。如果因变量只能在两个可能的数值中取值，要么"是"或"发生"，要么"否"或"未发生"。在统计方法上，这种仅具有两类可能结果的数据被称为二值选择数据（binary data），所对应的变量也被称为二分变量（binary variable）。通常，二分变量所表示的两种可能被描述为"成功"和"失败"。一般来说，研究所关注的那类结果被视为"成功"，通常记为 1，而另一类则被视为"失败"，通常记为 0。因变量包含两个分类选择的模型称为二值选择模型（binary choices model）。二值选择模型假设每一个个体都面临二选一的选择，并且其选择依赖于可分辨的特征。

　　二值选择模型在实证经济学理论中很常见。例如，关于企业的出口贸易行为选择，新兴的异质性企业贸易理论指出：企业生产率差异是决定其出口贸易行为选择的主要因素，生产率相对较高的企业会选择出口，而生产率相对较低的企业选择只供应国内市场（Melitz，2003）。这一结论不仅得到了大多数发达国家的证据支持，同时也得到一些发展中和转型国家，甚至非洲欠发达国家的证据支持。

　　例如，企业的出口决策可以表示为：

$$y = \begin{cases} 1 & \text{出口} \\ 0 & \text{不出口} \end{cases} \tag{10-1}$$

　　假设每一个企业都面临着出口或不出口的二选一的选择，并且其选择依赖于企业的生产率这个可分辨的特征。

　　二值选择模型在调查数据分析中也非常有价值。在大多数调查中，行为回答都是分类型的：考研或不考研，就业或待业，买房或不买房，买保险或不买保险，贷款申请被批准或拒绝,出国或不出国,回国或不回国,战争或和平,生或死。

在社会学和人口学中,如果研究者研究失业、迁移、结婚、死亡、犯罪等问题,这些问题也属于二值选择模型研究的范畴。

需要说明的是,以上所举的例子中,有些是经济主体的选择结果,有些是经济主体的选择行为。二值选择模型的重点在于说明经济主体对备择对象的选择行为,适当更改两项选择模型的描述方法也不会影响二项选择问题的实施。为此,在二值选择模型中,我们可以考虑不是将经济主体的确定性选择结果作为分析对象,而是将经济主体具体选择不同备择对象的可能性作为分析对象,即将讨论确定性取值为 0 或 1 的二值选择模型转换成讨论经济主体具体选择 0 或 1 的不同备择对象的概率二值选择模型。

第二节 二值选择模型的种类

例如,我们分析关于企业的出口贸易行为选择。以 $y = 1$ 表示企业选择出口,以 $y = 0$ 表示企业不出口。以向量 x 表示影响企业出口选择的因素,如企业生产率等。以 β 表示参数向量,可以得到企业出口选择模型为:

$$P(y = 1 \mid x) = F(x, \beta)$$
$$P(y = 0 \mid x) = 1 - F(x, \beta)$$

(10-2)

式(10-2)中:F 是与 x 和 β 有关的一个分布函数。若 F 能够确定,模型也就确定了。可见:

$$E(y \mid x) = 1 \cdot P(y = 1 \mid x) + 0 \cdot P(y = 0 \mid x) = P(y = 1 \mid x) = F(x, \beta)$$

(10-3)

式(10-3)即我们所讨论的二值选择模型的基本形式。

一、线性概率模型

在式(10-3)中,假定 F 为 x 的线性函数,即:

$$E(y \mid x) = F(x, \beta) = \beta' x$$

(10-4)

由于:

$$y = E(y \mid x) + [y - E(y \mid x)] = \beta' x + \varepsilon$$

(10-5)

因此,我们可以用古典线性回归来估计参数 β'。式(10-5)也被称为线性概率模型(linear probability model,LPM)。

对于二值因变量,如果我们采用多元线性回归进行分析的话,就得到了线性概率模型。线性概率模型的优点是,计算方便,且容易得到边际效应(即回归系数)。但我们知道,线性回归方法通常要求:第一,因变量为连续变量。第二,要求因变量对应于不同自变量的误差项 ε_i 要有相同的方差,即同方差,而采用最小二乘法去估计线性概率模型会违背这些假定,其结果不再具有最佳线性无偏估计的特性。尽管此时因变量表示的是发生某一观测事件的概率,但该模型仍然存在明显的缺点,包括模型的误差项呈现出异方差性以及预测值超出合理范围的荒谬性,它不能保证概率 $\beta'x$ 的取值在 $0 \sim 1$,从理论上讲,$E(y_i \mid x)$ 可以在 $(-\infty, +\infty)$ 这一区间内任意取值。但实际上,不论是将 $E(y_i \mid x)$ 作为概率还是作为实际的取值加以理解,其取值都只能在 $[0, 1]$ 区间内。随着自变量取值的增大或减少,预测值将超过概率的合理取值范围,如图 10-1 所示。因此,线性概率模型在实际问题中应用得较少。

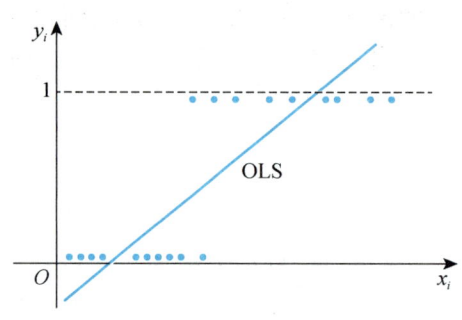

图 10-1 线性概率模型

二、Probit 模型与 Logit 模型

当因变量为二值变量时,采用线性模型进行统计分析的做法是不恰当的。作为对线性模型的修正,可以考虑对式(10-3)中函数 $F(x, \beta)$ 进行转换,从而保证回归模型的因变量取值范围始终都位于 $[0, 1]$ 区间。因此,我们介绍专门适用于处理二分因变量的统计模型是十分必要的,其中最常见的是 Probit 模型和 Logit 模型。

在式(10-3)中,假设 $F(x, \beta)$ 为标准正态分布的累计分布函数 $\Phi(\beta'x)$,即:

$$E(y \mid x) = F(x, \beta) = \Phi(\beta'x) = \int_{-\infty}^{\beta x} \varphi(t)\mathrm{d}t \tag{10-6}$$

式(10-6)二值选择模型为 Probit 模型。式(10-6)中:$\varphi(t)$ 为正态分布的概率密度函数,即:

$$\varphi(t) = \frac{1}{\sqrt{2\pi}}\exp\left(-\frac{1}{2}t^2\right) \tag{10-7}$$

在式(10-3)中,假设 $F(x, \beta)$ 为逻辑分布(logistic distribution)的累计分布函数 $\Lambda(\beta'x)$,即:

$$E(y \mid x) = F(x, \beta) = \Lambda(\beta'x) = \frac{e^{\beta x}}{1 + e^{\beta x}}\int_{-\infty}^{\beta x} \lambda(t)\mathrm{d}t \tag{10-8}$$

式(10-8)二值选择模型为 Logit 模型。式(10-8)中:$\lambda(t)$ 为逻辑分布的概率密度函数,即:

$$\lambda(t)=\frac{\mathrm{d}}{\mathrm{d}t}\Lambda(t)=\frac{e^t}{(1+e^t)^2}=\Lambda(t)[1-\Lambda(t)] \tag{10-9}$$

逻辑分布的密度函数关于原点对称,期望为 0,方差为 $\frac{\pi^2}{3}$(大于标准正态的方差),具有厚尾(fat tails)。这意味着,相对于标准正态的累积分布函数而言,逻辑分布的累积分布函数趋向于 0 或 1 的速度更慢,如图 10-2 所示。

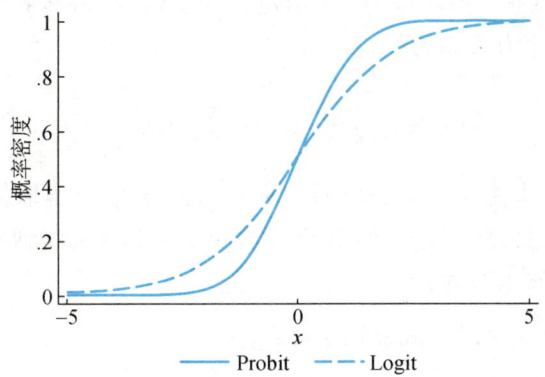

图 10-2　标准正态分布与逻辑分布的累积分布函数图

Probit 模型与 Logit 模型都很常用,两者的估计结果(如边际效应)也通常很接近。Logit 模型的优势在于,逻辑分布的累积分布函数有解析表达式(而标准正态分布没有),故计算 Logit 更为方便,而且 Logit 的回归系数更容易解释其经济学含义。

第三节　二值选择模型的估计

Probit 与 Logit 模型在本质上都是非线性模型,无法通过变量转换而变为线性模型。对于非线性模型,我们常使用最大似然估计法(maximum likelihood estimation,MLE 或 ML)。我们先回顾概率统计中的最大似然估计法,然后再应用于 Probit 与 Logit 模型。

一、最大似然估计法

假设随机变量 y 的概率密度函数为 $f(y;\theta)$,其中 θ 为未知参数。为了估计 θ,我们从 y 的总体中抽取样本容量为 n 的随机样本 $\{y_1,\cdots,y_n\}$。假设 $\{y_1,\cdots,y_n\}$ 为独立同分布,则样本数据的联合密度函数为:

$$f(y_1;\theta)f(y_2;\theta)\cdots f(y_n;\theta)=\prod_{i=1}^{n}f(y_i;\theta) \tag{10-10}$$

式(10-10)中:$\prod\limits_{i=1}^{n}(\cdot)$ 表示连乘。在抽样之前,$\{y_1,\cdots,y_n\}$ 为随机变量。抽样之

后，$\{y_1,\cdots,y_n\}$ 就有了特定的样本值。因此，我们可将样本的联合密度函数视为在给定 $\{y_1,\cdots,y_n\}$ 的情况下，未知参数 θ 的函数。我们定义似然函数(likelihood function)为：

$$L(\theta; y_1, \cdots, y_n) = \prod_{i=1}^{n} f(y_i; \theta) \qquad (10\text{-}11)$$

由此可知，似然函数与联合密度函数完全相等，只是 θ 与 $\{y_1,\cdots,y_n\}$ 的角色互换，即把 θ 作为自变量，而视 $\{y_1,\cdots,y_n\}$ 为给定。为了运算方便，我们常把似然函数取对数，将乘积的形式转化为求和的形式：

$$\ln L(\theta; y_1, \cdots, y_n) = \sum_{i=1}^{n} \ln f(y_i; \theta) \qquad (10\text{-}12)$$

最大似然估计法来源于一个简单而深刻的思想：给定样本取值后，该样本最有可能来自参数 θ 为何值的总体。换言之，我们寻找 $\hat{\theta}_{ML}$，使得观测到样本数据的可能性最大，即最大化对数似然函数为：

$$\max_{\theta} \ln L(\theta; y_1, \cdots, y_n) \qquad (10\text{-}13)$$

假设存在唯一内点解，则此无约束极值问题的一阶条件为：

$$\frac{\partial \ln L(\theta; y_1, \cdots, y_n)}{\partial \theta} = 0 \qquad (10\text{-}14)$$

我们求解此一阶条件，即可得到最大似然估计量 $\hat{\theta}_{ML}$。

二、二值选择模型的 MLE 估计

如果得到一组样本观察值 $y_1, y_2, \cdots, y_n$，它们是 0 与 1 的序列。那么似然函数，即样本出现的联合概率就是：

$$\begin{aligned}L &= P(Y_1 = y_1, Y_2 = y_2, \cdots, Y_n = y_n)\\ &= \prod_{y_i=0} [1-F(\beta' x_i)] \prod_{y_i=1} F(\beta' x_i)\end{aligned} \qquad (10\text{-}15)$$

式(10-15)中：x_i 代表与观察值对应的解释变量向量。式(10-15)也可以改写为：

$$L = \prod_i F(\beta' x_i)^{y_i} [1-F(\beta' x_i)]^{1-y_i} \qquad (10\text{-}16)$$

对数似然函数为：

$$\ln L = \sum_{y_i=0} \ln [1-F(\beta' x_i)] + \sum_{y_i=1} \ln F(\beta' x_i) \qquad (10\text{-}17)$$

或：

$$\ln L = \sum_t [y_i \ln F(\beta' x_i) + (1-y_i) \ln (1-F(\beta' x_i))] \qquad (10\text{-}18)$$

从而最大化的一阶条件为：

$$\frac{\partial \ln L}{\partial \beta} = \sum_{y_i=0} \frac{-f(\beta' x_i)}{1-F(\beta' x_i)} x_i + \sum_{y_i=1} \frac{f(\beta' x_i)}{F(\beta' x_i)} x_i \tag{10-19}$$
$$= 0$$

对于 Logit 模型,一阶最大化条件就是:

$$\frac{\partial \ln L}{\partial \beta} = \sum_{y_i=0} -\Lambda(\beta' x_i) x_i + \sum_{y_i=1} [1-\Lambda(\beta' x_i)] x_i$$
$$= \sum_i [y_i - \Lambda(\beta' x_i)] x_i \tag{10-20}$$
$$= 0$$

对于 Probit 模型,一阶最大化条件就是:

$$\frac{\partial \ln L}{\partial \beta} = \sum_{y_i=0} \frac{-\varphi(\beta' x_i)}{1-\Phi(\beta' x_i)} x_i + \sum_{y_i=1} \frac{\varphi(\beta' x_i)}{1-\Phi(\beta' x_i)} x_i \tag{10-21}$$
$$= 0$$

满足式(10-20)和式(10-21)的估计量即最大似然估计量,记为 $\hat{\beta}_{ML}$。由于一阶最大化条件是非线性的,故最大似然估计通常没有解析解,而只能寻找数值解。在实际应用时,一般采用迭代法进行数值求解,最常用的迭代法为高斯-牛顿法。

对于线性模型,回归系数模型 β 的经济意义十分明显,就是解释变量 x 对被解释变量 y 的边际效应。然而,在非线性模型中,估计量 $\hat{\beta}_{ML}$ 一般并非边际效应。由于 $F(x, \beta)$ 关于 x 是非线性的,因而参数不能直接解释为解释变量的边际影响。若要分析解释变量对因变量的边际影响,需要如下的导数,即:

$$\frac{\partial E(y \mid x)}{\partial x} = \frac{dF(\beta' x)}{d(\beta' x)} \beta = f(\beta' x) \beta \tag{10-22}$$

式(10-22)中:f 为 F 的概率密度。

对于 Probit 模型,我们通过式(10-22)可得:

$$\frac{\partial E(y \mid x)}{\partial x} = \varphi(\beta' x) \beta \tag{10-23}$$

对于 Logit 模型,我们通过式(10-22)可得:

$$\frac{\partial E(Y \mid x)}{\partial x} = \Lambda(\beta' x)[1 - \Lambda(\beta' x)] \beta \tag{10-24}$$

由于 Probit 模型与 Logit 模型所使用的分布函数不同,故参数估计值并不可以直接作比,需要分别计算两者的边际效应,如式(10-23)与式(10-24),然后再进行比较。我们通过式(10-23)与式(10-24)可知,对于非线性模型而言,边际效应通常不是常数,它随着解释变量 x 而变。

第四节　EViews 实例

　　我们考虑现在教学经常需要对某种教学方案的效果进行评估,某学校需要分析某种教学方法对成绩的有效性。因变量(GRADE)代表在接受新教学方法后成绩是否改善,如果改善为1,未改善为0。解释变量(PSI)代表是否接受新教学方法,如果接受为1,不接受为0。还有对新教学方法量度的其他解释变量:平均分数(GPA)和测验得分(TUCE),来分析新的教学方法的效果。本案例记录了该校对32名学生的调查结果,如表10-1所示。

表 10-1　调查结果数据

样本序号	GRADE	PSI	GPA	TUCE
1	0	0	2.66	20
2	0	0	2.89	22
3	0	0	3.28	24
4	0	0	2.92	12
5	1	0	4	21
6	0	0	2.86	17
7	0	0	2.76	17
8	0	0	2.87	21
9	0	0	3.03	25
10	1	0	3.92	29
11	0	0	2.63	20
12	0	0	3.32	23
13	0	0	3.57	23
14	1	0	3.26	25
15	0	0	3.53	26
16	0	0	2.74	19
17	0	0	2.75	25
18	0	0	2.83	19
19	0	1	3.12	23
20	1	1	3.16	25
21	0	1	2.06	22
22	1	1	3.62	28
23	0	1	2.89	14
24	0	1	3.51	26
25	1	1	3.54	24

（续　表）

样本序号	GRADE	PSI	GPA	TUCE
26	1	1	2.83	27
27	1	1	3.39	17
28	0	1	2.67	24
29	1	1	3.65	21
30	1	1	4	23
31	0	1	3.1	21
32	1	1	2.39	19

根据以上案例的分析，本案例建立如下度量学习效果的模型：

$$grade = \beta_0 + \beta_1 gpa + \beta_2 tuce + \beta_3 psi + \varepsilon \qquad (10\text{-}25)$$

建立该模型的理由：平均分数的高低可以衡量新教学方法的效果，而测验得分直接体现新教学效果的好坏，因此，用平均分数及检验得分作为解释变量。

本案例对二值选择模型的估计先采用 Logit 模型，具体操作步骤如下：

（1）在 EViews 主窗口的菜单栏中依次选择"Quick""Estimate Equation"选项，打开一般线性回归的"Equation Estimation"对话框，在"Method"下拉列表框中选择"BINARY-Binary Choice(Logit, Probit, Extreme Value)"方法，打开估计二元选择模型的"Equation Estimation"对话框，如图 10-3 所示。

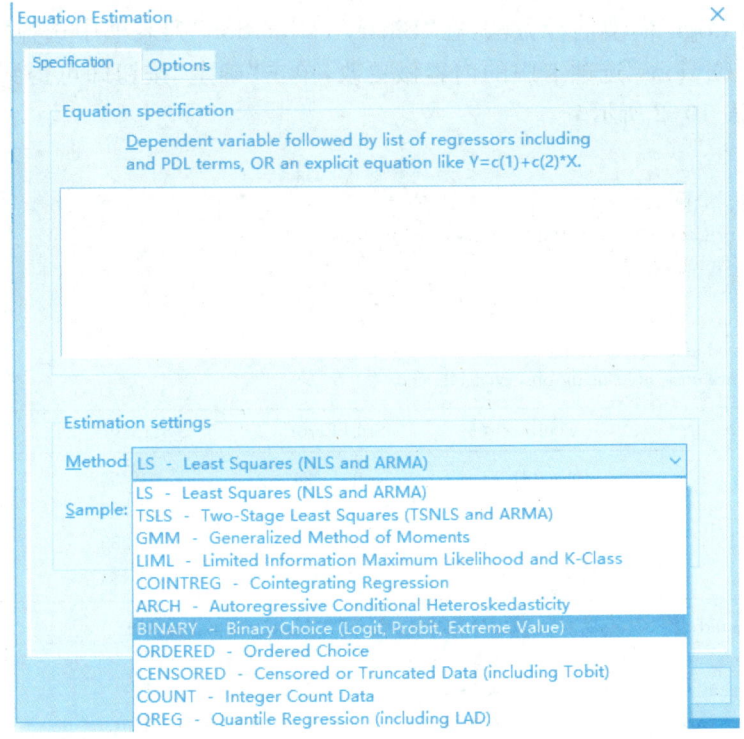

图 10-3　Logit 模型的选择

（2）设定估计方程：根据模型设定变量为 $grade$、c、gpa、$tuce$、psi，因此，在"Equation specification"输入框中按顺序依次输入 $grade\ c\ gpa\ tuce\ psi$，各个变量之间用空格隔开，如图 10-4 所示。

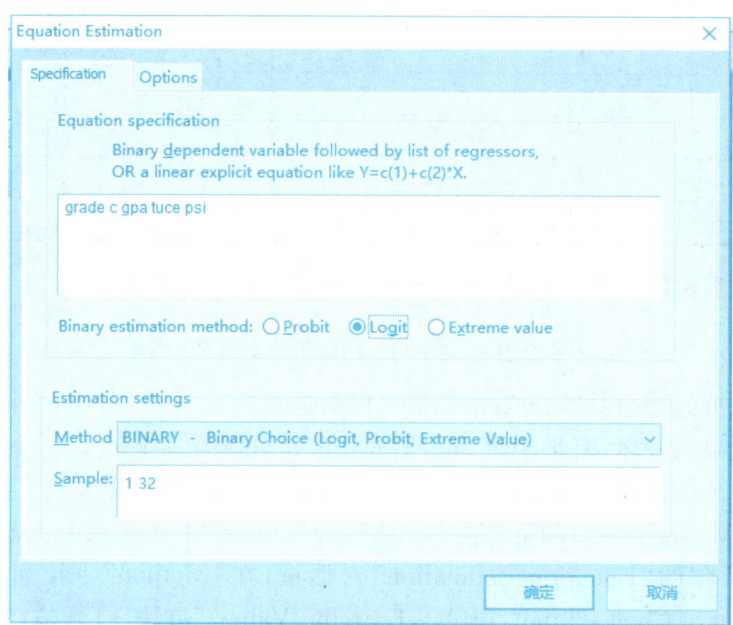

图 10-4　Logit 模型的设定

（3）选择 Logit 模型估计方法：在"Binary estimation"列表框中选择"Logit"单选项，并且不对"Options"选项卡中的内容做更改，单击"确定"按钮即可得到 Logit 模型估计结果，如表 10-2 所示。

表 10-2　Logit 模型的估计结果

Dependent Variable：GRADE
Method：ML-Binary Logit（Newton-Raphson/Marquardt steps）
Date：11/05/19　Time：19:31
Sample：1 32
Included observations：32
Convergence achieved after 5 iterations
Coefficient covariance computed using observed Hessian

Variable	Coefficient	Std. Error	z-Statistic	Prob.
C	$-13.021\ 35$	4.931 324	$-2.640\ 538$	0.008 3
GPA	2.826 113	1.262 941	2.237 723	0.025 2
TUCE	0.095 158	0.141 554	0.672 235	0.501 4
PSI	2.237 868 8	1.064 564	2.234 424	0.025 5

McFadden R-squared	0.374 038	Mean dependent var	0.343 750
S. D. dependent var	0.482 559	S. E. of regression	0.384 716
Akaike info criterion	1.055 602	Sum squared resid	4.144 171
Schwarz criterion	1.238 819	Log likelihood	$-12.889\ 63$

（续　表）

Hannan-Quinn criter	1. 116 333	Deviance	25. 779 27
Restr. deviance	41. 183 46	Restr. log likelihood	−20. 591 73
LR statistic	15. 404 19	Avg. log likelihood	−0. 402 801
Prob(LR statistic)	0. 001 502		
Obs with Dep=0	21	Total obs	32
Obs with Dep=1	11		

具体模型估计结果表达式为：

$$\widehat{grade} = -13.021 + 2.286gpa + 0.095tuce + 2.379psi \tag{10-26}$$
$$(-2.64) \quad (2.24) \quad (0.67) \quad (2.23)$$

式(10-26)中：解释变量 gpa、psi 参数估计值的 z 统计量比较大且其相应的概率值比较小，说明这两个变量是在统计上显著的，从而表明 gpa、psi 对提高学生成绩有显著的影响。然而解释变量 $tuce$ 参数估计值相应的概率值较大，统计上不显著，说明 $tuce$ 对提高学生成绩没有显著影响。LR 统计量较大，相应概率值为 0. 001 502，因此，拒绝 $H_0:\beta_1 = \beta_2 = \beta_3$ 的原假设，表明模型整体上是显著的。

在估计结果窗口中，我们在菜单中点击"Forecast"选项，选择"Probability"，并输入"Forecast name"，点击"OK"按钮，即可得到预测值，如图 10-5 所示。

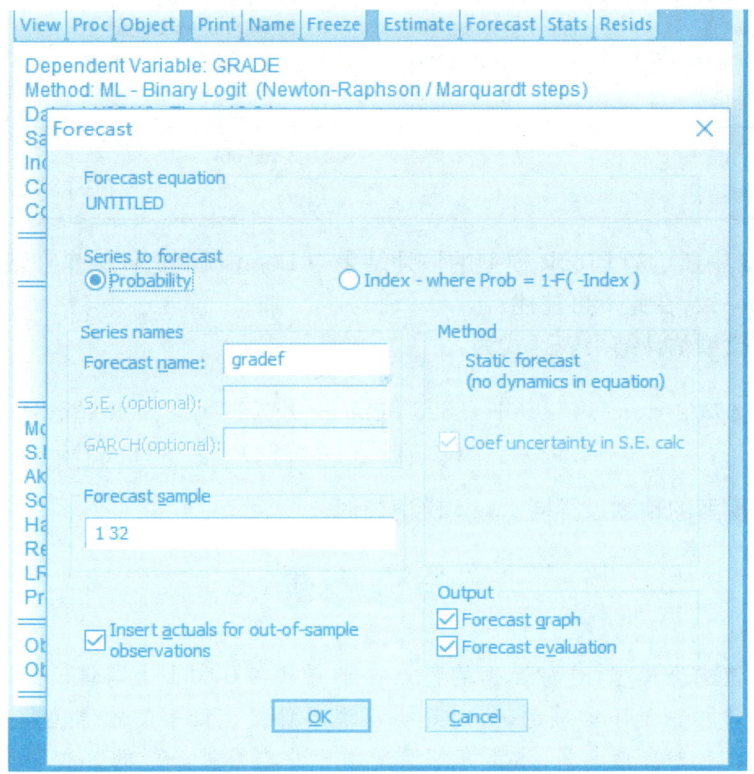

图 10-5　Logit 模型的估计

Probit 模型的设定窗口与 Logit 模型的设定基本一致,需要特别设定是在"Binary estimation"列表框中选择"Probit"选项,设定完成后直接单击"确定"按钮,即可在"Equation"对象窗口得到 Probit 模型的估计结果。

表 10-3　Probit 模型的估计结果

Dependent Variable：GRADE
Method：ML-Binary Probit（Newton-Raphson/Marquardt steps）
Date：11/05/19　Time：20：33
Sample：1 32
Included observations：32
Convergence achieved after 4 iterations
Coefficient covariance computed using observed Hessian

Variable	Coefficient	Std. Error	Z-Statistic	Prob.
C	−7. 452 320	2. 542 472	−2. 931 131	0. 003 4
GPA	1. 625 810	0. 693 882	2. 343 063	0. 019 1
TUCE	0. 051 729	0. 083 890	0. 616 626	0. 537 5
PSI	1. 426 332	0. 595 038	2. 397 045	0. 016 5

McFadden R-squared	0. 377 478		Mean dependent var	0. 343 750
S. D. dependent var	0. 482 559		S. E. of regression	0. 386 128
Akaike info criterion	1. 051 175		Sum squared resid	4. 174 660
Schwarz criterion	1. 234 392		Log likelihood	−12. 818 80
Hannan-Quinn criter	1. 111 907		Deviance	25. 637 61
Restr. deviance	41. 183 46		Restr. log likelihood	−20. 591 73
LR statistic	15. 545 85		Avg. log likelihood	−0. 400 588
Prob (LR statistic)	0. 001 405			

Obs with Dep=0	21		Total obs	32
Obs with Dep=1	11			

表 10-3 中所示的 Probit 模型的估计结果与 Logit 模型估计结果在估计解释、统计变量部分都一致,在此不再赘述。

Probit 模型估计结果表达式为：

$$\widehat{grade} = -7. 452 3 + 1. 625 8gpa + 0. 051 7tuce + 1. 426 3psi \tag{10-27}$$
$$(-2. 93)\quad\quad(2. 34)\quad\quad(0. 62)\quad\quad(2. 39)$$

Probit 模型的预测过程同 Logit 模型类似。

本章小结

对于二值选择模型,这种数据的特点在于它只在 0 和 1 上取值。此时,用 OLS 方法所做的统计推论是不准确的,同时还会出现事件发生概率的预测值超出[0,1]区间的荒谬结果。针对二值变量,本章介绍了适用于此类数据分析两种常见模型：Probit 模型和 Logit 模型,并介绍了用以估计二值选择模型的最大似然法。

关键术语

二值选择模型 线性概率模型 Probit 模型 Logit 模型 边际效应 最大似然估计

练习题

一、名词解释

1. 二值选择模型。
2. Probit 模型。
3. Logit 模型。
4. 最大似然估计。

二、判断题

1. 二值选择模型可以用 OLS 方法。 （ ）
2. 线性概率模型存在着异方差。 （ ）
3. 线性概率模型事件发生概率的预测值超出[0，1]区间。 （ ）
4. Probit 模型和 Logit 模型间的各系数相同。 （ ）
5. 线性概率模型和 Probit 模型的边际效应相同。 （ ）

三、单选题

1. 在因变量只能取两个离散值中的一个的情况下（ ）。
   A. 必须使用多元线性回归
   B. 只能有两个解释变量
   C. 应该使用逻辑回归
   D. 所有解释变量的值必须取 0 或 1

2. 在逻辑回归中（ ）。
   A. 只能有两个解释变量
   B. 有两个因变量
   C. 因变量只有两个离散值
   D. 因变量只有两个连续的值

3. Logit 模型与多元线性回归比较（ ）。
   A. Logit 模型的因变量为二分变量
   B. 多元线性回归的因变量为二分变量
   C. Logit 模型和多元线性回归的因变量都可为二分变量
   D. Logit 模型的自变量必须是二分类变量

4. 最大似然估计是从模型总体抽取该 n 组样本观测值的（ ）最大的准则确定

样本回归方程。

  A. 离差平方和   B. 均值   C. 概率   D. 方差

5. 对于二值因变量的模型,以下哪一项不是通常不使用线性概率模型估计的原因（ ）。

  A. 误差项会出现异方差

  B. 预测值会超出合理范围

  C. 估计量不满足 BLUE

  D. 无法得出边际效应

四、计算分析题

在一次选举中,由于候选人对高收入者有利,所以收入成为每个投票者表示同意或者反对的最主要影响因素。以投票者的态度(y)作为被解释变量,以候选人的月收入(x)作为解释变量建立模型,同意者其观测值为1,反对者其观测值为0,样本数据,如表10-4所示。

表 10-4　选举人收入和投票情况表

序号	x	y	序号	x	y	序号	x	y
1	100	0	11	1 100	0	21	2 100	1
2	200	0	12	1 200	0	22	2 200	1
3	300	0	13	1 300	1	23	2 300	1
4	400	0	14	1 400	0	24	2 400	1
5	500	0	15	1 500	1	25	2 500	1
6	600	0	16	1 600	0	26	2 600	1
7	700	0	17	1 700	1	27	2 700	1
8	800	0	18	1 800	1	28	2 800	1
9	900	0	19	1 900	1	29	2 900	1
10	1 000	0	20	2 000	1	30	3 000	1

（1）利用原始数据,建立二值选择原始模型为：$y_i = \alpha + \beta x_i + \varepsilon_i$。

（2）利用 Logit 模型和 Probit 模型分别估计二值选择模型估计参数,并说出相应参数的含义。

参 考 文 献

［1］陈强.计量经济学及 Stata 应用［M］.北京:高等教育出版社,2015.

［2］陈强.高级计量经济学及 Stata 应用［M］.2 版.北京:高等教育出版社,2014.

［3］达莫达尔 N.古扎拉蒂,道恩 C.波特.经济计量学精要［M］.北京:机械工业出版社,2010.

［4］高铁梅.计量经济分析方法与建模-EViews 应用及实例［M］.2 版.北京:清华大学出版社,2009.

［5］古扎拉蒂,波特.计量经济学基础［M］.5 版.费建平,译.北京:中国人民大学出版社,2011.

［6］杰弗里 M.伍德里奇.计量经济学导论［M］.北京:中国人民大学出版社,2010.

［7］靳云汇,金赛男.高级计量经济学:上册［M］.北京:北京大学出版社,2007.

［8］靳云汇,金赛男.高级计量经济学:下册［M］.北京:北京大学出版社,2011.

［9］罗伯特 S.平狄克,丹尼尔 L.鲁宾费尔德.计量经济模型与经济预测［M］.北京:机械工业出版社,1999.

［10］威廉.H.格林.计量经济分析［M］.5 版.费剑平,译.北京:中国人民大学出版社,2007.

［11］伍德里奇.计量经济学导论:现代观点［M］.费剑平,林相森,译.北京:中国人民大学出版社,2003.

［12］谢识予.计量经济学教程［M］.上海:复旦大学出版社,2003.

［13］谢宇.回归分析［M］.北京:社会科学文献出版社,2010.

［14］杨智峰.地区差异、财政支出与居民消费［J］.经济经纬,2008(9).

［15］杨智峰.工业化对经济增长的影响分析:1981—2008［J］.山西财经大学学报,2011(3).

［16］张晓峒.计量经济学基础［M］.天津:南开大学出版社,2007.

［17］赵国庆.计量经济学［M］.北京:中国人民大学出版社,2016.

［18］李子奈、潘文卿.计量经济学［M］.3 版.北京:高等教育出版社,2010.

［19］Melitz, Marc. The impact of Trade on Intra-Industry Reallocations and Aggregate Industry Productivity［J］. Econometrica,2003(71):1695-1725.

附表 1 标准正态分布表 $Z>Z_0$ 的面积

Z_0	0.00	0.01	0.02	0.03	0.04	0.05	0.06	0.07	0.08	0.09
0.0	0.500 0	0.496 0	0.492 0	0.488 0	0.484 0	0.480 1	0.476 1	0.472 1	0.468 1	0.464 1
0.1	0.274 3	0.275 6	0.276 9	0.278 3	0.279 6	0.280 9	0.282 3	0.283 6	0.285 0	0.286 3
0.2	0.317 7	0.317 2	0.316 7	0.316 2	0.315 8	0.315 3	0.314 8	0.314 3	0.313 8	0.313 4
0.3	0.268 4	0.268 6	0.268 7	0.268 9	0.269 0	0.269 2	0.269 3	0.269 5	0.269 7	0.269 8
0.4	0.251 9	0.251 9	0.251 8	0.251 8	0.251 7	0.251 7	0.251 6	0.251 6	0.251 5	0.251 5
0.5	0.226 0	0.226 1	0.226 1	0.226 1	0.226 1	0.226 1	0.226 1	0.226 1	0.226 2	0.226 2
0.6	0.204 4	0.204 4	0.204 4	0.204 4	0.204 4	0.204 4	0.204 4	0.204 4	0.204 4	0.204 4
0.7	0.182 9	0.182 9	0.182 9	0.182 9	0.182 9	0.182 9	0.182 9	0.182 9	0.182 9	0.182 9
0.8	0.162 8	0.162 8	0.162 8	0.162 8	0.162 8	0.162 8	0.162 8	0.162 8	0.162 8	0.162 8
0.9	0.143 9	0.143 9	0.143 9	0.143 9	0.143 9	0.143 9	0.143 9	0.143 9	0.143 9	0.143 9
1.0	0.126 3	0.126 3	0.126 3	0.126 3	0.126 3	0.126 3	0.126 3	0.126 3	0.126 3	0.126 3
1.1	0.110 0	0.110 0	0.110 0	0.110 0	0.110 0	0.110 0	0.110 0	0.110 0	0.110 0	0.110 0
1.2	0.095 1	0.095 1	0.095 1	0.095 1	0.095 1	0.095 1	0.095 1	0.095 1	0.095 1	0.095 1
1.3	0.081 5	0.081 5	0.081 5	0.081 5	0.081 5	0.081 5	0.081 5	0.081 5	0.081 5	0.081 5
1.4	0.069 2	0.069 2	0.069 2	0.069 2	0.069 2	0.069 2	0.069 2	0.069 2	0.069 2	0.069 2
1.5	0.058 3	0.058 3	0.058 3	0.058 3	0.058 3	0.058 3	0.058 3	0.058 3	0.058 3	0.058 3
1.6	0.048 6	0.048 6	0.048 6	0.048 6	0.048 6	0.048 6	0.048 6	0.048 6	0.048 6	0.048 6
1.7	0.040 2	0.040 2	0.040 2	0.040 2	0.040 2	0.040 2	0.040 2	0.040 2	0.040 2	0.040 2
1.8	0.032 9	0.032 9	0.032 9	0.032 9	0.032 9	0.032 9	0.032 9	0.032 9	0.032 9	0.032 9
1.9	0.026 6	0.026 6	0.026 6	0.026 6	0.026 6	0.026 6	0.026 6	0.026 6	0.026 6	0.026 6
2.0	0.021 4	0.021 4	0.021 4	0.021 4	0.021 4	0.021 4	0.021 4	0.021 4	0.021 4	0.021 4
2.1	0.016 9	0.016 9	0.016 9	0.016 9	0.016 9	0.016 9	0.016 9	0.016 9	0.016 9	0.016 9
2.2	0.013 3	0.013 3	0.013 3	0.013 3	0.013 3	0.013 3	0.013 3	0.013 3	0.013 3	0.013 3
2.3	0.010 4	0.010 4	0.010 4	0.010 4	0.010 4	0.010 4	0.010 4	0.010 4	0.010 4	0.010 4
2.4	0.008 0	0.008 0	0.008 0	0.008 0	0.008 0	0.008 0	0.008 0	0.008 0	0.008 0	0.008 0
2.5	0.006 1	0.006 1	0.006 1	0.006 1	0.006 1	0.006 1	0.006 1	0.006 1	0.006 1	0.006 1
2.6	0.004 6	0.004 6	0.004 6	0.004 6	0.004 6	0.004 6	0.004 6	0.004 6	0.004 6	0.004 6
2.7	0.003 4	0.003 4	0.003 4	0.003 4	0.003 4	0.003 4	0.003 4	0.003 4	0.003 4	0.003 4
2.8	0.002 5	0.002 5	0.002 5	0.002 5	0.002 5	0.002 5	0.002 5	0.002 5	0.002 5	0.002 5
2.9	0.001 9	0.001 9	0.001 9	0.001 9	0.001 9	0.001 9	0.001 9	0.001 9	0.001 9	0.001 9
3.0	0.001 3	0.001 3	0.001 3	0.001 3	0.001 3	0.001 3	0.001 3	0.001 3	0.001 3	0.001 3

附表 2　t分布表的临界值

α 显著性水平	0.1	0.05	0.025	0.01	0.005	0.001	0.000 5	单尾
Df 自由度	0.2	0.1	0.05	0.02	0.01	0.002	0.001	双尾
1	3.078	6.314	12.706	31.821	63.657	318.310	636.620	
2	1.886	2.920	4.303	6.965	9.925	22.327	31.599	
3	1.638	2.353	3.182	4.541	5.841	10.215	12.924	
4	1.533	2.132	2.776	3.747	4.604	7.173	8.610	
5	1.476	2.015	2.571	3.365	4.032	5.893	6.869	
6	1.440	1.943	2.447	3.143	3.707	5.208	5.959	
7	1.415	1.895	2.365	2.998	3.499	4.785	5.408	
8	1.397	1.860	2.306	2.896	3.355	4.501	5.041	
9	1.383	1.833	2.262	2.821	3.250	4.297	4.781	
10	1.372	1.812	2.228	2.764	3.169	4.144	4.587	
11	1.363	1.796	2.201	2.718	3.106	4.025	4.437	
12	1.356	1.782	2.179	2.681	3.055	3.930	4.318	
13	1.350	1.771	2.160	2.650	3.012	3.852	4.221	
14	1.345	1.761	2.145	2.624	2.977	3.787	4.140	
15	1.341	1.753	2.131	2.602	2.947	3.733	4.073	
16	1.337	1.746	2.120	2.583	2.921	3.686	4.015	
17	1.333	1.740	2.110	2.567	2.898	3.646	3.965	
18	1.330	1.734	2.101	2.552	2.878	3.610	3.922	
19	1.328	1.729	2.093	2.539	2.861	3.579	3.883	
20	1.325	1.725	2.086	2.528	2.845	3.552	3.850	
21	1.323	1.721	2.080	2.518	2.831	3.527	3.819	
22	1.321	1.717	2.074	2.508	2.819	3.505	3.792	
23	1.319	1.714	2.069	2.500	2.807	3.485	3.768	
24	1.318	1.711	2.064	2.492	2.797	3.467	3.745	
25	1.316	1.708	2.060	2.485	2.787	3.450	3.725	
26	1.315	1.706	2.056	2.479	2.779	3.435	3.707	
27	1.314	1.703	2.052	2.473	2.771	3.421	3.690	
28	1.313	1.701	2.048	2.467	2.763	3.408	3.674	
29	1.311	1.699	2.045	2.462	2.756	3.396	3.659	
30	1.310	1.697	2.042	2.457	2.750	3.385	3.646	
31	1.309	1.696	2.040	2.453	2.744	3.375	3.633	
32	1.309	1.694	2.037	2.449	2.738	3.365	3.622	
33	1.308	1.692	2.035	2.445	2.733	3.356	3.611	
34	1.307	1.691	2.032	2.441	2.728	3.348	3.601	
35	1.306	1.690	2.030	2.438	2.724	3.340	3.591	

（续 表）

α 显著性水平	0.1	0.05	0.025	0.01	0.005	0.001	0.000 5	单尾
Df 自由度	0.2	0.1	0.05	0.02	0.01	0.002	0.001	双尾
36	1.306	1.688	2.028	2.434	2.719	3.333	3.582	
37	1.305	1.687	2.026	2.431	2.715	3.326	3.574	
38	1.304	1.686	2.024	2.429	2.712	3.319	3.566	
39	1.304	1.685	2.023	2.426	2.708	3.313	3.558	
40	1.303	1.684	2.021	2.423	2.704	3.307	3.551	
41	1.303	1.683	2.020	2.421	2.701	3.301	3.544	
42	1.302	1.682	2.018	2.418	2.698	3.296	3.538	
43	1.302	1.681	2.017	2.416	2.695	3.291	3.532	
44	1.301	1.680	2.015	2.414	2.692	3.286	3.526	
45	1.301	1.679	2.014	2.412	2.690	3.281	3.520	
46	1.300	1.679	2.013	2.410	2.687	3.277	3.515	
47	1.300	1.678	2.012	2.408	2.685	3.273	3.510	
48	1.299	1.677	2.011	2.407	2.682	3.269	3.505	
49	1.299	1.677	2.010	2.405	2.680	3.265	3.500	
50	1.299	1.676	2.009	2.403	2.678	3.261	3.496	
51	1.298	1.675	2.008	2.402	2.676	3.258	3.492	
52	1.298	1.675	2.007	2.400	2.674	3.255	3.488	
53	1.298	1.674	2.006	2.399	2.672	3.251	3.484	
54	1.297	1.674	2.005	2.397	2.670	3.248	3.480	
55	1.297	1.673	2.004	2.396	2.668	3.245	3.476	
56	1.297	1.673	2.003	2.395	2.667	3.242	3.473	
57	1.297	1.672	2.002	2.394	2.665	3.239	3.470	
58	1.296	1.672	2.002	2.392	2.663	3.237	3.466	
59	1.296	1.671	2.001	2.391	2.662	3.234	3.463	
60	1.296	1.671	2.000	2.390	2.660	3.232	3.460	
61	1.296	1.670	2.000	2.389	2.659	3.229	3.457	
62	1.295	1.670	1.999	2.388	2.657	3.227	3.454	
63	1.295	1.669	1.998	2.387	2.656	3.225	3.452	
64	1.295	1.669	1.998	2.386	2.655	3.223	3.449	
65	1.295	1.669	1.997	2.385	2.654	3.220	3.447	
66	1.295	1.668	1.997	2.384	2.652	3.218	3.444	
67	1.294	1.668	1.996	2.383	2.651	3.216	3.442	
68	1.294	1.668	1.995	2.382	2.650	3.214	3.439	
69	1.294	1.667	1.995	2.382	2.649	3.213	3.437	

（续 表）

α 显著性水平	0.1	0.05	0.025	0.01	0.005	0.001	0.000 5	单尾
Df 自由度	0.2	0.1	0.05	0.02	0.01	0.002	0.001	双尾
70	1.294	1.667	1.994	2.381	2.648	3.211	3.435	
71	1.294	1.667	1.994	2.380	2.647	3.209	3.433	
72	1.293	1.666	1.993	2.379	2.646	3.207	3.431	
73	1.293	1.666	1.993	2.379	2.645	3.206	3.429	
74	1.293	1.666	1.993	2.378	2.644	3.204	3.427	
75	1.293	1.665	1.992	2.377	2.643	3.202	3.425	
76	1.293	1.665	1.992	2.376	2.642	3.201	3.423	
77	1.293	1.665	1.991	2.376	2.641	3.199	3.421	
78	1.292	1.665	1.991	2.375	2.640	3.198	3.420	
79	1.292	1.664	1.990	2.374	2.640	3.197	3.418	
80	1.292	1.664	1.990	2.374	2.639	3.195	3.416	
81	1.292	1.664	1.990	2.373	2.638	3.194	3.415	
82	1.292	1.664	1.989	2.373	2.637	3.193	3.413	
83	1.292	1.663	1.989	2.372	2.636	3.191	3.412	
84	1.292	1.663	1.989	2.372	2.636	3.190	3.410	
85	1.292	1.663	1.988	2.371	2.635	3.189	3.409	
86	1.291	1.663	1.988	2.370	2.634	3.188	3.407	
87	1.291	1.663	1.988	2.370	2.634	3.187	3.406	
88	1.291	1.662	1.987	2.369	2.633	3.185	3.405	
89	1.291	1.662	1.987	2.369	2.632	3.184	3.403	
90	1.291	1.662	1.987	2.368	2.632	3.183	3.402	
91	1.291	1.662	1.986	2.368	2.631	3.182	3.401	
92	1.291	1.662	1.986	2.368	2.630	3.181	3.399	
93	1.291	1.661	1.986	2.367	2.630	3.180	3.398	
94	1.291	1.661	1.986	2.367	2.629	3.179	3.397	
95	1.291	1.661	1.985	2.366	2.629	3.178	3.396	
96	1.290	1.661	1.985	2.366	2.628	3.177	3.395	
97	1.290	1.661	1.985	2.365	2.627	3.176	3.394	
98	1.290	1.661	1.984	2.365	2.627	3.175	3.393	
99	1.290	1.660	1.984	2.365	2.626	3.175	3.392	
100	1.290	1.660	1.984	2.364	2.626	3.174	3.390	
120	1.289	1.658	1.980	2.358	2.617	3.160	3.373	
∞	1.282	1.645	1.960	2.326	2.576	3.090	3.291	

附表3　卡方分布表的临界值

自由度	显著性水平 α		
	0.01	0.05	0.10
1	6.63	3.84	2.71
2	9.21	5.99	4.61
3	11.34	7.81	6.25
4	13.28	9.49	7.78
5	15.09	11.07	9.24
6	16.81	12.59	10.64
7	18.48	14.07	12.02
8	20.09	15.51	13.36
9	21.67	16.92	14.68
10	23.21	18.31	15.99
11	24.72	19.68	17.28
12	26.22	21.03	18.55
13	27.69	22.36	19.81
14	29.14	23.68	21.06
15	30.58	25.00	22.31
16	32.00	26.30	23.54
17	33.41	27.59	24.77
18	34.81	28.87	25.99
19	36.19	30.14	27.20
20	37.57	31.41	28.41
21	38.93	32.67	29.62
22	40.29	33.92	30.81
23	41.64	35.17	32.01
24	42.98	36.42	33.20
25	44.31	37.65	34.38
26	45.64	38.89	35.56
27	46.96	40.11	36.74
28	48.28	41.34	37.92
29	49.59	42.56	39.09
30	50.89	43.77	40.26
40	63.69	55.76	51.81
50	76.15	67.50	63.17
60	88.38	79.08	74.40
70	100.43	90.53	85.53
80	112.33	101.88	96.58
90	124.12	113.15	107.57
100	135.81	124.34	118.50

附表 4　F 分布表的临界值，显著性水平 $\alpha=0.01$

第 2 自由度

第1自由度	1	2	3	4	5	6	7	8	9	10	12	15	20	24	30	40	60	100	200
1	4 052.18	98.50	34.12	21.20	16.26	13.75	12.25	11.26	10.56	10.04	9.33	8.68	8.10	7.82	7.56	7.31	7.08	6.90	6.76
2	4 999.50	99.00	30.82	18.00	13.27	10.92	9.55	8.65	8.02	7.56	6.93	6.36	5.85	5.61	5.39	5.18	4.98	4.82	4.71
3	5 403.35	99.17	29.46	16.69	12.06	9.78	8.45	7.59	6.99	6.55	5.95	5.42	4.94	4.72	4.51	4.31	4.13	3.98	3.88
4	5 624.58	99.25	28.71	15.98	11.39	9.15	7.85	7.01	6.42	5.99	5.41	4.89	4.43	4.22	4.02	3.83	3.65	3.51	3.41
5	5 763.65	99.30	28.24	15.52	10.97	8.75	7.46	6.63	6.06	5.64	5.06	4.56	4.10	3.90	3.70	3.51	3.34	3.21	3.11
6	5 858.99	99.33	27.91	15.21	10.67	8.47	7.19	6.37	5.80	5.39	4.82	4.32	3.87	3.67	3.47	3.29	3.12	2.99	2.89
7	5 928.36	99.36	27.67	14.98	10.46	8.26	6.99	6.18	5.61	5.20	4.64	4.14	3.70	3.50	3.30	3.12	2.95	2.82	2.73
8	5 981.07	99.37	27.49	14.80	10.29	8.10	6.84	6.03	5.47	5.06	4.50	4.00	3.56	3.36	3.17	2.99	2.82	2.69	2.60
9	6 022.47	99.39	27.35	14.66	10.16	7.98	6.72	5.91	5.35	4.94	4.39	3.89	3.46	3.26	3.07	2.89	2.72	2.59	2.50
10	6 055.85	99.40	27.23	14.55	10.05	7.87	6.62	5.81	5.26	4.85	4.30	3.80	3.37	3.17	2.98	2.80	2.63	2.50	2.41
11	6 083.32	99.41	27.13	14.45	9.96	7.79	6.54	5.73	5.18	4.77	4.22	3.73	3.29	3.09	2.91	2.73	2.56	2.43	2.34
12	6 106.32	99.42	27.05	14.37	9.89	7.72	6.47	5.67	5.11	4.71	4.16	3.67	3.23	3.03	2.84	2.66	2.50	2.37	2.27
13	6 125.86	99.42	26.98	14.31	9.82	7.66	6.41	5.61	5.05	4.65	4.10	3.61	3.18	2.98	2.79	2.61	2.44	2.31	2.22
14	6 142.67	99.43	26.92	14.25	9.77	7.60	6.36	5.56	5.01	4.60	4.05	3.56	3.13	2.93	2.74	2.56	2.39	2.27	2.17
15	6 157.28	99.43	26.87	14.20	9.72	7.56	6.31	5.52	4.96	4.56	4.01	3.52	3.09	2.89	2.70	2.52	2.35	2.22	2.13
16	6 170.10	99.44	26.83	14.15	9.68	7.52	6.28	5.48	4.92	4.52	3.97	3.49	3.05	2.85	2.66	2.48	2.31	2.19	2.09
17	6 181.43	99.44	26.79	14.11	9.64	7.48	6.24	5.44	4.89	4.49	3.94	3.45	3.02	2.82	2.63	2.45	2.28	2.15	2.06
18	6 191.53	99.44	26.75	14.08	9.61	7.45	6.21	5.41	4.86	4.46	3.91	3.42	2.99	2.79	2.60	2.42	2.25	2.12	2.03
19	6 200.58	99.45	26.72	14.05	9.58	7.42	6.18	5.38	4.83	4.43	3.88	3.40	2.96	2.76	2.57	2.39	2.22	2.09	2.00

（续表）

第1自由度	第2自由度																		
---	1	2	3	4	5	6	7	8	9	10	12	15	20	24	30	40	60	100	200
20	6 208.73	99.45	26.69	14.02	9.55	7.40	6.16	5.36	4.81	4.41	3.86	3.37	2.94	2.74	2.55	2.37	2.20	2.07	1.97
21	6 216.12	99.45	26.66	13.99	9.53	7.37	6.13	5.34	4.79	4.38	3.84	3.35	2.92	2.72	2.53	2.35	2.17	2.04	1.95
22	6 222.84	99.45	26.64	13.97	9.51	7.35	6.11	5.32	4.77	4.36	3.82	3.33	2.90	2.70	2.51	2.33	2.15	2.02	1.93
23	6 228.99	99.46	26.62	13.95	9.49	7.33	6.09	5.30	4.75	4.34	3.80	3.31	2.88	2.68	2.49	2.31	2.13	2.00	1.90
24	6 234.63	99.46	26.60	13.93	9.47	7.31	6.07	5.28	4.73	4.33	3.78	3.29	2.86	2.66	2.47	2.29	2.12	1.98	1.89
25	6 239.83	99.46	26.58	13.91	9.45	7.30	6.06	5.26	4.71	4.31	3.76	3.28	2.84	2.64	2.45	2.27	2.10	1.97	1.87
26	6 244.62	99.46	26.56	13.89	9.43	7.28	6.04	5.25	4.70	4.30	3.75	3.26	2.83	2.63	2.44	2.26	2.08	1.95	1.85
27	6 249.07	99.46	26.55	13.88	9.42	7.27	6.03	5.23	4.68	4.28	3.74	3.25	2.81	2.61	2.42	2.24	2.07	1.93	1.84
28	6 253.20	99.46	26.53	13.86	9.40	7.25	6.02	5.22	4.67	4.27	3.72	3.24	2.80	2.60	2.41	2.23	2.05	1.92	1.82
29	6 257.05	99.46	26.52	13.85	9.39	7.24	6.00	5.21	4.66	4.26	3.71	3.23	2.79	2.59	2.40	2.22	2.04	1.91	1.81
30	6 260.65	99.47	26.50	13.84	9.38	7.23	5.99	5.20	4.65	4.25	3.70	3.21	2.78	2.58	2.39	2.20	2.03	1.89	1.79
40	6 286.78	99.47	26.41	13.75	9.29	7.14	5.91	5.12	4.57	4.17	3.62	3.13	2.69	2.49	2.30	2.11	1.94	1.80	1.69
50	6 302.52	99.48	26.35	13.69	9.24	7.09	5.86	5.07	4.52	4.12	3.57	3.08	2.64	2.44	2.25	2.06	1.88	1.74	1.63
60	6 313.03	99.48	26.32	13.65	9.20	7.06	5.82	5.03	4.48	4.08	3.54	3.05	2.61	2.40	2.21	2.02	1.84	1.69	1.58
70	6 320.55	99.48	26.29	13.63	9.18	7.03	5.80	5.01	4.46	4.06	3.51	3.02	2.58	2.38	2.18	1.99	1.81	1.66	1.55
80	6 326.20	99.49	26.27	13.61	9.16	7.01	5.78	4.99	4.44	4.04	3.49	3.00	2.56	2.36	2.16	1.97	1.78	1.63	1.52
90	6 330.59	99.49	26.25	13.59	9.14	7.00	5.77	4.97	4.43	4.03	3.48	2.99	2.55	2.34	2.14	1.95	1.76	1.61	1.50
100	6 334.11	99.49	26.24	13.58	9.13	6.99	5.75	4.96	4.41	4.01	3.47	2.98	2.54	2.33	2.13	1.94	1.75	1.60	1.48
200	6 349.97	99.49	26.18	13.52	9.08	6.93	5.70	4.91	4.36	3.96	3.41	2.92	2.48	2.27	2.07	1.87	1.68	1.52	1.39

附表 5　F 分布表的临界值，显著性水平 $\alpha=0.05$

第 2 自由度

第 1 自由度	1	2	3	4	5	6	7	8	9	10	12	15	20	24	30	40	60	100	200
1	161.45	18.51	10.13	7.71	6.61	5.99	5.59	5.32	5.12	4.96	4.75	4.54	4.35	4.26	4.17	4.08	4.00	3.94	3.89
2	199.50	19.00	9.55	6.94	5.79	5.14	4.74	4.46	4.26	4.10	3.89	3.68	3.49	3.40	3.32	3.23	3.15	3.09	3.04
3	215.71	19.16	9.28	6.59	5.41	4.76	4.35	4.07	3.86	3.71	3.49	3.29	3.10	3.01	2.92	2.84	2.76	2.70	2.65
4	224.58	19.25	9.12	6.39	5.19	4.53	4.12	3.84	3.63	3.48	3.26	3.06	2.87	2.78	2.69	2.61	2.53	2.46	2.42
5	230.16	19.30	9.01	6.26	5.05	4.39	3.97	3.69	3.48	3.33	3.11	2.90	2.71	2.62	2.53	2.45	2.37	2.31	2.26
6	233.99	19.33	8.94	6.16	4.95	4.28	3.87	3.58	3.37	3.22	3.00	2.79	2.60	2.51	2.42	2.34	2.25	2.19	2.14
7	236.77	19.35	8.89	6.09	4.88	4.21	3.79	3.50	3.29	3.14	2.91	2.71	2.51	2.42	2.33	2.25	2.17	2.10	2.06
8	238.88	19.37	8.85	6.04	4.82	4.15	3.73	3.44	3.23	3.07	2.85	2.64	2.45	2.36	2.27	2.18	2.10	2.03	1.98
9	240.54	19.38	8.81	6.00	4.77	4.10	3.68	3.39	3.18	3.02	2.80	2.59	2.39	2.30	2.21	2.12	2.04	1.97	1.93
10	241.88	19.40	8.79	5.96	4.74	4.06	3.64	3.35	3.14	2.98	2.75	2.54	2.35	2.25	2.16	2.08	1.99	1.93	1.88
11	242.98	19.40	8.76	5.94	4.70	4.03	3.60	3.31	3.10	2.94	2.72	2.51	2.31	2.22	2.13	2.04	1.95	1.89	1.84
12	243.91	19.41	8.74	5.91	4.68	4.00	3.57	3.28	3.07	2.91	2.69	2.48	2.28	2.18	2.09	2.00	1.92	1.85	1.80
13	244.69	19.42	8.73	5.89	4.66	3.98	3.55	3.26	3.05	2.89	2.66	2.45	2.25	2.15	2.06	1.97	1.89	1.82	1.77
14	245.36	19.42	8.71	5.87	4.64	3.96	3.53	3.24	3.03	2.86	2.64	2.42	2.22	2.13	2.04	1.95	1.86	1.79	1.74
15	245.95	19.43	8.70	5.86	4.62	3.94	3.51	3.22	3.01	2.85	2.62	2.40	2.20	2.11	2.01	1.92	1.84	1.77	1.72
16	246.46	19.43	8.69	5.84	4.60	3.92	3.49	3.20	2.99	2.83	2.60	2.38	2.18	2.09	1.99	1.90	1.82	1.75	1.69
17	246.92	19.44	8.68	5.83	4.59	3.91	3.48	3.19	2.97	2.81	2.58	2.37	2.17	2.07	1.98	1.89	1.80	1.73	1.67
18	247.32	19.44	8.67	5.82	4.58	3.90	3.47	3.17	2.96	2.80	2.57	2.35	2.15	2.05	1.96	1.87	1.78	1.71	1.66
19	247.69	19.44	8.67	5.81	4.57	3.88	3.46	3.16	2.95	2.79	2.56	2.34	2.14	2.04	1.95	1.85	1.76	1.69	1.64

（续 表）

| 第1自由度 | 第2自由度 | | | | | | | | | | | | | | | | | | |
	1	2	3	4	5	6	7	8	9	10	12	15	20	24	30	40	60	100	200
20	248.01	19.45	8.66	5.80	4.56	3.87	3.44	3.15	2.94	2.77	2.54	2.33	2.12	2.03	1.93	1.84	1.75	1.68	1.62
21	248.31	19.45	8.65	5.79	4.55	3.86	3.43	3.14	2.93	2.76	2.53	2.32	2.11	2.01	1.92	1.83	1.73	1.66	1.61
22	248.58	19.45	8.65	5.79	4.54	3.86	3.43	3.13	2.92	2.75	2.52	2.31	2.10	2.00	1.91	1.81	1.72	1.65	1.60
23	248.83	19.45	8.64	5.78	4.53	3.85	3.42	3.12	2.91	2.75	2.51	2.30	2.09	1.99	1.90	1.80	1.71	1.64	1.58
24	249.05	19.45	8.64	5.77	4.53	3.84	3.41	3.12	2.90	2.74	2.51	2.29	2.08	1.98	1.89	1.79	1.70	1.63	1.57
25	249.26	19.46	8.63	5.77	4.52	3.83	3.40	3.11	2.89	2.73	2.50	2.28	2.07	1.97	1.88	1.78	1.69	1.62	1.56
26	249.45	19.46	8.63	5.76	4.52	3.83	3.40	3.10	2.89	2.72	2.49	2.27	2.07	1.97	1.87	1.77	1.68	1.61	1.55
27	249.63	19.46	8.63	5.76	4.51	3.82	3.39	3.10	2.88	2.72	2.48	2.27	2.06	1.96	1.86	1.77	1.67	1.60	1.54
28	249.80	19.46	8.62	5.75	4.50	3.82	3.39	3.09	2.87	2.71	2.48	2.26	2.05	1.95	1.85	1.76	1.66	1.59	1.53
29	249.95	19.46	8.62	5.75	4.50	3.81	3.38	3.08	2.87	2.70	2.47	2.25	2.05	1.95	1.85	1.75	1.66	1.58	1.52
30	250.10	19.46	8.62	5.75	4.50	3.81	3.38	3.08	2.86	2.70	2.47	2.25	2.04	1.94	1.84	1.74	1.65	1.57	1.52
40	251.14	19.47	8.59	5.72	4.46	3.77	3.34	3.04	2.83	2.66	2.43	2.20	1.99	1.89	1.79	1.69	1.59	1.52	1.46
50	251.77	19.48	8.58	5.70	4.44	3.75	3.32	3.02	2.80	2.64	2.40	2.18	1.97	1.86	1.76	1.66	1.56	1.48	1.41
60	252.20	19.48	8.57	5.69	4.43	3.74	3.30	3.01	2.79	2.62	2.38	2.16	1.95	1.84	1.74	1.64	1.53	1.45	1.39
70	252.50	19.48	8.57	5.68	4.42	3.73	3.29	2.99	2.78	2.61	2.37	2.15	1.93	1.83	1.72	1.62	1.52	1.43	1.36
80	252.72	19.48	8.56	5.67	4.41	3.72	3.29	2.99	2.77	2.60	2.36	2.14	1.92	1.82	1.71	1.61	1.50	1.41	1.35
90	252.90	19.48	8.56	5.67	4.41	3.72	3.28	2.98	2.76	2.59	2.36	2.13	1.91	1.81	1.70	1.60	1.49	1.40	1.33
100	253.04	19.49	8.55	5.66	4.41	3.71	3.27	2.97	2.76	2.59	2.35	2.12	1.91	1.80	1.70	1.59	1.48	1.39	1.32
200	253.68	19.49	8.54	5.65	4.39	3.69	3.25	2.95	2.73	2.56	2.32	2.10	1.88	1.77	1.66	1.55	1.44	1.34	1.26

附表 6 杜宾-瓦森检验临界值

(显著水平 $\lambda = 0.01$)

n	K=1 d_L	K=1 d_U	K=2 d_L	K=2 d_U	K=3 d_L	K=3 d_U	K=4 d_L	K=4 d_U	K=5 d_L	K=5 d_U
15	0.81	1.07	0.70	1.25	0.59	1.46	0.49	1.70	0.39	1.96
16	0.84	1.09	0.74	1.25	0.63	1.44	0.53	1.66	0.44	1.90
17	0.87	1.10	0.77	1.25	0.67	1.43	0.57	1.63	0.48	1.85
18	0.90	1.12	0.80	1.26	0.71	1.42	0.61	1.60	0.52	1.80
19	0.93	1.13	0.83	1.26	0.74	1.41	0.65	1.58	0.56	1.77
20	0.95	1.15	0.86	1.27	0.77	1.41	0.68	1.57	0.60	1.74
21	0.97	1.16	0.89	1.27	0.80	1.41	0.72	1.55	0.63	1.71
22	1.00	1.17	0.91	1.28	0.83	1.40	0.75	1.54	0.66	1.69
23	1.02	1.19	0.94	1.29	0.86	1.40	0.77	1.53	0.70	1.67
24	1.04	1.20	0.96	1.30	0.88	1.41	0.80	1.53	0.72	1.66
25	1.05	1.21	0.98	1.30	0.90	1.41	0.83	1.52	0.75	1.65
26	1.07	1.22	1.00	1.31	0.93	1.41	0.85	1.52	0.78	1.64
27	1.09	1.23	1.02	1.32	0.95	1.41	0.88	1.51	0.81	1.63
28	1.10	1.24	1.04	1.32	0.97	1.41	0.90	1.51	0.83	1.62
29	1.12	1.25	1.05	1.33	0.99	1.42	0.92	1.51	0.85	1.61
30	1.13	1.26	1.07	1.34	1.01	1.42	0.94	1.51	0.88	1.61
31	1.15	1.27	1.08	1.34	1.02	1.42	0.96	1.51	0.90	1.60
32	1.16	1.28	1.10	1.35	1.04	1.43	0.98	1.51	0.92	1.60
33	1.17	1.29	1.11	1.36	1.05	1.43	1.00	1.51	0.94	1.59
34	1.18	1.30	1.13	1.36	1.07	1.43	1.01	1.51	0.95	1.59
35	1.19	1.31	1.14	1.37	1.08	1.44	1.03	1.51	0.97	1.59
36	1.21	1.32	1.15	1.38	1.10	1.44	1.04	1.51	0.99	1.59
37	1.22	1.32	1.16	1.38	1.11	1.45	1.06	1.51	1.00	1.59
38	1.23	1.33	1.18	1.39	1.12	1.45	1.07	1.52	1.02	1.58
39	1.24	1.34	1.19	1.39	1.14	1.45	1.09	1.52	1.03	1.58
40	1.25	1.34	1.20	1.40	1.15	1.46	1.10	1.52	1.05	1.58
45	1.29	1.38	1.24	1.42	1.20	1.48	1.16	1.53	1.11	1.58
50	1.32	1.40	1.28	1.45	1.24	1.49	1.20	1.54	1.16	1.59
55	1.36	1.43	1.32	1.47	1.28	1.51	1.25	1.55	1.21	1.59
60	1.38	1.45	1.35	1.48	1.32	1.52	1.28	1.56	1.25	1.60
65	1.41	1.47	1.38	1.50	1.35	1.53	1.31	1.57	1.28	1.61
70	1.43	1.49	1.40	1.52	1.37	1.55	1.34	1.58	1.31	1.61
75	1.45	1.50	1.42	1.53	1.39	1.56	1.37	1.59	1.34	1.62
80	1.47	1.52	1.44	1.54	1.42	1.57	1.39	1.60	1.36	1.62
85	1.48	1.53	1.46	1.55	1.43	1.58	1.41	1.60	1.39	1.63
90	1.50	1.54	1.47	1.56	1.45	1.59	1.43	1.61	1.41	1.64
95	1.51	1.55	1.49	1.57	1.47	1.60	1.45	1.62	1.42	1.64
100	1.52	1.56	1.50	1.58	1.48	1.60	1.46	1.63	1.44	1.65

注:表中 n 为样本容量,K 为常数项以外的解释变量的数目。

附表 7　杜宾-瓦森检验临界值

（显著水平 λ＝0.05）

n	K=1		K=2		K=3		K=4		K=5	
	d_L	d_U	d_L	d_U	d_L	d_U	d_L	d_U	d_L	d_U
15	1.08	1.36	0.95	1.54	0.82	1.75	0.69	1.97	0.56	2.21
16	1.10	1.37	0.98	1.54	0.86	1.73	0.74	1.93	0.62	2.15
17	1.13	1.38	1.02	1.54	0.90	1.71	0.78	1.90	0.67	2.10
18	1.16	1.39	1.05	1.53	0.93	1.69	0.82	1.87	0.71	2.06
19	1.18	1.40	1.08	1.53	0.97	1.68	0.86	1.85	0.75	2.02
20	1.20	1.41	1.10	1.54	1.00	1.68	0.90	1.83	0.79	1.99
21	1.22	1.42	1.13	1.54	1.03	1.67	0.93	1.81	0.83	1.96
22	1.24	1.43	1.15	1.54	1.05	1.66	0.96	1.80	0.86	1.94
23	1.26	1.44	1.17	1.54	1.08	1.66	0.99	1.79	0.90	1.92
24	1.27	1.45	1.19	1.55	1.10	1.66	1.01	1.78	0.93	1.90
25	1.29	1.45	1.21	1.55	1.12	1.66	1.04	1.77	0.95	1.89
26	1.30	1.46	1.22	1.55	1.14	1.65	1.06	1.76	0.98	1.88
27	1.32	1.47	1.24	1.56	1.16	1.65	1.08	1.76	1.01	1.86
28	1.33	1.48	1.26	1.56	1.18	1.65	1.10	1.75	1.03	1.85
29	1.34	1.48	1.27	1.56	1.20	1.65	1.12	1.74	1.05	1.84
30	1.35	1.49	1.28	1.57	1.21	1.55	1.14	1.74	1.07	1.83
31	1.36	1.50	1.30	1.57	1.23	1.65	1.16	1.74	1.09	1.83
32	1.37	1.50	1.31	1.57	1.24	1.65	1.18	1.73	1.11	1.82
33	1.38	1.51	1.32	1.58	1.26	1.65	1.19	1.73	1.13	1.81
34	1.39	1.51	1.33	1.58	1.27	1.65	1.21	1.73	1.15	1.81
35	1.40	1.52	1.34	1.58	1.28	1.65	1.22	1.73	1.16	1.80
36	1.41	1.52	1.35	1.59	1.29	1.65	1.24	1.73	1.18	1.80
37	1.42	1.53	1.36	1.59	1.31	1.66	1.25	1.72	1.19	1.80
38	1.43	1.54	1.37	1.59	1.32	1.66	1.26	1.72	1.21	1.79
39	1.43	1.54	1.38	1.60	1.33	1.66	1.27	1.72	1.22	1.79
40	1.44	1.54	1.39	1.60	1.34	1.66	1.29	1.72	1.23	1.79
45	1.48	1.57	1.43	1.62	1.38	1.67	1.34	1.72	1.29	1.78
50	1.50	1.59	1.46	1.63	1.42	1.67	1.38	1.72	1.34	1.77
55	1.53	1.60	1.49	1.64	1.45	1.68	1.41	1.72	1.38	1.77
60	1.55	1.62	1.51	1.65	1.48	1.69	1.44	1.73	1.41	1.77
65	1.57	1.63	1.54	1.66	1.50	1.70	1.47	1.73	1.44	1.77
70	1.58	1.64	1.55	1.67	1.52	1.70	1.49	1.74	1.46	1.77
75	1.60	1.65	1.57	1.68	1.54	1.71	1.51	1.74	1.49	1.77
80	1.61	1.66	1.59	1.69	1.56	1.72	1.53	1.74	1.51	1.77
85	1.62	1.67	1.60	1.70	1.57	1.72	1.55	1.75	1.52	1.77
90	1.63	1.68	1.61	1.70	1.59	1.73	1.57	1.75	1.54	1.78
95	1.64	1.69	1.62	1.71	1.60	1.73	1.58	1.75	1.56	1.78
100	1.65	1.69	1.63	1.72	1.61	1.74	1.59	1.76	1.57	1.78

注：同附表 6。